D1872997

va&g
Verlag
Arbeit & Gesellschaft GmbH

Frank Deppe

# Jenseits der Systemkonkurrenz

## Überlegungen zur neuen Weltordnung

va&g
Verlag
Arbeit & Gesellschaft GmbH

CIP-Titelaufnahme der Deutschen Bibliothek

**Deppe, Frank:**
Jenseits der Systemkonkurrenz:
Überlegungen zur neuen
Weltordnung/Frank Deppe
- Marburg:
Verl. Arbeit & Gesellschaft GmbH, 1991
ISBN 3-89419-019-1


Rosenstr. 12/13
D – 3550 Marburg

Druck und Bindung: Difo-Druck, Bamberg
ISBN 3-89419-19-019-1
Printed in the Federal Republic of Germany

# Inhalt

# Vorwort

Dieses Manuskript verdankt seine Entstehung nicht tagespolitischen Interessen. Auch war ein Drang zur subjektiv-biographischen Bilanzierung von Siegen und Niederlagen, von „Endsiegen“ und Neuanfängen nicht zu verspüren. Das Projekt, die Veränderungen und Umbrüche in den internationalen Machtbeziehungen genauer zu analysieren, entstand vielmehr in Diskussions- und Forschungszusammenhängen, die sich seit 1989 in Marburg mit der Gründung der Forschungsgruppe Europäische Gemeinschaften (FEG) etabliert haben. Zunächst bestand lediglich das Interesse, die neue Dynamik der westeuropäischen Integration im Zusammenhang der Veränderungen der ökonomischen und politischen Machtbeziehungen zwischen den kapitalistischen Zentren (Nordamerika/USA, Ostasien/Japan, Westeuropa/Deutschland) zu erfassen.

Mit dem Zusammenbruch der „realsozialistischen“ Systeme in Mittel- und Osteuropa seit 1989 – vor allem aber mit der Herstellung der Einheit und Souveränität Deutschlands im Jahre 1990 – haben sich freilich neue Fragestellungen ergeben. Die Neubestimmung der Beziehungen zwischen den kapitalistischen Zentren erfolgt nunmehr im Kontext der Auflösung der alten „bipolaren Ordnung“, der Auflösung der Systemkonkurrenz, und der Auseinandersetzung um neue Macht- und Hegemonialordnungen im internationalen System.

Welche Ordnungen aus diesen Auseinandersetzungen hervorgehen werden, läßt sich zum gegenwärtigen Zeitpunkt überhaupt nicht mit Sicherheit prognostizieren. Sicher ist nur, daß die alten Ordnungen sich auflösen und daß sich in den vergangenen Jahren die Kräftekonstellationen auch innerhalb der kapitalistischen Welt verändert haben. Hier geht es in erster Linie darum, die bestimmenden gesellschaftlichen und politischen Triebkräfte dieses Wandels zu erfassen und dabei auch die internationale politikwissenschaftliche Debatte – vor allem den „Streit der Schulen“ in den USA – auszuwerten.

In der Zeit, in der ich (1990/1991) an diesem Manuskript geschrieben habe, hat mich die Dramatik der internationalen politischen Ereignisse (vor allem die Existenzkrise der Sowjetunion, der Umschlag der Stimmungen in der ehemaligen DDR und der Golfkrieg) immer wieder zu einer Überprüfung der Grundkonzeption dieser Arbeit gezwungen. Dennoch ist es unvermeidlich, daß sowohl angesichts des schnellen Wandels in der Weltpolitik als auch angesichts des Risikos von Zukunftsprognosen, das ja schon in den Titel dieser Studie eingeschrieben ist, einige meiner Vermutungen und Wertungen keinen Bestand haben werden. Ich kann nur hoffen, daß sich die Grundkonzeption dieser Untersuchung als einigermaßen tragfähig erweisen wird.

Ich danke allen, die mit mir über die Thematik und Konzeption dieser Untersuchung diskutiert und mich mit Literatur und Ideen versorgt haben.

Marburg, Mai 1991 **Frank Deppe**

# 1. Die weltgeschichtliche Zäsur 1989/90

Zum Ende des 20. Jahrhunderts ist die Weltgeschichte in Bewegung geraten. Die Geschichtsbücher, die von künftigen Generationen zu lesen sind, werden auf jeden Fall das Datum 1989/90 als eine der großen Epochenschwellen des 20. Jahrhunderts markieren. Die beiden anderen Periodisierungsmarken – 1917/18 und 1945 – stehen jeweils am Ende der beiden Weltkriege dieses Jahrhunderts. In ihnen verdichten sich zum einen die zeitweiligen Resultate von gewaltsamen Auseinandersetzungen um die Festschreibung imperialistischer Hegemonialordnungen. Zum anderen wurde ihre welthistorische Bedeutung durch den Sachverhalt bestimmt, daß die im Namen einer sozialistischen bzw. kommunistischen Kritik des Kapitalismus und Imperialismus angetretenen sozialen und politischen Bewegungen zur staatlich-territorialen Macht werden – zunächst die Sowjetunion im Gefolge der russischen Oktoberrevolution des Jahres 1917, sodann – nach der Befreiung vom Faschismus – die Länder Ost- und Mitteleuropas und, gleichsam im Nachgang zur Niederlage des japanischen Imperialismus im Fernen Osten, der Sieg der chinesischen Revolution im Jahre 1949.

Das herausragende Merkmal der Erschütterung und Veränderung der weltpolitischen Strukturen in der zweiten Hälfte der 80er Jahre besteht zunächst einmal darin, daß sie nicht im Medium und Resultat jener Gewaltverhältnisse stattfinden, die die beiden Weltkriege ausgezeichnet hatten. Gleichwohl enthalten sie im Kern eine fundamentale Revision jener Kräftekonstellationen, die sich namentlich im Gefolge des zweiten Weltkrieges in Gestalt der Systemkonurrenz zwischen sozialistischen und kapitalistischen Staatensystemen herausgebildet hatten. Das Jahr 1989 kann gerade deshalb als eine weltgeschichtliche Zäsur gelten, weil der Ost-West-Konflikt unumkehrbar zu Ende und damit zum Material für die Historiker geworden ist (vgl. Senghaas, 1990, S. 7). Deren Arbeiten werden nunmehr freilich im Wissen um das geschichtliche Resultat des Kalten Krieges verfaßt und die Interpretationsmacht jener zeitgeschichtlichen Werke ersetzen, die von der bestehenden und scheinbar starren, unveränderlichen Struktur der Systemkonkurrenz ausgegangen waren.

Für eine solche Konstellation des Umbruchs gilt, daß die alten Strukturen sich auflösen, zerfallen, während gleichzeitig der Prozeß der Neubildung von gesellschaftlichen und politischen Strukturen sowie von weltpolitischen und -wirtschaftlichen Machtstrukturen und Hegemonialordnungen noch nicht abgeschlossen ist, sich im Fluße befindet. Selbstverständlich sind dabei die Interessen und Ziele der relevanten Akteure als politische Handlungsziele sowie als Elemente neuer Konkurrenz- und Konfliktformationen erkennbar.

Gleichwohl sind doch nur prognostische Annäherungen an die Beantwortung der Frage möglich, welche Interessen und Optionen sich letztlich in der Institutionalisierung neuer Ordnungen durchsetzen und die relative Stabilität einer neuen, weltgeschichtlichen Epoche bestimmen werden. Soweit solche Prognosen überhaupt auf einen allgemeinen Nenner zu bringen sind, beschreiben sie mögliche Entwicklungstendenzen „Jenseits der Systemkonkurrenz". Diese werden sich im Widerspruch zwischen neuen Risikopotentialen und dem Konflikt um neue hegemoniale Ordnungen auf der einen und der Chance zur Etablierung einer „Struktur dauerhaften Friedens" (Senghaas) auf der anderen Seite bewegen. Diese wäre nicht nur an der Überwindung der Rüstungskonkurrenz und der Schaffung neuer Sicherheitsstrukturen – vor allem in Europa –, sondern auch an einer bewußten Gestaltung der sozialökonomischen, ökologischen und kulturellen Lebensbedingungen der Völker zu messen.

Die wissenschaftliche Analyse wird sich freilich in erster Linie auf die Voraussetzungen, die historisch-gesellschaftlichen Bedingungen, also auch auf die „Inkubationszeit" jener Umwälzungen zu konzentrieren haben. Auf diese Weise kann die Frage nach den bestimmenden Tendenzen dieses Wandels als auch nach den objektiven Möglichkeiten künftiger Entwicklungen, die sich stets über das Bewußtsein und Handeln politischer Akteure Geltung verschaffen, beantwortet werden.

Der Begriff „Weltgeschichte" wird hier nicht in jenem emphatischen, normativen Sinne verwendet, den ihm die Philosophie der Aufklärung, die idealistische Geschichtsphilosophie, die frühe positivistische Gesellschaftstheorie und schließlich auch der Marxismus verliehen haben. Die Weltgeschichte wird nicht als der metaphysische Konstruktionsplan des Fortschreitens der Vernunft in der Menschheitsgeschichte begriffen, nach dessen Logik sowohl die Vervollkommnung der individuellen Vernunft als auch die Rationalität der Gestaltung der gesellschaftlichen und politischen Lebensverhältnisse der Menschheit sich ausrichten. In den „Histo-Mat"-Lehrbüchern, die nunmehr makuliert werden, hatte sich das Selbstbewußtsein von Siegen der sozialistischen Bewegung über den Imperialismus, deren geschichtliche Energien sich freilich längst aufgezehrt hatten, noch in dem Leitsatz artikuliert, daß das „Wesen" der gegenwärtigen Epoche im welthistorischen Übergang vom Kapitalismus zum Sozialismus liege. Mit dem Zusammenbruch des „realen Sozialismus" sind nunmehr auch solche Lehren, die vom gesetzmäßigen Fortschritt in der Abfolge der Gesellschaftsformationen ausgingen (und sich dabei weniger auf Marx, denn auf Kautsky und schließlich auf Stalins autoritative Interpretation des Leninismus stützten), von der Geschichte selbst überholt worden.

Das Attribut „weltgeschichtlich“ bezeichnet vorab den Sachverhalt, daß die gegenwärtigen Transformationsprozesse in der internationalen Politik nicht nach Maßgabe nationaler, regionaler oder auch systemarer Binnenprozesse, sondern nur in der Perspektive globaler Wirkungsdimensionen angemessen erfaßt werden können. Der Zusammenbruch des „realen Sozialismus“ und die Auflösung der Blöcke, die die Nachkriegsordnung bestimmt hatten, der relative Niedergang der hegemonialen Position der USA in der Weltwirtschaft und -politik, der ökonomische Aufstieg Japans und der Bundesrepublik Deutschland (BRD) in den letzten Jahren, die Dynamisierung der europäischen Politik im Kontext der Europäischen Gemeinschaft (EG) und der Neugestaltung der Beziehungen zwischen West- und Osteuropa, die Herstellung der deutschen Einheit, die das politische Zentrum europäischer Politik geostrategisch vom Westrand Europas in dessen Mitte verlagert und schließlich die Differenzierungsprozesse in der „Dritten Welt“, die in einigen Ländern den Anschluß an den kapitalistischen Weltmarkt forcieren, in weiten Teilen jedoch Krise, Stagnation und Abhängigkeit festschreiben – alle diese Prozesse bilden Segmente eines globalen Funktionszusammenhanges, der wesentlich durch den „Sachzwang“ der weltwirtschaftlichen Verflechtung und Entwicklungsdynamik sowie durch die darin eingeschriebenen Funktionsmechanismen der globalen Interdependenz bestimmt wird. Diese erzeugen aufgrund der Verflechtung des Austausches, der Produktion und der Geldzirkulation (Kredit) Problemlagen, die durch nationale oder regionale Politik nicht mehr zu bewältigen sind. Zugleich sind sie in jene Strukturen der globalen politisch-militärischen und ideologischen Machtkonstellationen eingebunden, die sich nach dem Ende des zweiten Weltkrieges herausgebildet hatten.

Die bipolare Struktur der Weltpolitik nach 1945 – mit den beiden antagonistischen Blöcken und den eindeutigen Führungsmächten USA und UdSSR – hatte diese Globalität nicht nur über die politischen und ökonomischen Bündnissysteme, sondern zugleich durch die globale Überdetermination partikularer Prozesse – von der Entwicklung in der „Dritten Welt“ bis hin zur lokalen Politik in den Metropolen des Kapitals während des Kalten Krieges – durch die Systemkonkurrenz hergestellt und insofern „Weltgeschichte“ als die permanente Verknüpfung verschiedener Funktionslogiken gesellschaftlicher und politischer Entwicklungen erzeugt. Daraus folgt, daß das Zerbrechen dieser Strukturen nicht jene objektiven, globalen Vergesellschaftungszusammenhänge aufzuheben vermag, die sich im Verlaufe des 20. Jahrhunderts etabliert haben. Daß die neuen, regierenden Eliten in den ehemals sozialistischen Ländern deren interne sozialökonomische Krise durch eine möglichst schnelle Einführung der Marktwirtschaft und deren Integration in den Weltmarkt lösen wollen, verdeutlicht nur die Wirkung jener objektiven

Bedingungen, an denen sich das Handeln und die Programmatik der politischen Akteure zwangsläufig orientieren.

## 1. 1. Die vermeintliche Stabilität der alten Ordnung

Die herrschende Politik hat sich ebenso wie die Politikwissenschaft – und dabei namentlich ihre Abteilung, die für die Analyse der internationalen Beziehungen zuständig ist – vor der realen, politischen Entwicklung der vergangenen beiden Jahre gründlich blamiert. Wie immer Veränderungen in den Strukturen der Machtverhältnisse des internationalen Systems registriert wurden, so blieb doch die Orientierung auf die Stabilität des Ost-West-Konfliktes eine Basisprämisse für das langfristig angelegte strategische Denken – von der Sicherheitspolitik bis hin zum weltwirtschaftlichen Krisenmanagement.

Der US-amerikanische Politologe David Calleo hat sich in einem Buch mit dem Titel „Beyond American Hegemony", das eine scharfsinnige Analyse des Niedergangs der US-Hegemonie sowie des Scheiterns der Reagan'schen Politik, diesen Verfall zu stoppen, enthält, über jene Politologen lustig gemacht, die vergeblich versuchten, den Prozeß der westeuropäischen Integration theoretisch auf den Begriff zu bringen. „Politikwissenschaftler haben Europa niemals verziehen, daß es nicht die Integrationstheorien bestätigt hat" (Calleo, 1989, 262).

Sein Plädoyer für eine Politik des militärischen „burden sharing" (Lastenverteilung) zwischen den USA und Europa, die die USA in einer neuen pluralistischen Ordnung für eine erneute Regeneration entlasten soll, beruht freilich selbst noch auf Prämissen über die Stabilität der Systemkonkurrenz, die ihrerseits inzwischen durch die politische Entwicklung gründlich falsifiziert wurden. Das „Deutschlandproblem" der Europäer kann nur solange unter Kontrolle gehalten werden, als die bipolare Ordnung fortbesteht. „Wenn es in Europa keine bipolare Teilung gäbe, würde, einer weitverbreiteten Auffassung zufolge, das alte Problem kontinentaler Hegemonie sicherlich von innen wieder aufleben. Im Falle einer deutschen Wiedervereinigung und eines Rückzugs der Russen aus Osteuropa würde wahrscheinlich das gute Einvernehmen der westeuropäischen Nationen von dem alten französischen, deutschen und britischen Wettstreit, dem Hauptgrund für die beiden Weltkriege in diesem Jahrhundert, abgelöst werden" (15). Da dies – so Calleo an anderer Stelle – jedoch „*in absehbarer Zeit nicht der Fall sein wird*" (282), erübrigt sich eine politische und strategische Reflexion jener Implikationen, die solche Veränderungen in der Grundkonstellation der bipolaren Ordnung (die inzwischen eingetreten sind und sich sogar noch beschleunigen) nach sich ziehen werden.

Aber auch die Philosophen und Sozialwissenschaftler, die um die Interpretation des Zeitgeistes wetteifern, haben die relevanten Diskurse der 80er Jahre eher auf die Erstarrung, denn auf eine Dynamisierung weltgeschichtlicher Prozesse zentriert. Nach der „Bewegungsphase", die namentlich für die westlichen Intellektuellen sich im Jahrzehnt zwischen 1965 und 1975 – symbolisch im Höhepunkt des Jahres 1968 – kristallisierte, war die Erschöpfung jener Energien gesellschaftlicher Kritik und politischer Transformation, die hier praktisch geworden waren, gleichsam zum übergreifenden Referenzpunkt progressiver wie konservativer Deutungen des Zeitgeistes geworden.

Auf der einen Seite wurde dabei die Verteidigung lebensweltlicher Autonomiespielräume, deren Träger die „neuen sozialen Bewegungen" sind, gegen die expansive Logik des Systems und seiner – durch Geld, Macht und Recht vermittelten – imperialen Tendenz zur „Kolonisierung" der Lebenswelten gleichsam als Schnittstelle von Konflikten in den modernen Gesellschaften begriffen, in denen die „demokratische Frage" – als das Feld der Artikulation von Selbstbestimmung in der zivilen Gesellschaft (vgl. zuletzt Dubiel u. a., 1989) – neu zu bewerten war (Habermas, 1981). In der „Risikogesellschaft" ist nicht länger das Thema der „sozialen Ungleichheit", die der Kapitalismus notwendig reproduziert, die jedoch durch die Institution des Sozialstaates gebändigt bzw. abgefedert wurde, zentraler Bezugspunkt der politischen und gesellschaftlichen Auseinandersetzungen. Die relevanten politischen Konflikte entzünden sich vielmehr an der Erfahrung von Risiken und Risikopotentialen, die mit den neuen Risikotechnologien (vor allem Kern- und Biotechnologie), mit der Zerstörung der Natur, der Umwelt und der Gesundheit in der wissenschaftlich-technischen Zivilisation erzeugt und vermehrt werden (Beck 1986).

Diesen Zeitdiagnosen eignet die Vorstellung von einer radikalen Entwertung des traditionellen Politikbegriffes, der um das staatliche Machthandeln nach innen und außen, aber auch um das traditionelle System der Repräsentation und Legitimation von politischer Macht zentriert ist. Die „Entgrenzung" der Politik (Beck, 1986, S. 300 ff.) gehe einher mit der Etablierung neuer Zentren und Felder von „Subpolitik", die – jenseits der Institutionen wie der symbolischen Formen der parlamentarischen Demokratie – einerseits in den Machtzentren des ökonomischen und des Wissenschaftssystems, andererseits in den Arenen des Widerstandes und des Protestes der neuen sozialen Bewegungen ihren Ort haben.

Während so die Binnenperspektive entwickelter Industriegesellschaften zum Focus des Konfliktes zwischen System und Lebenswelt, zwischen traditioneller Machtpolitik und einer neuen Politisierung der „zivilen Gesellschaft" erklärt wird, verschwimmt der Begriff der internationalen Politik mehr und mehr zu jener „neuen Unübersichtlichkeit", die Jürgen Habermas Mitte der 80er Jahre als das Signum der Zeit charakterisierte: „Heute sieht es so aus, als seien die utopischen Energien aufgezehrt, als hätten sie sich vom geschichtlichen Denken zurückgezogen. Der Horizont der Zukunft hat sich zusammengezogen und den Zeitgeist wie die Politik gründlich verändert. Die Zukunft ist negativ besetzt; an der Schwelle zum 21. Jahrhundert zeichnet sich das Schreckenspanorama der weltweiten Gefährdung allgemeiner Lebensinteressen statt: die Spirale des Wettrüstens, die unkontrollierte Verbreitung von Kernwaffen, die strukturelle Verarmung der Entwicklungsländer, Arbeitslosigkeit und wachsende soziale Ungleichgewichte in den entwickelten Ländern, Probleme der Umweltbelastung, katastrophennah operierende Großtechnologien geben die Stichworte, die über Massenmedien ins öffentliche Bewußtsein eingedrungen sind. Die Antworten der Intellektuellen spiegeln nicht weniger als die der Politiker Ratlosigkeit ... Die Lage mag objektiv unübersichtlich sein. Unübersichtlichkeit ist indessen auch eine Funktion der Handlungsbereitschaft, die sich eine Gesellschaft zutraut" (Habermas, 1985, S. 143).

Wie immer auch solche Analysen die Globalität von Risikolagen thematisieren, so reflektieren sie diese doch zugleich als eine Art universellen „Schicksalszusammenhang", der angesichts der Starrheit der Strukturen der internationalen Politik sowie der Ohnmacht und Konzeptionslosigkeit der herrschenden politischen Akteure nur noch als Bedrohung wahrgenommen werden kann. Daß diese Strukturen selbst in Bewegung geraten und dabei nicht nur das klassische Machthandeln der Staaten in Bezug auf die Neudefinition und die Restrukturierung von internationalen Hegemonialordnungen, sondern auch traditionelle politische Ideologien wie der Nationalismus eine schnelle Renaissance erfahren könnten, mußte sich diesem gesellschaftskritischen – gleichwohl auf die Binnenstrukturen gesellschaftlicher Reproduktion und Regulation bezogenen – Ansatz als Möglichkeit bevorstehender politischer Umwälzungen systematisch verschließen. Es kann daher auch nicht verwundern, daß gerade in Deutschland seit dem Herbst 1989 das schnelle Umschalten der politischen Diskurse von den „weichen" auf die „harten" Themen der Politik, von den Auseinandersetzungen um Umweltfragen, die Gestaltung der Arbeit, die Gleichheit der Geschlechter usw. zum Anschluß der DDR and die BRD, zur Neustrukturierung der internationalen Bündnissysteme, zur Rolle des geeinten Deutschland in Europa usw., die kritische Gesellschaftstheorie, deren Hegemonie im Sinne von intellektueller Deutungsmacht bzw. einer demokratischen Meinungsführerschaft seit 1968 die Konservativen zumal in der BRD beklagt hatten, paralysiert erscheint (vgl. Deppe, 1990, a).

Auf der anderen Seite hat die geistige Gegenbewegung, die „kulturelle Gegenrevolution" der Postmoderne sich keineswegs von der Fixierung auf die vermeintliche Erstarrung der geschichtlichen Bewegung, die Sklerose der herrschenden politischen und gesellschaftlichen Institutionen, gelöst. Im Gegenteil – sie erzeugt geistige und kulturelle Bewegung, weil sie diese Wahrnehmung der Erstarrung als Folge des Wirkens der „instumentellen Vernunft" in den modernen Gesellschaften radikalisiert und in der Perspektive einer neuen individualistischen Freiheit des Denkens und der Kultur aufsprengen will. Die „Zerstörung der Vernunft", die hier im Rekurs auf die Klassiker der Aufklärungkritik (z. B. Friedrich Nietzsche) wieder einmal ins Werk gesetzt wird, unterstellt gerade die geschichtliche Erschöpfung der großen Emanzipations-"erzählungen" seit der Aufklärung des 18. Jahrhunderts.

Im Namen der Vernunft haben sich die Produktivkräfte in „Todesmaschinen" und die politischen Institutionen in totalitäre Herrschaftsapparate verwandelt. Die Ästhetisierung der Apokalypse gerät so zu einer intellektuellen Inszenierung, die selbst noch Genuß und Freiheit vorspiegelt. Gegen den Universalismus der totalisierenden Vernunft kann nur noch die Rationalität der „Differenz" verteidigt werden. Diese kann sowohl an die Traditionen anarchistischer Kulturrevolutionen anknüpfen oder – im politischen Raum – für den Schutz dissentierender oder marginalisierter Minderheiten optieren. Sie kann aber auch mit Lust dem neuen Individualismus als kultureller Lebensform affirmieren. Diese quält sich nicht länger mit dem schlechten Gewissen des Intellektuellen, der sich für die Sache der „Menschheit" oder des Proletariats verantwortlich fühlt. Und natürlich kann das postmoderne Denken in der Frontstellung gegen Aufklärung, Marxismus und Rationalismus zugleich für die neokonservative Politik verfügbar sein (so z. B. bei Koslowski, 1988)

Wie immer auch die postmoderne Befreiung des Denkens von den Fesseln des vermeintlich totalisierenden Denkens sich zu einer bunten Vielfalt von Denk- und Lebensformen ausdifferenziert, stets reproduziert sie dabei mehr oder weniger ausgesprochen die radikale Dekonstruktion eines geschichtsphilosophischen oder – bescheidener – eines geschichtlichen Denkens, das auch nur die Möglichkeit von Krisen und Umbrüchen in den weltpolitischen Strukturen und Hegemonialordnungen zulassen würde. Insofern reflektiert sich in der kurzen Konjunktur der „Postmoderne" nicht nur der Abschied von den gescheiterten 68er Utopien, sondern auch der Katzenjammer jener intellektuellen Leere, der sich in den westlichen Metropolen mit dem politischen Siegeszug des Neokonservatismus seit dem Ende der 70er Jahre eingestellt hat (vgl. dazu u. a. die brilliante Studie von Niethammer, 1989).

Gleichsam im Windschatten der postmodernen Konjunktur, die das „nachmetaphysische Zeitalter" proklamierte, hat sich in den letzten Jahren beständig eine harte Linie des konservativen, politischen Denkens in den Vordergrund geschoben. Der postmoderne Angriff auf die Vernunftregime und die gesellschaftskritischen Intellektuellen erschien solchen Positionen nützlich, da er die Hegemonie kritischer, sozialwissenschaftler Diskurse (und damit auch den Einfluß z. B. des Denkens von Jürgen Habermas) zu zerstören versprach. Letztlich zielt dieses Denken jedoch auf die Rehabilitation jener zentralen Problemstellung des neuzeitlichen Konservatismus, der sich sowohl gegenüber der bürgerlichen Revolution als auch – bis weit ins 20. Jahrhundert hinein – gegenüber dem Anspruch der sozialistischen Arbeiterbewegung zu behaupten hatte: wie nämlich die Autorität und die Handlungsfähigkeit der Nationalstaaten sowohl in einer „feindlichen Umwelt" der internationalen Politik (als das Feld von um Macht konkurrierenden politischen Einheiten) als auch gegenüber den Forderung nach innerer Demokratisierung und Sozialstaatlichkeit gesichert werden kann (vgl. Lenk, 1989).

Die Ethik des starken Staates, von der zugleich die Individualtugenden der konservativen Ideologie (Pflichterfüllung, Anerkennung von Autorität, soldatisches Ethos, Familie als die „Keimzelle" des Staates, Religion als „Staatskitt") sowie der Nationalismus als die ideologische Form der Selbstbehauptung des zur Staatsnation konstituierten Volkes abgeleitet werden kann, schien nach den Erfahrungen der beiden Weltkriege, dann in der langen Periode der Nachkriegsprosperität gründlich desavouiert; denn nunmehr war in der internationalen Ordnung ein Bedeutungsverlust der europäischen Nationalstaaten zu konstatieren und im Innern hatte der Aufbau des „Sozialstaates" Priorität.

Als sich nun in den weltwirtschaftlichen Krisenprozessen der 70er Jahre ein Ende der Stabilität der Nachkriegsordnung anzudeuten begann und gleichzeitig der politische Siegeszug des Neokonservatismus zentrale Bestandteile des konservativen Denkens zur Regierungsideologie aufwertete (vor allem in Großbritannien und in den USA), war zumindest der Boden bereitet, um vor allem bei der Analyse der internationalen Politik den sich verändernden weltpolitischen Macht- und Kräfteverhältnissen und dabei insbesondere der Handlungsfähigkeit der Nationalstaaten größere Aufmerksamkeit zu widmen. Daß die Nietzsche- und Heidegger-Renaissance in den philosophischen Diskursen nunmehr um eine Carl-Schmitt-Renaissance bei Staatsrechtslehrern und Politikwissenschaftlern ergänzt wurde (vgl. Römer, 1990), kann so auch als ein Indiz für die Reaktivierung dieser harten, staatszentrierten Variante des konservativen Denkens gelten.

## 1. 2. Antizipation des Systemwandels

Der Kölner Zeithistoriker und Politikwissenschaftler Hans-Peter Schwarz hat schon 1985 in einem Buch mit dem Titel „Die gezähmten Deutschen. Von der Machtbesessenheit zur Machtvergessenheit" als einer der ersten die Verschiebungen in den internationalen Machtverhältnissen und die daraus abgeleitete Notwendigkeit eines neuen politischen Denkens und Handelns, das sich insbesondere gegen die Forderungen der europäischen Friedensbewegungen dieser Zeit richtet, thematisiert. Er spricht vom Übergang in ein „Zeitalter brodelnder Machtpolitik", das durch eine Aufwertung der nationalstaatlichen Machtpolitik gekennzeichnet sei. Dabei denkt er noch nicht an die Auflösung der bipolaren Struktur der Systemkonkurrenz; er geht im Gegenteil von einer – auch über die westlichen Friedensbewegungen sich artikulierenden – wachsenden militärischen und politischen Macht der Sowjetunion aus. Die Systemkonkurrenz dient ihm also gerade als Bezugsrahmen für das Einfordern der militärischen, politischen und geistig-kulturellen Selbstbehauptungsfähigkeit der westlichen Staaten. Destabilisierungstendenzen in der internationalen Ordnung gehen allerdings vor allem von den „Konfliktregionen" der Weltpolitik – dem Nahen Osten, Südafrika. Mittelamerika usw. – aus.

Die für die deutsche Außenpolitik entscheidende Botschaft dieser Analyse lautet freilich, daß sich diese – gegen den Druck der Friedensbewegung – zu einer entschiedenen, nationalen Interessens- und Machtpolitik bekennen soll. Dabei sei nun der Zeitpunkt herangereift, zu dem die deutsche Außenpolitik endgültig aus dem belastenden Schatten der faschistischen Vergangenheit heraustreten müsse; denn das permanente Bekenntnis der Deutschen zu ihrer geschichtlichen Schuld wirke letztlich als eine politische Blockade. Diese gefalle den Moralisten, schade aber der Selbstbehauptungsfähigkeit eines Staates, der in einer durch harte ideologische und ökonomische Machtinteressen definierten internationalen Umwelt zu agieren habe: „Viel zu wenig ... wird daran erinnert, daß man der Macht nicht entrinnen vermag. Sie läßt weder Völker noch Einzelne entkommen, die dem Gegner allein mit dem sympathischen Appell zur Herzenserneuerung entgegentreten ... Kritische Perioden verlangen nach Gefahrensinn, Härte, Standhaftigkeit und Bündnisloyalität ... Nur, wer zu kämpfen bereit ist, bleibt – so gut es geht – ungeschoren ... Diejenigen, denen nichts anderes einfällt, mögen allenfalls ihren Seelenfrieden retten, ihre Haut aber nicht, falls der Ernstfall wirklich eintritt" (Schwarz, 1985, S. 9 und S. 57).

Wiewohl Schwarz hier sich auf Machiavelli (vgl. Deppe, 1987, S. 25 ff.) sowie auf die Theorien des Machtstaates in der Epoche des Übergangs zum

Imperialismus bezieht, so stützt er seine Forderung nach einer Neuorientierung deutscher Außenpolitik vielmehr mit der Argumentation der sog. „neorealistischen Schule" der US-amerikanischen Politikwissenschaft (H. J. Morgenthau u. a., vgl. Schwarz, 1985, S. 66 ff.). Diese betrachten die internationalen Beziehungen wesentlich staats- und machtzentriert, d. h. aus der Perspektive der Beziehungen zwischen ungleich entwickelten Nationalstaaten und nationalen Ökonomien. Die Fragestellungen ihrer Untersuchungen sind auf die Organisationsprinzipien einer industriellen Weltwirtschaft gerichtet, die durch ökonomische Konkurrenz, ökonomische Blockbildung und wirtschaftlichen Konflikt gekennzeichnet sind (vgl. Meyers, 1989, S. 16). Macht bzw. Hegemonie erwächst daher aus der Verfügung von Nationalstaaten über soziale und wirtschaftliche Stabilität (die innere Legitimation reproduziert) sowie über militärische Sicherheit. In dem Maße, wie die politische Organisation dieser Ressourcen von Macht über den Nationalstaat und die Nationalökonomie in die Weltpolitik und die Weltwirtschaft expandiert, kann also von der Konstitution eines „imperialen Staates" gesprochen werden (vgl. Petras/Morley, 1989). Daraus ergibt sich schon, daß die neorealistische Schule sich seit den frühen 50er Jahren namentlich mit dem Aufstieg, dann seit den 70er Jahren mit der Niedergang des US-amerikanischen „imperialen Staates" bzw. mit der weltpolitischen und -wirtschaftlichen Hegemonie der USA befaßt hat. Die Fixierung dieses Ansatzes auf die staatlichen Macht- und Gewaltpotentiale läßt zudem – wie Susan Strange betont hat (Strange, 1988, S. 31) – erkennen, daß für die Realisten die militärische Macht eines Staates in letzter Instanz die entscheidende Komponente für seine Position im System der internationalen Politik bildet.

Im Jahre 1986 veröffentlichte der Münchner Soziologe Walter L. Bühl eine Untersuchung, die schon im Titel die Frage nach dem „Ende der amerikanisch-sowjetischen Hegemonie" stellte. Während bei Schwarz der Übergang zu einer neuen Epoche weltpolitischer Machtauseinandersetzungen noch eher in der Perspektive von Nord-Süd-Konflikten (oder gar einer zugespitzten Systemkonkurrenz) zentriert wird, prognostiziert Bühl eine Krise der bipolaren Hegemonialordnung der Nachkriegszeit, die sich fortschreitend in den Grenzen der „Supermachtpolitik" der USA wie der UdSSR manfestiere. Methodisch rekurriert Bühl auf das Theorem der „langen Wellen" (Kondratieff-Zyklen). Der Übergang von den 70er in die 80er Jahre markiert demzufolge das „Wellental" im Übergang vom 4. zum 5. „Kondratieff". Der globale Wachstumszyklus der Weltwirtschaft bestimmt zugleich den „Grundmechanismus des hegemonialen Zyklus ..., also des Machtkampfes der Großmächte um politischen Einfluß oder besser noch um die Führung in einem internationalen Allianzsystem und einer mehr oder weniger globalen Wirtschaftszone" (Bühl, 1986, S. 56/57).

Wie immer auch Bühl die globale Interdependenz – vor allem auf wirtschaftlichem und technologischem Gebiet, aber auch im Sicherheitsbereich – anerkennt, so warnt er doch entschieden vor dem „Trugschluß, als gebe es mit dem Abtreten der 'klassischen' (monopolistischen) Hegemonialmacht keine internationalen Führungsaufgaben mehr" (S. 43). Daher plädiert er dafür, daß die monopolistische Führungsstruktur der westlichen Allianz durch eine „Konsortialführung" abgelöst werde, die außer den USA in der Zukunft auch Japan (im pazifischen Raum) und die BRD (im europäischen Raum) einschließt (S. 81 ff.).

Mit diesem Programm, das die Anerkennung einer weltpolitischen Führungsrolle Deutschlands einschließt, kehrt Bühl zu den Grundpositionen der realistischen Schule zurück. Der Zerfall der bipolaren Machtstruktur kann auf keinen Fall in ein globales Ordnungsystem einmünden. Im Gegenteil – das neue Niveau der globalen Interdependenz, das den 5. Kondratieff-Zyklus auszeichnet, verlangt nach einer klaren, durch die Macht von Nationalstaaten und deren Regierungen definierten, Organisation und Regulation. Das Scheitern des Projektes der politischen Union Europas im Rahmen der EG (das Bühl unterstellt, wobei er die seit der Mitte der 80er Jahre einsetzende, neue Integrationsdynamik verkennt bzw. deren Potential drastisch unterschätzt), gilt ihm nachgerade als Beweis für die ungebrochene Ordnungs- und Führungsfunktion des Nationalstaates bzw. nunmehr eines Konsortiums von Nationalstaaten für die internationale Politik und Wirtschaft.

Bei Bühl wird zugleich die Lösung der „deutschen Frage" ins Zentrum gerückt. Bis 1989 halten die meisten Autoren, die Veränderungen in den weltpolitischen Machtkonstellationen zumindest registrieren, die „deutsche Wiedervereinigung" für äußerst unwahrscheinlich. Bühl hingegen skizziert eine – freilich langfristig konzipierte – Perspektive, in der mit der Krise der Supermachtstrukturen (vor allem der UdSSR) schließlich der „Weg zur Wiedervereinigung" frei wird (S. 230 ff.). Da die künftige Weltordnung als Konsortialführung gedacht wird, an der auch eine neue „Weltmacht Deutschland" teilhat, wird die deutsche Einheit das endgültige Heraustreten der Deutschen aus jenem „Vasallenstatus" bedeuten, der im 4. Kondratieff-Zyklus, genauer: in Jalta, fixiert wurde. Der Begriff deutsche Einheit wird dabei sehr weit gefaßt: er umschließt Österreich, aber auch die Vertretung deutscher Minderheiten in Südtirol, im Elsaß sowie in Mittel- und Osteuropa (S. 269/270).

Allerdings – so betont der Autor – soll damit keine offene Option für einen aggressiven, militärischen Nationalismus verbunden sein. Die Konsortialführung der Weltpolitik verlangt nämlich zahlreiche funktionale Regimes, die durch den irreversiblen Grad der Interdependenz und die „organisatorischen Erfordernisse der kommenden 5. Kondratieff'schen Welle" bestimmt werden: „... eines notwendigen globalen Sicherheitssystems, eines weltweiten Technologietransfers und einer weltweiten ökologischen Kontrolle, des Vorrangs der Information und einer sich ausbreitenden Weltzivilisation, der zentralen Bedeutung multinationaler Unternehmen und transnationaler Organisationen" (S. 183).

Während die Prognosen von Bühl im Jahre 1986 kaum eine breitere politische und wissenschaftliche Öffentlichkeit erreichten (möglicherweise haben Funktionäre der Vertriebenenverbände seine Thesen über die großdeutsche Einheit wohlgefällig registriert), hat das zuerst 1987 erschienene Buch des in den USA lehrenden, britischen Historikers Paul M. Kennedy über den „Aufstieg und Niedergang der großen Mächte" – vor allem in den USA – sofort eine heftige, öffentliche Debatte ausgelöst. Der Verfasser erzählt die große Geschichte vom Aufstieg und Niedergang der Hegemonialmächte seit 1500. Er konstruiert diesen Zyklus um einige wenige – darum um so prägnantere – Prämissen, die den Wandel der Position der Großmächte in der internationalen Ordnung erklären sollen. Seine erste These lautet: „Es gibt eine Dynamik der Veränderung, die hauptsächlich von wirtschaftlichen und technologischen Entwicklungen angetrieben wird, die sich dann auf die Sozialstruktur, das politische System, die militärische Macht und die Position der einzelnen Länder und Reiche auswirken" (Kennedy, 1989, S. 649). Die zweite Hauptthese dieses Buches behauptet, „daß das ungleichmäßige Wirtschaftswachstum langfristig Auswirkungen auf die relative militärische Macht und strategische Positionen der Mitglieder des Staatensystems gehabt hat ... Trotz der vielfältigen Modifikationen dieser Tendenz bleibt die Tatsache bestehen, daß alle wichtigen Veränderungen der militärischen Machtverhältnisse der Welt auf Veränderungen der Produktionsverhältnisse folgten; und weiter, daß Aufstieg und Fall der verschiedenen Reiche und Staaten im internationalen System durch den Ausgang der bedeutendsten Kriege der großen Mächte bestätigt wurden, in denen der Sieg immer der Seite mit den größten materiellen Ressourcen zufiel" (S. 649/50).

Es ist leicht zu erkennen, daß Kennedy strikt von den Grundpositionen der neorealistischen Schule aus argumentiert. Die Machtstruktur des internationalen Systems wird (seit einem halben Jahrtausend, also seit den Anfängen des modernen, europäischen Staatensystems) durch Nationalstaaten bestimmt, die über überlegene ökonomische und technologische Ressourcen verfügen. Der Niedergang der Großmächte wird stets dann eingeleitet, wenn a) aufgrund der ungleichmäßigen ökonomischen Entwicklung Konkurrenten auf dem Weltmarkt heranwachsen, und wenn b) der Widerspruch zwischen den ökonomischen Ressourcen und den Anforderungen der imperialen, militärisch gestützten Außenpolitik einen Punkt erreicht, den Kennedy als „imperiale Überdehnung" (imperial overstretch) bezeichnet. Eine Großmacht wird dann mit dem Dilemma konfrontiert, entweder auf ihren imperialen Status zu verzichten oder mit der weiteren Überdehnung ihrer militärischen Macht die ökonomische Basis dieses Hegemoniestatus zu unterminieren bzw. schließlich zu zerstören (bzw. im Falle einer militärischen Auseinandersetzung zu unterliegen).

Es ist ebenso unschwer zu erkennen, daß Kennedy die „neue strategische Landschaft" zum Ende des 20. Jahrhunderts durch einen Abstieg der beiden Supermächte USA und UdSSR und damit durch eine Erosion der bipolaren Ordnung gekennzeichnet sieht (S. 517 ff.). Diese werde ihrerseits durch den Aufstieg neuer Mächte (er nennt China, Japan im Osten sowie – mit Einschränkungen – Europa und besonders die BRD im Westen) abgelöst . Diese Veränderung in den weltpolitischen Kräftekonstellationen wird zunächst durch das ungleichmäßige ökonomische Wachstum sowie die technologischen Innovationskapazitäten vorangetrieben, die sich zum Nachteil der USA, vor allem aber der UdSSR zugunsten von Japan und in Europa der BRD verlagert haben. Die künftige Weltpolitik wird so von dem Ringen zwischen den Absteigern und den Aufsteigern bestimmt werden, in dem das Verhältnis von ökonomisch-technologischer und militärisch-politischer Macht im Zusammenhang der internationalen Machtstrukturen neu bestimmt und festgelegt werden muß. „Die gegenwärtigen Mächte im internationalen System sind deshalb gezwungen, mit der doppelten Herausforderung zu ringen, der auch ihre Vorgänger gegenüberstanden: zunächst mit den ungleichmäßigen Mustern ökonomischen Wachstums, welche dazu führen, daß einige von ihnen reicher (und damit gewöhnlich in Relation zu anderen stärker) werden; und zweitens mit dem Problem der Konkurrenz oder der Kriegsgefahr, die sie zwingt, sich zwischen kurzfristiger militärischer Sicherheit und langfristiger ökonomischer Sicherheit zu entscheiden" (S. 794). Das Schicksal der niedergehenden Nationen, zu denen er neben den USA und der UdSSR auch die Hegemonialmacht des 19. Jahrhunderts, Großbritannien, zählt, ist indessen vorbestimmt: sie verhalten sich ganz wie alte Männer, die eine Arbeit verrichten wollen, die ihre Kraft übersteigt.

Zusammen mit anderen Analysen von Ökonomen und Politikwissenschaftlern über den Verfall amerikanischer Macht, die inzwischen zur „American School of Decline" zusammengefaßt werden (Herz, 1989), löste das Buch von Kennedy in den USA eine heftige – und noch längst nicht abgeschlossene – Debatte aus. Die These von der Erosion der US-amerikanischen Hegemonie und der Auflösung der bipolaren Weltordnung mußte nicht nur die amerikanische Ideologie mit ihrem tiefverwurzelten Glauben an das „American Century" provozieren, sondern fällt schon relativ früh eine durchweg negatives Urteil über die Anstrengungen der Reagan'schen Politik, die USA wieder zur „Nummer 1" in der Weltpolitik zu machen. Gleichwohl teilt die Analyse von Kennedy mit anderen Studien zum Strukturwandel der internationalen Politik in dieser Zeit die Grundüberlegung, daß – trotz beginnender Erosionstendenzen – die Machtstrukturen im internationalen System – vor allem die nach wie vor dominante Struktur der Systemkonkurrenz – relativ stabil sind und dies auch auf absehbare Zeit bleiben werden. Mit anderen Worten – mit kurzfristig bevorstehenden Umbrüchen oder auch Zusammenbrüchen von Teilstrukturen (z. B. mit dem Zusammenbruch des sozialistischen Staatensystems und einer schnellen deutschen Einigung) wurde nicht gerechnet. Die Prozesse einer hegemonialen Neuordnung von Machtstrukturen in der Weltpolitik – so lautete das Urteil der Beobachter – sind langfristiger Natur. Die Formen der politischen Gewalt, mit denen sie schließlich entschieden werden, sind noch längst nicht erkennbar; denn auch in der Zukunft werden die USA und selbst eine auf sich selbst zurückgeworfene und durch innere Krisen geschüttelte Sowjetunion – so Kennedy – aufgrund ihrer atomaren Potentiale Großmächte bleiben. Insofern bilden die Veränderungen in den weltwirtschaftlichen Kräfteverhältnissen nach wie vor Elemente einer geschichtlichen „Inkubationsperiode“, deren Umschlag in den offenen, internationalen Machtkampf noch längst nicht zum Thema der Zeitgeschichte avanciert ist.

Dieter Senghaas hatte schon 1986 unter dem Titel „Die Zukunft Europas – Probleme der Friedensgestaltung“ eine brillante Analyse der Bedingungen von hegemonialen Zyklen in der Weltpolitik vorgelegt und – vor dem Hintergrund des relativen Abstiegs der USA und der UdSSR – eine durchweg realistische Prognose bevorstehender, systemischer Machtveränderungen formuliert: „Internationale Politik wird sich in den kommenden Jahrzehnten innerhalb und im Umfeld einer typischen Hegemoniekrisen-Konstellation abspielen, und so wie der weltwirtschaftliche Abschwung seit den 70er Jahren erneut eine Diskussion über 'lange Wellen' der Konjunktur provoziert hat, legt der allmähliche Verfall der weltpolitischen Ordnung der Nachkriegszeit eine vergleichbare Diskussion über die Hegemoniezyklen-Problematik nahe“ (Senghaas, 1986, S. 29). Er beklagt die mangelnde „politische Selbstorganisationsfähigkeit“ Europas und erkennt „in den ökonomischen und technologischen Gewichtsverlagerungen zugunsten Japans und Ostasiens die früheste Phase eines Hegemonialprozesses und damit den Ausgangspunkt einer neuen weltpolitischen Konfliktformation zwischen den hochindustrialisierten westlich orientierten Gesellschaften“ (S. 117).

Dennoch schließt seine Untersuchung mit einer Prognose über die Zukunft Europas ab, die ihrerseits auf der Vermutung von einer langfristigen Stabilität der Strukturen der Systemkonkurrenz basiert: diese – so Senghaas zusammenfassend – „wird auf absehbare Zeit, zumindest bis zur Jahrhundertwende, noch von den Rahmenbedingungen geprägt, die auch heute die politische Landschaft innerhalb und außerhalb Europas kennzeichnen. Tiefgreifende Umbrüche sind derzeit nicht erkennbar und auch in den kommenden Jahren nicht zu erwarten“ (S. 272). Nur vier Jahre später mußte Senghaas im Blick auf die weltgeschichtliche Zäsur des Jahres 1989 erklären, daß der Ost-West-Konflikt unumkehrbar beendet und fortan nur noch für Historiker von Interesse ist (Senghaas, 1990, S. 7).

## 1. 3. Der Umbruch

Der Sturm der Ereignisse des Jahres 1989 hat nun schnell alle Hypothesen über einen langsamen Wandel der weltpolitischen Machtkonstellationen hinweggefegt. Das „Ende der Nachkriegszeit“ wurde jetzt wesentlich durch den schnellen Zusammenbruch der kommunistischen Regierungssysteme in den mittel- und osteuropäischen Staaten des Warschauer Paktes und des RGW sowie durch die Zuspitzung der inneren ökonomischen und politischen Krise der Sowjetunion eingeleitet und besiegelt.

Die Ablösung der herrschenden kommunistischen Parteien in Polen und Ungarn wurde durch die Bereitschaft zum Machtverzicht sowie zur Aufgabe des sozialistischen Wirtschaftssystems durch die alten Herrschaftseliten selbst ins Werk gesetzt. In anderen Staaten wie Bulgarien, der früheren CSSR und schließlich in Rumänien vollzog sich – in unterschiedlichen Formen in bezug auf die Rolle und den gewaltsamen Widerstand der alten Machtapparate – der Machtwechsel in der Folge von Volksbewegungen, die Demokratie, Freiheit und Wohlstand (der als gleichsam naturwüchsige Konsequenz der Marktwirtschaft angesehen wird) einforderten. In der DDR schließlich wurde die Fluchtbewegung vom Spätsommer 1989 zum Auslöser für eine Volksbewegung gegen das Ancien Régime der SED, die im Oktober einen Regierungswechsel und dann bald eine Öffnung der Grenzen erzwang. Ab Anfang 1990 entwickelte sich in der DDR eine Massenstimmung zugunsten einer schnellen Wiedervereinigung Deutschlands, die bald vom „Crash-Kurs“ der Bundesregierung in Regie genommen wurde. Ebenfalls im Sommer 1989 erfuhr die Politik der „Modernisierung“ in der Volksrepublik China einen dramatischen Rückschlag, als der Protest der Studenten, die eine Demokratisierung des politischen Systems und der öffentlichen Ordnung forderten, von der Armee mit Gewalt zerschlagen wurde. Schließlich wurde auch das bündnisfreie, sozialistische Jugoslawien immer mehr in das Chaos einer Wirtschaftskrise, des Währungsverfalls und zunehmender Nationalitätenkonflikte hineingezogen.

Um die Mitte des Jahres 1989 hat Hans-Peter Schwarz, von dessen Gespür für weltpolitische Erschütterungen bereits die Rede war, einen Aufsatz mit dem Titel „Auf dem Weg zum post-kommunistischen Europa“ mit dem Hinweis auf drei große – weltpolitische bedeutsame – Veränderungen für Europas eröffnet:

„1. Europa erlebt den inneren Zusammenbruch des Kommunismus als Idee und als Praxis zur Organisation von Großgesellschaften. Das ist ein welthistorischer Vorgang erster Ordnung, dessen mittelfristige und langfristige Auswirkungen sich erst in Umrissen erkennen lassen. Was aus dem Zusammenbruch entsteht, ist noch nicht absehbar; aber die 40 Jahre ostmitteleuropäischer Abkoppelung von der Moderne gehen zu Ende. In der einen oder anderen Form wird es zu einer Wiedervereinigung Europas kommen.

2. Der Prozeß der europäischen Integration im EG-Rahmen hat eine Qualität erreicht, in der die beteiligten Staaten ihre Wirtschafts- und Sozialpolitik – die Zentralelemente moderner Souveränität – nicht mehr autonom bestimmen können. Westeuropa befindet sich inmitten eines Entwicklungsprozesses, aus dem eine neuartige politische und wirtschaftliche Einheit entstehen muß – man kann diese nun Föderation, Union oder Konföderation nennen.

3. Parallel dazu geht das amerikanische Jahrhundert zu Ende. Die Vereinigten Staaten werden zwar weiter die stärkste Macht in der Gemeinschaft nordatlantischer Demokratien bleiben. Doch die Tage, da sie als Hegemonialmacht und alleinige Schutzmacht Westeuropas begriffen werden konnten, sind gezählt“ (Schwarz, 1989, S. 319).

Die „deutsche Frage“ wird von Schwarz um die Mitte des Jahres 1989 noch ziemlich behutsam angesprochen, obwohl er natürlich weiß, daß dieses Thema politisch sofort relevant werden muß, sobald die „post-kommunistische“ Bewegung auch auf die DDR übergreift (S. 332). Auf jeden Fall plädiert er dafür, die „deutsche Frage“ nicht zu „re-nationalisieren“, sondern deren Lösung a priori in den Kontext der Neuordnung Europas (einschließlich der Sowjetunion) und der Stabilisierung der Beziehungen zu den USA zu stellen (vgl. in diesem Sinne auch Michael Stürmer, 1989): „Jedenfalls lehrt die neuere Geschichte Europas, daß sich die Frage der inneren und äußeren Form Deutschlands immer dann wieder stellt und erneut entschieden werden muß, wenn sich die Tektonik des europäischen Staatensystems grundlegend verschiebt. Am Anfang einer solchen Phase befindet sich Europa allem Anschein nach. Die geschichtliche Erfahrung lehrt allerdings auch, daß politische Organisationsformen und Grenzen, die einmal hinfällig geworden sind, nicht mehr zu restaurieren sind. Neues Denken und Neugestaltung der inneren wie der internationalen Ordnung sind dann unerläßlich“ (S. 329).

Die konzeptiven Ideologen der bundesdeutschen Außenpolitik plädieren 1989/90 übereinstimmend für eine Strategie, die einerseits den Wandel „im deutschen Interesse“ energisch vorantreibt, andererseits jedoch die Stabilität der nordatlantischen sowie der westeuropäischen Bündnisbeziehungen in keiner Phase dieses Wandels mutwillig gefährden sollte. Dennoch wird mit der Konkretisierung der deutschen Einigung die Verschiebung der Machtkonstellationen innerhalb dieser Bündnisstrukturen offenkundig: „Der Fokus der europäischen Politik verschiebt sich zunehmend in die Mitte des Kontinents" (Weidenfeld/Janning, 1990, S. 15). Wolfgang Wagner, der Herausgeber des „Europa-Archivs", hat Anfang Februar 1990 die machtpolitischen Implikationen des Umbruchs in Europa schon deutlicher angesprochen. Zunächst geht er von der Gewißheit aus, „daß die Vereinigung der beiden deutschen Staaten nicht mehr aufzuhalten ist ... Noch vor kurzem gültige Vorstellungen wie etwa die, daß sich die Wiederherstellung eines gesamtdeutschen Staates durch die fortschreitende wirtschaftliche und politische Integration im Rahmen der Europäischen Gemeinschaft erübrigen könnte oder daß die Deutschen damit wenigstens warten sollten, bis diese Integration weit genug gediehen ist, sind durch die rasche Entwicklung der letzten Monate überholt" (Wagner, 1990, S. 79).

Sodann spricht er offen aus, daß mit der Bildung eines gesamtdeutschen Staates die politischen Machtverhältnisse in Westeuropa sich geostrategisch in die Mitte Europas, also nach Deutschland, verlagern. Das aber bedeutet: „Für Großbritannien und Frankreich ist es schwieriger, sich mit dem Gedanken vertraut zu machen, daß sie ihre Sonderstellung in Mitteleuropa einbüßen. Nach dem Verlust ihrer Kolonialgebiete beruht ihr herausgehobener Rang in der Staatengemeinschaft auf drei Faktoren: ständige Mitgliedschaft im Sicherheitsrat, Nuklearmacht und Siegerrechte in Deutschland. Gerade in einer Zeit, in der die Bedeutung der Atomwaffen sichtlich abnimmt, muß es schmerzlich sein, nun auch die Sonderrechte in Mitteleuropa aufzugeben. Für Frankreich entschwindet angesichts der Herausbildung eines deutschen Staates mit rund 80 Millionen Menschen außerdem die letzte Aussicht, in Europa eine dominierende Rolle spielen zu können" (S. 84). Daraus folgt dann, daß „ ... die Nationen Europas einige Zeit benötigen (werden), sich an die Existenz eines Staates in ihrer Mitte zu gewöhnen, der sowohl nach Bevölkerungsgröße als auch nach wirtschaftlicher und finanzieller Leistungskraft allen anderen (außer an Bewohnern die Sowjetunion) überlegen ist, und Vertrauen zu fassen, daß dieser Staat seine Stärke nicht mißbraucht" (86).

Werner Weidenfeld und Josef Janning haben im Frühjahr 1990 eine Studie über den „Umbruch Europas" veröffentlicht. Darin machen sie darauf aufmerksam, daß die nunmehr dominierende Rolle Deutschlands bei der Neuordnung Europas und der atlantischen Bündnisbeziehungen von der politischen Führung der USA mehr und mehr im Sinne jener „Konsortialführung" anerkannt wird, die Walther L. Bühl als neue Organisationsstruktur der Weltwirtschaft und -politik eingefordert hatte. „In der Politik der amerikanischen Adminstration zeichnet sich eine ... Akzentverlagerung ab, die einen neuen Schwerpunkt auf die Bundesrepublik Deutschland zu Lasten Großbritanniens und auch Frankreichs legt. Damit geht die amerikanische Außenpolitik bewußt auf die Zentralposition der neuen Ordnung in Europa ein“ (Weidenfeld/Janning, 1990, S. 23). So wird der „Weg zu einer gleichgewichtigen Partnerschaft über den Atlantik (eröffnet)“, woraus zugleich – selbstverständlich für Deutschland – „neue Verantwortlichkeiten für die europäische Politik“ entstehen (S. 23).

Die Autoren sind freilich der Ansicht, daß diese Neuordnung der internationalen Machtstrukturen nicht als ein Rückfall in die Ära der imperialistischen Hegemonialkämpfe sich vollziehen darf. Inhalte und Formen internationaler Politik werden vielmehr immer mehr durch jene Anforderungen bestimmt, die aus der globalen Verflechtung sowie neuer, globaler Risikopotentiale entstehen und die gerade nicht mit dem Instrumentarium der „klassischen“ Macht- und Sicherheitspolitik der Nationalstaaten gelöst werden können. „Die Substanz des atlantischen Dialogs wird sich ... in den bevorstehenden Jahren über die Sicherheitspolitik hinaus mehr und mehr auf die kooperative Bewältigung der zivilisatorischen Kernfragen in der globalen Entwicklung, der Umweltproblematik, der industriellen und technologischen Entwicklung, der Zukunft sozialer Systeme bis zur Frage nach der Steuerung komplexer Systeme und den Transparenzproblemen der westlichen Demokratie verlagern können“ (S. 24).

## 1. 4. Perspektiven des Systemwandels

Mit welcher Bedeutung also kann von den Jahren 1989/90 als einer „weltgeschichtlichen Zäsur“ gesprochen werden? Ließe sich gar – da die Feiern zum 200. Jahrestag der Französischen Revolution von 1789 gerade ausklangen, als die revolutionären Umbrüche (im Sinne des Zusammenbruchs des Alten Regimes unter dem Druck von Volksbewegungen) in Mittel- und Osteuropa ihrem Höhepunkt zustrebten – eine historische Analogie konstruieren, die den Ereignissen unserer Tage eine vergleichbare universelle und symbolische Bedeutungsmacht zuschreibt, wie sie nach 1789 von den revolutionären Losungen „Freiheit, Gleichheit, Brüderlichkeit“ ausging (vgl. dazu Hobsbawm, 1962)?

Vor der vorschnellen Konstruktion solcher Analogien sei freilich gewarnt; denn erstens vollzieht sich die Geschichte niemals in bloßen Analogiesprüngen, deren Evidenz stets nur bei äußerster Simplifikation unterstellt werden kann. Zweitens verwehrt die Unmittelbarkeit des Geschehens gesicherte Aussagen über die schließlichen Resultate des Umbruchs. Und drittens scheint ein solcher Bezug insofern problematisch, als die symbolische Ausstrahlungskraft oder die geschichtliche Energie von 1789 (wie später die der russischen Revolutiuon vom Oktober 1917) im Bewußtsein des Anbrechens einer „neuen Zeit", also des revolutionären Bruchs mit den alten Mächten (des Feudalismus, der aristokratischen Ständegesellschaft und ihrer Privilegien, des absolutistischen Staates und der Verbindung von politischer und religiöser Macht) wurzelte. Der „Abschied vom realen Sozialismus" als Prinzip gesellschaftlicher, staatlicher und zwischenstaatlicher Ordnungen bzw. der internationalen Beziehungen feiert hingegen die „Rückkehr" Ost- und Mitteleuropas in die Entwicklungsgeschichte der bürgerlichen Gesellschaft bzw. des „kapitalistischen Weltsystems", während doch weltrevolutionäre Prozesse stets das Selbstbewußtsein des Übergangs in eine neue Epoche der Menschheitsgeschichte artikulierten.

Jürgen Habermas hat die Revolution im Osten deshalb als eine „gewissermaßen rückspulende Revolution" bezeichnet, „die den Weg frei macht, um versäumte Entwicklungen nachzuholen ... Indem die nachholende Revolution die Rückkehr zum demokratischen Rechtsstaat und den Anschluß an den kapitalistisch entwickelten Westen ermöglichen soll, orientiert sie sich an Modellen, die nach orthodoxer Lesart durch die Revolution von 1917 schon überholt waren. Das mag den eigentümlichen Zug dieser Revolution erklären: den fast vollständigen Mangel an innovativen, zukunftsweisenden Ideen" (Habermas, 1990, S. 180/181).

Auf jeden Fall markiert der Zusammenbruch des „realen Sozialismus" und die Auflösung des sozialistischen Staatensystems zusammen mit dem offenkundigen Zusammenbruch der Systemideologie, des „Marxismus-Leninismus", sowohl für die sozialökonomische und politische Entwicklung dieser Länder als auch für die Weltpolitik einen tiefen Einschnitt. Die Liberalisierung der politischen Systeme nach Maßgabe der westlichen, parlamentarischen Demokratien und die Substituierung der Planwirtschaft und des Staatseigentums durch eine auf Privateigentum gegründete Marktwirtschaft, die ihrerseits zum Weltmarkt hin offen sein soll, wird von den Reformbewegungen und ihren Führungseliten als Programm und Ziel verfolgt. Bei ihrer Realisierung besteht derzeit noch eine Vielfalt von Misch- und Übergangsformen: von dem „Angebotssschock", dem die Wirtschaft und Gesellschaft Polens schon jetzt durch die Einführung der Marktwirtschaft ausgesetzt ist, über den ökonomischen und politischen Anschluß der DDR an die BRD, bis hin zu Experimenten der Kombination von Elementen des alten Eigentums- und Planungssystems mit den Wirkungen der Marktwirtschaft in solchen Ländern, in denen die politischen Machtverhältnisse noch nicht grundlegend umgewälzt wurden bzw. noch ein relatives Gleichgewicht der „alten" und der

„neuen" politischen Kräfte zu bestehen scheint, das allerdings keineswegs stabil ist (in der Sowjetunion, in Bulgarien und Rümänien).

Wann und ob überhaupt diese Ziele erreicht werden, ist derzeit eine offene Frage. Dennoch zeichnet sich ab, daß dies ein langwieriger und konfliktreicher Prozeß sein wird. Die fortschreitende Verarmung eines großen Teils der Bevölkerung, die Ausbildung neuer Formen der sozialen Ungleichheit verbunden mit der Auflösung jener Infrastrukturen realsozialistischer Gesellschaften, die – wenn auch auf einem sehr niedrigen Niveau – eine stabile Versorgung mit öffentlichen Gütern gewährleistet hatten, werden in hohem Maße die zukünftigen sozialen und politischen Konflikte in diesen Ländern, damit auch den Inhalt der Auseinandersetzungen um politische Mehrheiten, in deren Namen staatliche Macht ausgeübt wird, bestimmen. Peter Bender hat in der „Zeit" an diese Gefahr einer permanenten Destabilisierung, die aus der Armut erwächst, erinnert: „Die Ängste und Nöte, die wir in der DDR beobachten, wuchern im ganzen ehemals kommunistischen Europa – nur noch schlimmer. Dasselbe System erzeugte überall die gleichen Probleme und erzwang ähnliche Lösungsversuche. Zwar sind die Unterschiede von Land zu Land erheblich, doch die Schwierigkeiten des Systemwechsels, des Übergangs vom Plan zum Markt und von der Diktatur zur Demokratie, sind in allen Staaten zwischen Ostsee, Adria und Pazifik gleich oder doch vergleichbar. Allen gemeinsam ist auch die Gefahr: *Ohne tiefe wirtschaftliche Krise wäre der Kommunismus nicht zusammengebrochen, die Krise ist die Mutter der Demokratie, aber sie lebt weiter und droht, ihr Kind zu verschlingen"* (Bender, 1990).

Mit dem Zusammenbruch des „realen Sozialismus" geht zugleich die Epoche der Systemkonkurrenz zu Ende. Zumindest die zweite Hälfte des 20. Jahrhunderts war durch den Systemgegensatz von Kapitalismus und Sozialismus bestimmt – ob in der Konfrontation des Kalten Krieges und der Konkurrenzkonstellation der „friedlichen Koexistenz" im Zeichen des atomaren Patt oder ob in der direkten und indirekten Präsenz der antagonistischen Systeme in den Kriegen in der „Dritten Welt". Stets war diese Konfrontation – als die dominante Konfliktkonstellation der Weltpolitik – von dem Bewußtsein der Akteure durchdrungen, daß es schließlich in diesem welthistorischen Ringen Sieger und Verlierer geben müsse. Der Verlierer steht inzwischen fest: es ist der „reale Sozialismus" und der „Marxismus-Leninismus" als dessen Legitimationsideologie. Der Antagonismus, der ja den unversöhnlichen Gegensatz zweier „Lager" meint, hat sich, so scheint es doch auf den ersten Blick, nicht durch den direkten Kampf, durch die offene, gewaltsame Konfrontation der beiden Systeme, sondern durch den inneren Verfall und die schließliche Aufhebung der systemischen Identifikationsmerkmale des einen „Lagers" aufgelöst. Welche Wirkungen sich daraus auf die Entwicklungsbedingungen des anderen Lagers, des kapitalistischen Weltsystems, vor allem auf die politischen Strategien der gesellschaftlich relevanten Kräfte und Akteure ergeben, ob der „Sieg des Kapitalismus" seiner weiteren Blüte dient und internationale Sicherheit neu definiert oder ob sowohl im Innern als auch in den Beziehungen zwischen den kapitalistischen Staaten neue Konfliktpotentiale freigesetzt werden – auch diese geschichtlich noch offenen Fragen bezeichnen den Stoff künftiger machtpolitischer Auseinandersetzungen.

Und doch wäre es für die Beurteilung der gegenwärtigen weltgeschichtlichen Zäsur ganz falsch, wenn deren Charakterisierung sich ausschließlich auf das Ende der Systemkonkurrenz, des Ost-West-Gegensatzes, der Nachkriegszeit usw. konzentrieren würde. Eine angemessene Beurteilung dieser Zäsur wird nur dann möglich sein, wenn das Ende der Systemkonkurrenz im Zusammenhang mit den Veränderungen und Problemlagen innerhalb des kapitalistischen Weltsystems begriffen wird, die bei dem Hinweis auf die Erosion der „bipolaren" Struktur der Weltpolitik zumindest mitgedacht werden. Dabei handelt es sich um die folgenden Prozesse, die im folgenden noch genauer zu analysieren sein werden: 1. Der Verfall der US-amerikanischen Hegemonie (im Sinne von anerkannter Führungsfähigkeit). Dieser wurde in erster Linie durch die weltwirtschaftlichen Strukturveränderungen und den Aufstieg Japans und der BRD vorbereitet. Das Ende der Systemkonkurrenz, die ja selbst noch die Bedingungen für die militärisch-politische Führungsrolle der USA definiert hatte, wird diesen Hegemonieverlust wahrscheinlich noch beschleunigen. 2. Die Dynamisierung der westeuropäischen Integrationspolitik im Rahmen der Europäischen Gemeinschaft (EG) seit Mitte der 80er Jahre. Mit der politischen Zusammenarbeit, dem Projekt des „Binnenmarktes '92" und den ersten Schritten auf dem Weg zur Währungsunion wurden so Chancen für die Übertragung von Elementen nationalstaatlicher Souveränität auf supranationale EG-Organe und damit für die Öffnung des Weges zur politischen Union eröffnet und reaktiviert. Im Gefolge des politischen und wirtschaftlichen Umbruchs in Mittel- und Osteuropa ist dem EG-Prozeß die Rolle eines „Gravitationszentrums" für Gesamteuropa zugewachsen, die zugleich neue Risiken und Anforderungen an die Integrationspolitik erzeugt hat. 3. Die deutsche Einheit, die ihrerseits auf die hegemonialen Ordnungen der Weltpolitik Einfluß nehmen wird, die aber zugleich die Struktur der europäischen Kräfte- und Bündniskonstellationen mit der qualitativen Aufwertung der „Mitte Europas" verändern muß.

Welch gewaltigen neuen politischen Aufgaben aus der Gesamtheit und dem inneren – zugleich äußerst widersprüchlichen – Zusammenhang dieser Prozesse resultieren, kann zum gegenwärtigen Zeitpunkt allenfalls angedeutet werden. In der großen spanischen Zeitung EL PAIS vom 3. August 1990

z. B. fordert ein Experte für die Theorie strategischer Szenarien, daß sich die europäische Politik sofort der Bearbeitung von drei Prioritäten zuwenden müsse, um die derzeit obwaltende Konfusion zu bannen: 1. Die alte NATO ist aufgrund des Zusammenbruchs des sowjetischen Imperiums in einer Krise, die zugleich das Ende des US-Imperiums bedeutet. Die alte NATO muß daher verschwinden und auf neuen Prämissen eines politischen Realismus als globale Allianz rekonstruiert werden. 2. Das deutsche Thema muß realistischer analysiert werden. Daraus folgt: die Entnationalisierung der Märkte bildet eine absolute Priorität für die EG in ihrer Gesamtheit. „Wenn Deutschland Dir Angst macht: kaufe es!“ 3. Das Thema der Hilfe für die Sowjetunion muß einer schnellen Lösung zugeführt werden. Diese Hilfe muß auf der einen Seite die Bemühungen um eine ökonomische und politische Stabilisierung der Sowjetunion fördern, auf der anderen Seite deren Wirtschaft – etwa über den konvertierbaren Rubel – in die internationalen Finanz- und Warenmärkte integrieren (Carlos Pelanda, Tres Prioridades para Europa, in: El Pais, 3. 8. 90, S. 11).

In der gleichen Nummer dieser Zeitung findet sich nur wenige Seiten weiter ein Gespräch mit dem deutsch-britischen Soziologen Ralf Dahrendorf, in dem dieser drei große, globale Problemfelder benennt, mit denen „die Welt“ – und das heißt: die Politik aller relevanten Staaten – in den 90er Jahren konfrontiert sein wird: 1. Das Problem der Umwelt. „Man muß sich fragen, wie wir dieser Bedrohung des Überlebens der Menschheit Herr werden, ohne auf autoritäre Lösungen zu rekurrieren“. 2. Die globale Spaltung von Reichen und Armen in der Welt. „In den 90er Jahren werden wir eine neue Welle der Emigration in die entwickelten Länder erleben; diese hat schon eingesetzt und beginnt bereits – denken wir an Le Pen, Berlin und Norditalien – die Wahlentscheidungen zu beeinflussen“. 3. Die regionalen Konfliktherde – nicht nur im Nahen Osten und zwischen Indien und Pakistan, sondern nunmehr auch zwischen den Nationalitäten in der UdSSR. „Alle diese künftigen Konflikte haben nichts mehr gemein mit der Welt der Antworten, die in der Periode des Kalten Krieges evident waren. Sie können nur von internationalen Organisationen bewältigt werden, die dazu über die entsprechende Macht verfügen“ (El Pais, 3. 8. 90, S. 14).

Die in diesen beiden Artikeln thematisierten Probleme und Anforderungen an die Politik sind relativ willkürlich konstruiert; denn sie sparen z. B. die Problemfelder der Weltwirtschaft (u. a. die unsichere Rolle des Dollar für das Weltwährungssystem, die Verschuldungskrise in der Dritten Welt, die Problematik von synchronen oder asynchronen Wachstumszyklen, damit auch von Krisenzyklen in der Weltwirtschaft, die inneren sozialökonomischen Probleme – u. a. neue Formen der Polarisierung von arm und reich – in den Metropolen des Kapitals usw.) völlig aus. Sie illustrieren daher zunächst einmal lediglich die Spannbreite der politischen Handlungsfelder, die nach dem Abschied von der Systemkonkurrenz auf die Agenda der internationalen Politik getreten sind.

Die Geschichte beläßt den Siegern in der Systemauseinandersetzung nicht einmal eine Atempause, um den Triumph des Sieges auszukosten. Daß in der Hektik des Tagesgeschehens die mit der Neuordnung Europas und insbesondere die mit der Herstellung der deutschen Einheit verbundenen Entscheidungen zunächst einmal die internationale, öffentliche Aufmerksamkeit auf sich konzentrieren, liegt wesentlich in der Dramatik der Ereignisse und ihrer medialen Inszenierung (Öffnung der Grenzen, Fall der Berliner Mauer u. a. m.) begründet. Schon die Irak-Kuweit-Krise vom August 1990 – der, wie der amerikanische Außenminister James Baker konstatierte, erste Großkonflikt der „Nach-Nachkriegsära" – hat jedoch schlagartig die Brisanz der von Ralf Dahrendorf genannten „regionalen Konfliktherde" für die Weltpolitik erhellt.

Gleichwohl sollte die Einmütigkeit der selbsternannten „zivilisierten Welt" (zu der sich nunmehr auch die ehemals sozialistischen Staaten zählen dürfen) in der Frontstellung gegen den irakischen Machthaber Sadam Hussein nicht vorschnell als das nunmehr vorherrschende Grundmuster globaler Konfliktbearbeitung (mit der UNO als dem globalen Organisator) mißverstanden werden. Zunächst zeigt der Konflikt nur, daß in der heutigen Welt – und besonders nach der Zäsur der Jahre 1989/90 – nationale und regionale Machtveränderungen sich stets im Kontext globaler Machtverhältnisse, damit aber auch von Interdependenzstrukturen vollziehen (hier spielt natürlich die Erdölversorgung eine entscheidende Rolle; diese beeinflußt aber auch den Preis des Öls, dieser wiederum die nationale Konjunktur, den Dollarkurs und damit die Exportwirtschaft sowie das internationale Kreditsystem und das Spekulationsgeschäft auf den internationalen Börsen). Diese Verhältnisse von wechselseitiger Abhängigkeit werden freilich keineswegs durch homogene, sondern realiter durch höchst disparate und konfligierende Interessen der beteiligten Akteure bestimmt. Diese Disparität der Interessen wiederum reflektiert eine äußerst ungleiche Verteilung der ökonomischen und politisch-militärischen Macht, deren Träger auf der einen Seite die ökonomischen Subjekte, also in erster Linie die auf dem Weltmarkt operierenden internationalen Konzerne und Banken, auf der anderen Seite politische Subjekte, also Nationalstaaten und internationale Organisationen sind.

Welche Ziele diese Subjekte verfolgen, läßt sich daher weniger aus den allgemeinen Willenserklärungen ableiten, die sich gegenwärtig um gemeinschaftliche Werte wie die Sicherung der Menschenrechte, die Förderung demokratischer Institutionen, die Sicherung des Friedens durch Abrüstung usw. gruppieren. Diese Ziele werden vielmehr durch objektive Interessen definiert, die sich auf der Seite der internationalen Konzerne nach dem in letzter Instanz bestimmenden Kriterium von Akkumulationsdynamik und Profitrate, auf der Seite der politischen Subjekte in der Macht und Handlungsfähigkeit der Nationalstaaten (auch *in* den internationalen Organisationen) bestimmen lassen. Zugleich wird aber die Realisierung dieser Interessen auf Strukturen globaler Interdependenz verwiesen, die weder durch einzelwirtschaftliche noch durch einzelstaatliche Strategien außer Kraft gesetzt oder einseitig beherrscht werden können – im Gegenteil: je mehr z. B. der ökonomische Reichtum und die politische Macht der entwickelten kapitalistischen Zentren zunimmt, um so schärfer treten jene Risiken zutage, die mit der Spaltung zwischen den wohlhabenden und den armen Regionen der globalen Zivilisation verbunden sind, um so gefährlicher – auch für die wohlhabenden Regionen – werden die Folgen der Belastung und Zerstörung der natürlichen und stofflichen Voraussetzung für den Fortbestand dieser Zivilisation.

Die vom Systemgegensatz „emanzipierte" Entwicklung des Weltmarkts und der Weltpolitik wird also durch Strategien bestimmt werden, die dieser Komplexität der objektiven Interessenlagen Rechnung tragen muß. Dabei kreuzen sich gleichsam die klassischen Determinanten der internationalen Politik – Maximierung von Profit und nationalstaatlicher Macht im Sinne der Verfügung über die maßgebenden Ressourcen dieser Macht: militärische, ökonomisch-finanzielle und wissenschaftlich-technische Ressourcen – mit den neuen Determinaten internationaler Politik, die aus dem erreichten Niveau der globalen, funktionalen Interdependenz erwachsen. Diese beeinflussen sowohl die funktionalen Imperative (im klassischen Sinne), also z. B. die Frage: wie sich die Selbstbehauptungsfähigkeit von Konzernen und Nationalstaaten im internationalen System entwickeln kann, als auch die dysfunktionalen Imperative globaler Vergesellschaftung, die sich als Risiken, Kosten oder auch als Gefährdungspotentiale innerhalb des internationalen Systems Geltung verschaffen.

## 1. 5. Interdependenz oder neue Hegemonialordnungen

Angesichts dieser komplexen und widersprüchlichen Interessenskonstellation wird es für die zukünftige Entwicklung der internationalen Politik umso bedeutsamer, ob sich die dominanten Strategien eher nach den Prämissen der „neorealistischen" Schule der internationalen Beziehungen oder eher an denen der sog. „Globalismus-" bzw. Interdependenz-Schule orientieren werden – und zwar nicht im Sinne einer normativ-idealistischen Orientierung, sondern eher im Sinne der Anpassung der relevanten politischen Strategien an objektive Handlungsanforderungen.

Wird es also, so wäre zu fragen, nach dem Ende der Systemkonkurrenz und der Auflösung der Bipolarität zu einem für die bevorstehende Epoche bestimmenden Ringen um neue weltpolitische Hegemonialordnungen kommen, bei dem die ökonomische, technologische und schließlich auch militärische Macht der neuen „Aufsteiger" in der internationalen Staatenordnung sich schließlich im Ergebnis von mehr oder weniger gewaltsamen Interessenkonflikten durchsetzen wird? Oder – wird sich schließlich bei der Neuordnung der Weltpolitik, die mit dem Verschwinden der Systemkonkurrenz ansteht, eine politische Strategie durchsetzen, die von einem Bedeutungsverlust des Nationalstaaates, damit auch der Militärpotentiale der Großmächte ausgeht, und deren funktionale Imperative in erster Linie durch die weltwirtschaftlichen Verflechtungen, die Problematik des internationalen Wissenschafts- und Technologietransfers, durch die globale Kontrolle von Rüstung und gegenseitiger Sicherheit sowie durch die Hinwendung zu einer globalen Umwelt- und Sozialpolitik bestimmt werden? Oder werden sich schließlich Kombinationen solcher Handlungsorientierungen realisieren, bei denen die Auseinandersetzung um die Neubildung hegemonialer Ordnungen sich eben nicht nur im Bereich der militärisch-politischen Machtstrukturen, sondern im Ergebnis der Etablierung von internationalen „Regimen" oder Regulationsformen einstellt, die in erster Linie den „globalen Problemen" Rechnung tragen (so in der Tendenz: Czempiel, 1990a)?

Der amerikanische Politikwissenschaftler Richard Rosecrance hat in seiner 1986 erschienenen Studie „Der neue Handelstaat" (The Rise of the Trading State) die Positionen der Interdependenz-Schule mit am deutlichsten formuliert. Die Hauptthese seines Buches lautet, „daß eine neue 'Handelswelt' in den internationalen Beziehungen die Möglichkeit eröffnet, ... (den) ... Teufelskreis (von immer wiederkehrenden Krisen, Kriegen und internationalen Großkonflikten, F. D.) zu durchbrechen und neue Formen der Zusammenarbeit zwischen den Nationalstaaten zu finden". Dabei wird unterstellt, „daß der Nutzen von Handel und internationaler Zusammenarbeit schon heute den Nutzen militärischer Konkurrenz und territorialer Ausweitung bei weitem übersteigt ... Staaten (können) mit einer auf Handel basierenden Strategie der wirtschaftlichen Entwicklung besser fahren, als wenn sie mit militärischen Mitteln sich in die Angelegenheiten anderer Nationen einmischen" (Rosecrance, 1987, S. 7).

Der Autor unterscheidet „zwei Welten" der internationalen Beziehungen. Das alte, territoriale System, das in Europa seit dem Westfälischen Frieden von 1648 bestand, zeichnete sich durch den Kampf der Nationalstaaten um die Vergrößerung und Verteidigung ihrer Territorien – mit dem Mittel der militärischen Gewalt – aus. Nach 1945 wurde die politische Logik des politisch-militärischen Systems von den beiden Supermächten fortgeführt. Gleichzeitig hat sich jedoch die zweite Welt des internationalen Handelssystems entwickelt, in dessen Zentrum sich Japan und die westeuropäischen Staaten, insbesondere die BRD, befinden (S. 28). Die Rolle dieser beiden Länder in der Handelswelt ist von besonderem Interesse, „weil sie eine Umkehrung der Politik bedeutet, die beide im 19. Jahrhundert wie in den 20er (und 30er) Jahren dieses Jahrhunderts betrieben" (S. 153).

Während die Supermächte „in den letzten 40 Jahren weniger gut abgeschnitten haben als manche ihrer nichtterritorial und nichtmilitärisch orientierten Konkurrenten" (S. 150), haben diese ihre Stellung „durch heimische Produktion und internationalen Handel" verbessert. Durch die „zunehmende gegenseitige Durchdringung der Volkswirtschaften" wurde „weltweite Interdependenz" geschaffen, die auch im Konfliktfall nicht mehr – zum Vorteil der Beteiligten, vor allem der internationalen Konzerne – mit den klassischen, machtpolitischen Instrumentarien des militärisch-politischen Systems reguliert werden kann. Obwohl für Rosecrance der „moderne Staat ... die grundlegende Einheit der internationalen Politik (bleibt)" (S. 238), so wird die nationale Souveränität gleichwohl durch die Interdependenz ausgehöhlt: „Wohlstand und Vollbeschäftigung können nicht länger durch die nationalen Regierungen mit den ihnen zur Verfügung stehenden Mitteln alleine garantiert werden" (S. 237).

Die internationalen Beziehungen stehen – nach Rosecrance – jetzt an einem Kreuzweg. Das gegenwärtige System ist inkonsistent. Es enthält Kräfte, die in entgegengesetzter Richtung wirken und von denen einige den Handel, andere die territoriale Kontrolle begünstigen. Es wird die „zentrale Frage des ausgehenden 20. Jahrhunderts sein, ob die Vorteile der ökonomischen Differenzierung schnell genug wachsen, um den in politischer Heterogenität und Uneinigkeit angelegten Konflikt zu neutralisieren" (S. 236).

Dabei kommt der amerikanischen Politik eine wesentliche Bedeutung zu (die Möglichkeit eines Systemwandels in der Sowjetunion und ihrem Herrschaftsbereich wird dagegen pessimistisch beurteilt). Rosecrance plädiert dafür, daß die USA jene Politik aufgeben, die seit dem Ende der 70er Jahre durch die Entwicklung neuer Waffen und Anwendungsstrategien gegenüber Moskau einen „Eskalationsvorsprung", d. h. militärische Überlegenheit auf allen Gebieten, erreichen will und dabei den „Widerspruch zwischen Militärausgaben und Wirtschaftswachstum" verstärkt hat. Statt dessen sollten die USA „die grundlegenden Elemente der Abschreckung" beibehalten, um so den Weg zu einer „weltpolitischen Wirtschafts- und Handelsstrategie" zu finden. Nur so können Mittel für die Bewältigung der inneren sozialen und ökonomischen Probleme in den USA freigesetzt und verfügbar gemacht werden (S. 219): „Eine Exportoffensive bei Dienstleistungen und Hochtechnologieprodukten einschließlich von Halbleitern und modernen Informationssystemen würde ... den amerikanischen Bedürfnissen im ausgehenden 20. Jahrhundert besser entsprechen“ (S. 220).

Die Thesen von Rosecrance sind – u. a. auch aufgrund seiner „sprunghaft-assoziativen Beweisführung“ sowie aufgrund seiner harmonisierenden Deutung der „Wohlfahrtseffekte“, die von einem freien Welthandel, z. B. auf die „Dritte Welt“, ausgehen – als eine ziemlich platte Reformulierung von Grundpositionen der „idealistischen Schule“ kritisiert worden (Meyers, 1989, S. 22 ff.). Gleichwohl umschreiben diese Thesen doch auch reale Interessenskonstellationen, die weniger aus der Perpektive nationalstaatlichen Machthandelns als vielmehr aus den Handlungsbedingungen wie den „Sicherheitsinteressen“ der internationalen Konzerne abzuleiten sind. So hat z. B. in der „Zeit“ vom 16. März 1990 der Chef des mächtigsten bundesdeutschen Konzerns, Edzard Reuter von Daimler-Benz/MBB, ganz im Sinne der Grundkonzeption des „neuen Handelsstaates“ für ein neues Denken und eine neue internationale Politik plädiert, die – nach dem Abschluß der Nachkriegsära globaler Sicherheitspolitik – durch ein „politisches Konzept für eine wirtschaftliche Internationalisierung“ zugleich Sicherheitsstrukturen schafft, die dem Sachverhalt der globalen, ökonomischen Interdependenz Rechnung tragen sollen. „Weltwirtschaftlich richtig organisierte Strukturen können auch heute politische Abhängigkeiten schaffen, denen eine völlig neue strategische Qualität zukommt“.

Am Beispiel der Mikroelektronik, der Luft- und Raumfahrt sowie der Umweltpolitik wie der Energieversorgung legt Reuter dar, daß endgültig von „Autarkievorstellungen räumlichen Zuschnitts“ Abschied genommen werden muß. „Die Welt wird durch globale Konzerne und durch Regionen, die jeweils nach dem notgedrungenen Willen ihrer Regierungen kooperieren, Schritt für Schritt zu einer Einheit zusammengeschweißt“. Daraus folgt: „Nur weltweite Kooperation kann die Ressourcen sichern, die für eine solche Großtechnik erforderlich sind. Auf allen diesen Gebieten erlischt zwar nicht der arbeitsteilige Wettbewerb zwischen Unternehmen, Staaten und Kontinenten, doch die Beherrschung der ihm zugrundeliegenden modernsten Technologien erzwingt unausweichlich gemeinsame Arbeit. Ursächlich dafür sind die enormen und langfristigen Vorleistungen, deren Finanzierung nur noch global gewährleistet werden kann“. Wenn aber – so Reuter weiter – der Befund unvermeidlicher globaler Interdependenz richtig ist, so ergeben sich daraus notwendig neue Anforderungen an die internationale Politik: „Dann muß sie aus Gründen machtpolitischer Stabilität Vernetzungen jeder Art fördern, den freien Fluß der Informationen zulassen, jedem, der mitsprechen will, die Türe öffnen – wohl wissend, daß dies zugleich die traditionelle Machtsouveränität der Staaten weiter auflösen wird".

Die politische Bedeutung dieses Beitrages liegt freilich weniger darin, daß hier der Chef des mächtigsten Konzerns der BRD Positionen der Interdependenz-Schule unterstützt, sondern daß er sein Plädoyer mit einer deutlichen Forderung an die deutsche Politik schließt, im Prozeß der Herstellung der deutschen Einheit gegen alle Formen eines wiedererwachenden Nationalismus anzugehen und zugleich diese Einigung in einer Perspektive jenseits der traditionellen Machtsouveränität der Nationalstaaten zu organisieren. „Wie leicht könnte man ... vergessen, daß uns die Stärke unserer weltweit tätigen Unternehmen eine hohe Mitverantwortung für die internationale wirtschaftliche Ordnung nach dem Ende der kommunistischen Diktaturen auferlegt".

Die erste Annäherung an die Bestimmung der weltgeschichtlichen Zäsur des Jahres 1989 hatte die Erkenntnis nahegelegt, daß es eher Autoren aus dem Kreis der neorealistischen Schule waren, die die Veränderungen innerhalb des internationalen ökonomischen und politischen Systems, vor allem den Niedergang der Führungsmacht der USA wie der UdSSR, prognostizierten. Auf der anderen Seite kann aber nicht übersehen werden, daß der Anstoß für diese Veränderungen seit der Mitte der 80er Jahre von der neuen sowjetischen Führung unter Michail Gorbatschow ausging, die gerade unter Berufung auf die zentralen Prämissen der Interdependenz- bzw. der Globalismus-Theorie darauf verzichtete, die immer offener zutage tretende Krise des Blocks sozialistischer Staaten durch die Anwendung direkter politisch-militärischer Gewalt (wie noch 1968 in Prag) zeitweilig zu lösen, und die gleichzeitig für andere regionale Konfliktherde in der Weltpolitik (Afghanistan, Kambodscha, südliches Afrika, Mittelamerika usw.) ihre Bereitschaft signalisierte, für nicht-militärische Lösungen zu optieren.

Daß eine der zentralen Visionen der Gorbatschow'schen Perestroika, nämlich die Erneuerung und Stärkung des Sozialismus, dabei „unter die Räder geriet" und inzwischen infolge der inneren Destabilisierung der UdSSR gänzlich unterzugehen droht, führt freilich wieder in die Nähe jener neorealistischen Prämisse, daß der Verfall der nationalstaatlichen Macht unvermeidlich deren politische Gestaltungskompetenz in der Arena der internationalen Politik unterminieren und schließlich aushebeln muß. Mit anderen Worten: mit der Destabilisierung der ökonomischen, politischen und schließlich auch der militärischen Ordnung in der UdSSR verfällt auch die politische Macht des sowjetischen Staates, bei der Gestaltung der internationalen Ordnung für die Durchsetzung des „neuen Denkens" zu wirken, d. h. auch, die äußeren Rahmenbedingungen für eine innere Erneuerung des Sozialismus maßgebend zu beeinflussen. Die derzeit vor allem in Westeuropa erhobene Forderung, der Sowjetunion und ihrer derzeitigen Führung Hilfe zu leisten, läßt indessen das Interesse erkennen, weder eine militärisch-politische Destabilisierung noch vor allem die daraus notwendig erwachsenden Risikopotentiale für die weltwirtschaftliche Entwicklung mutwillig in Kauf nehmen zu wollen – und deshalb, zumindest zeitweilig, eine Art globale bzw. kontinentale „Schicksalsgemeinschaft“ mit der Sowjetunion zu akzeptieren.

# 2. Die Dynamik des kapitalistischen Weltsystems

Die Zäsur der Jahre 1989/90 hat – wie jedes andere „Schwellen-Ereignis" in der Weltgeschichte – ihre Vorgeschichte. Revolutionäre Umwälzungen zeichnen sich stets dadurch aus, daß eine bestehende gesellschaftliche und politische Ordnung sowie das System ihrer ideologischen Legitimation zusammenbricht. Es sind dann die Volksbewegungen, deren Massenaktion den politischen Zusammenbruch des Ancien Régime herbeiführen, und die das Programm des Aufbaus einer neuen gesellschaftlichen Ordnung, neuer politischer Institutionen und Rechtsformen unterstützen, das von den Führungsgruppen revolutionärer Organisationen propagiert wird. Revolutionen – so hat es Kurt Lenk formuliert – „gleichen der Geburt einer neuen Ordnung, die, soll sie gelingen, im Schoß der alten Ordnung herangereift sein muß, bevor sie durch den 'Sprung' der Revolution ans Tageslicht tritt" (Lenk, 1986, S. 444, vgl. auch Deppe, 1970, S. 279 ff.).

Die Dialektik von Zusammenbruch und Neuordnung verdichtet sich mithin in dem Maße zur revolutionären Situation, indem a) die gesellschaftliche (i. e. die sozialökonomische und kulturell-moralische) Krise der alten Ordnung deren Legitimation im Massenbewußtsein und schließlich auch ihre Funktionsfähigkeit im Sinne der Reproduktion eines stabilen Systems von Normen und Werten zersetzt hat, und b) die administrative und militärische Macht des alten Staatsapparates zusammengebrochen ist. Dieser erweist sich zunehmend als handlungsunfähig, um sowohl auf das Umfeld der internationalen Politik als auch auf die widersprüchliche Konstellation der Klassenkräfte im Innern im Sinne seiner Selbstbehauptungsfähigkeit, d. h. der Erzeugung von Sicherheit und Ordnung, zu reagieren (Robin, 1976; Skocpol, 1979; IMSF, 1979; IMSF, 1988).

Für Historiker und Politikwissenschaftler, die sich mit den neuzeitlichen Revolutionen befaßt haben, ist die Analyse dieser Prozesse, die schließlich zu abrupten Brüchen in den Machtstrukturen führen und die sich dann in der gewaltsamen, politischen Konfrontation zwischen dem revolutionären und dem gegen-revolutionären Block verdichten, unabdingbar. Nur auf diesem Wege sind nämlich die bestimmenden – ökonomischen, sozialen und politischen – Determinanten zu erfassen, die schließlich zum Bruch führen. Zugleich kann nur deren Begriff dem Wissenschaftler (wie auch den in der konkret historischen Situation handelnden Akteuren, die sich mehr oder weniger bewußt auf solche objektiven Strukturdeterminanten geschichtlicher Prozesse beziehen) Anhaltspunkte dafür liefern, welche Resultate und gesellschaftlichen wie politischen Zielvorstellungen schließlich in der Perspektive einer neuen Ordnung durchgesetzt werden können bzw. – aus einer normativen Betrachtungsweise – als erstrebenswert erscheinen.

Die neuzeitliche Revolutionsforschung hat die französische Revolution von 1789 sowie die russische Oktoberrevolution des Jahres 1917 als die beiden Haupttypen der Revolution, der bürgerlichen und der sozialistischen, behandelt. Dazu gilt einigen die chinesische Revolution als Paradigma der antikolonialen bzw. der antiimperialistischen Revolutionen, die nach 1945 in der Weltpolitik in den Vordergrund traten. Wie immer auch der internationale Kontext (z. B. von Kriegen) oder auch die internationale Ausstrahlung solcher revolutionärer Bewegungen (z. B. während des Vietnam-Krieges) berücksichtigt werden, so steht doch in der Regel die Analyse der Transformationen der politischen Machtverhältnisse im Rahmen des Nationalstaates bzw. im Prozeß der Konstitution eines Nationalstaates im Mittelpunkt.

Unsere erste Annäherung an eine präzisere Bestimmung der welthistorischen Zäsur der Jahre 1989/90 hat indessen deutlich werden lassen, daß deren Bedeutung erst in dem Maße zu erfassen ist, wie die spektakulären Ereignisse, die sich mit dem Zusammenbruch des „realen Sozialismus“ in Ost- und Mitteleuropa sowie mit der „deutschen Frage“ verbinden, als Momente einer Veränderung der Machtstrukturen in der internationalen wirtschaftlichen und politischen Ordnung wirksam werden. Erst in diesem Kontext gewinnt die Frage nach den bestimmenden Tendenzen und Triebkräften des Wandels ihre Schärfe. Die Krise der kommunistischen Regime und deren schließliche Abdankung ist für den Historiker natürlich ebenso von Interesse wie für diejenigen politischen Kräfte, die mit dem Scheitern des „realen Sozialismus“ keineswegs eine universelle Verabschiedung vom Sozialismus akzeptieren wollen. Dennoch ergibt sich aus den Veränderungen innerhalb des internationalen Systems, daß die Suche nach den bestimmenden Tendenzen nicht ins Lager der Verlierer, sondern ins Lager der Sieger führen muß.

Zweifellos wird es auch in der Zukunft Kritik an der kapitalistischen Wirtschaftsordnung, an sozialer Ungleichheit, an Ausbeutung und partikularer politischer Herrschaft geben. Diese wird allerdings – weder im positiven noch im negativen Bezug – nicht auf Strukturen reflektieren können, die auf die Spaltung dieses Systems zwischen zwei Staatenblöcken zurückgehen, deren Machtpotentiale, vor allem im militärisch-politischen Sektor, durch den weltweiten Antagonismus der Gesellschaftssysteme legitimiert werden. Die Herrschaftseliten in den ehemals sozialistischen Staaten Mittel- und Osteuropas streben den Aufbau einer politischen Ordnung nach dem Vorbild der parlamentrischen Demokratien sowie des Rechtsstaates sowie eine wirtschaftliche Ordnung nach dem Vorbild der „ 'reifen' kapitalistischen Ökonomien (an), in denen eine Durchkapitalisierung aller Sektoren eine hohe Produktivität und Effizienz und insbesondere eine institutionalisierte Konfliktregulierung zwischen autonomen Tarifparteien zu beobachten sind“ (Senghaas, 1990, S.68). Damit suchen sie den Anschluß an einen Entwicklungsprozeß europäischer Kultur und Politik, der – so einige Intellektuelle – nach 1945 durch die Systemkonkurrenz gewaltsam stillgestellt bzw. unterbrochen wurde. Insofern dürften diese Gruppen auch die These von Weidenfeld und Janning akzeptieren, daß in Ost- und Westeuropa „Modernisierungsprozesse ... die Lage von Politik, Wirtschaft und Gesellschaft (bestimmen)“ (Weidenfeld/Janning, 1990, S. 8).

Daraus folgt aber auch, daß der Begriff der bestimmenden Tendenzen und Triebkräfte der Veränderungen im internationalen System vorab durch eine Analyse der Entwicklungstendenzen und Veränderungen innerhalb des internationalen Systems der kapitalistischen Ökonomien – also des Weltmarktes – und der politischen Hegemonialordnung dieses Systems entschlüsselt werden muß. Seit den 70er Jahren befindet sich dieses System in einem Prozeß der ökonomischen und politischen Restrukturierung, die wesentlich durch die Krisenprozesse der 70er und der frühen 80er Jahre erzwungen worden ist.

Diese Anpassungsprozesse, die innerhalb des Weltmarktes neue Vernetzungen, Differenzierungen von ungleicher Entwicklung und regionalen Wachstumszentren hervorgebracht haben, sind ihrerseits eng mit der zunächst noch bestimmenden, weltpolitischen Machtkonstellationen der Systemkonkurrenz verbunden. Der „imperial overstretch“, den Paul Kennedy als eine der Hauptursachen für den relativen Niedergang der beiden Führungsmächte der Nachkriegsordnung, der USA und der Sowjetunion, verantwortlich macht, kommt vorab in der wachsenden „Disparität zwischen den militärischen und wirtschaftlichen Gewichten der Großmächte“ zum Ausdruck (Kennedy, 1989, S. 19). Die militärischen Kosten, die aufgewendet werden, um deren weltpolitische Führungsrolle abzusichern, wurden über die Rüstungskonkurrenz zwischen den beiden Führungsmächten seit den späten 70er Jahren mehr und mehr von einer verselbständigten Expansionslogik gesteuert. So wirken sie zunehmend als Blockade für die notwendige Anpassung und Modernisierung der nationalen Ökonomien an die Anforderungen der Weltmarktkonkurrenz und beschleunigen so den Abstieg.

Im Blick auf diese „Falle“ hat Richard Rosecrance vor einigen Jahren einen großen historischen Vergleich gewagt: „In gewisser Hinsicht waren die Jahre um 1780 (also vor der französischen Revolution des Jahres 1789, F. D.) den Jahren um 1980 nicht ganz unähnlich. In beiden Fällen waren die Militärausgaben, verglichen mit ihrem Nutzen, auf ein so hohes Niveau gestiegen, daß aristokratische, liberal-demokratische und vielleicht sogar kommunistische Regimes sie kaum noch tragen konnten. Die Alternative ist in jedem Fall: ein mehr an Entgegenkommen nach außen und höhere Kosten im Innern. Welche Alternative das 20. Jahrhundert wählen wird, ist in seiner vorletzten Dekade noch nicht klar" (Rosecrance, 1987, S. 95; auch Kennedy, 1989, S. 776, vergleicht die Explosion der Verschuldung der USA in den 80er Jahren mit der fiskalischen Krise im Frankreich in den 1780ern, die „entscheidend zu der folgenden politischen Krise beitrug".)

## 2.1. Die US-amerikanische Hegemonie nach 1945

Die zweite Hälfte des 20. Jahrhunderts zeichnet sich – im wirtschaftsgeschichtlichen Vergleich – durch eine außergewöhnliche Wachstumsdynamik in den kapitalistischen Industriestaaten sowie durch eine gewaltige Steigerung des Welthandels sowie der internationalen Verflechtung des Handels, der monetären Beziehungen und der Investitionen aus. Vor allem die Jahre zwischen 1951 und 1973 waren eine Periode des außerordentlichen Wachstums, in der das Volumen der Exporte (Welthandel) sehr viel schneller anstieg als das der industriellen Produktion (vgl. Strange, 1989, S. 164/165).

Zugleich vollzogen sich bedeutsame Veränderungen in der Struktur des kapitalistischen Weltmarktes. Zum einen wurden die rein komplementären Handelsbeziehungen zugunsten der wachsenden Bedeutung des Austauschs von hochwertigen Industrieerzeugnissen bzw. mit Produkten der sog. „Hochtechnologie-Sektoren" zurückgedrängt. Der intraindustrielle Austausch ist dabei immer wichtiger geworden."Der Welthandel ist somit nicht mehr beinahe ausschließlich derjenige Mechanismus, durch den die Industrieländer sich Rohstoffe und die Rohstoffländer sich Industriewaren besorgen, sondern immer mehr – der Struktur des Binnenhandels ähnlich – ein Austauschmechanismus, durch den die Arbeitsteilung zwischen den entwickelten kapitalistischen Staaten selbst betrieben wird. Darin zeigt sich die Tatsache, daß die Arbeitsteilung der Weltwirtschaft nach dem zweiten Weltkrieg neue Inhalte und neue Formen angenommen hat" (Altvater, 1969, S. 11). Daraus folgt weiterhin, daß sich in dieser Periode die kapitalistischen Industriestaaten Nordamerikas, Westeuropas, schließlich auch Japan zu den Gravitationszentren der kapitalistischen Weltwirtschaft entwickelt haben.

Die Integration der Weltwirtschaft wurde außerdem durch das massive Ansteigen der Kapitalexporte in der Form von Direktinvestitionen bestimmt. Dabei handelte es sich immer weniger um die Exporte von privatem Leihkapital oder um die Beherrschung von extraktiven Industrien (Rohstoffquellen). Internationale Direktinvestitionen, d. h. Internationalisierung der Produktion durch die Gründung von „Tochtergesellschaften" bzw. durch die Übernahme von und Beteiligung an ausländischen Unternehmungen, werden zur vorherrschenden Strategie der international agierenden Konzerne. Entsprechend den Veränderungen in den Strukturen des Welthandels konzentriert sich diese Strategie mehr und mehr auf die Beherrschung der fortgeschrittensten Wachstumsindustrien. Mit der schnellen Expansion der Direktinvestitionen, damit der Aktivität und der Macht der internationalen Konzerne erreicht die Integration des Weltmarktes eine neue Stufe. Verflechtung und Interdependenz werden von nun an nicht nur durch den Warenaustausch und die monetären Beziehungen, sondern durch die Verflechtung auf der Ebene der Produktionsorganisation selbst bestimmt.

Es entsprach der führenden Position des US-Kapitalismus in der Weltwirtschaft nach dem zweiten Weltkrieg, daß in den 50er und 60er Jahren die Explosion der ausländischen Direktinvestitionen in erster Linie mit der Aktivität US-amerikanischer Konzerne in Kanada, Westeuropa und anderen industrialisierten Regionen verbunden war. „In den frühen 70er Jahren waren die USA mehr zu einem Auslandsinvestor denn zu einem Exporteur vom im Binnenmarkt produzierten Waren geworden. Die internationale Produktion von amerikanischen, multinationalen Konzernen hatte den Handel als die wichtigste Komponente für die internationalen Wirtschaftsbeziehungen der USA überflügelt“ (Gilpin, 1987, S. 239).

Das „amerikanische Jahrhundert“ schien sich in der Tat vermittels der Entwicklung eines globalen Produktionssystems, dessen Hauptakteure die von der Politik der US-Regierung unterstützten US-Multis waren, zu vollenden – wobei freilich schon seit den 60er Jahren in Westeuropa (vgl. Servan-Schreiber, 1968) und in Japan die „amerikanische Herausforderung“ erkannt und angenommen wurde. „Das Ergebnis war, daß um die Mitte der 80er Jahre die internationale Produktion – d. h. Produktion von transnationalen Konzernen außerhalb ihres 'Mutterlandes' – tatsächlich das Volumen des Welthandels überstieg. Nunmehr wurde eine großer und wachsender Anteil des Welthandels als intra-Konzern-Handel abgewickelt, d. h. als Transaktionen zwischen Tochtergesellschaften von transnationalen Konzernen, aber über die Staatsgrenzen hinaus“ (Strange, 1989, S. 71). Der Anteil der führenden Konzerne am Weltumsatz stieg allein von 1970 bis 1980 von 30 auf 40 Prozent. Dabei fiel freilich der Anteil der US-Konzerne von zwei Drittel auf weniger als die Hälfte (ebd., S. 74).

Wie aber – so lautet die für unsere Untersuchung entscheidende Fragestellung – ist die stabile Struktur des Wachstums und der Weltmarktverflechtung zu erklären, die diese Epoche auszeichnet, und die – aus der Erfahrung der Krisen und Turbulenzen seit den 70er Jahren – manchem Beobachter als „goldenes Zeitalter“ erscheinen möchte? Entscheidend ist dabei zunächst der Sachverhalt gewesen, daß die Wachstumsdynamik sowie die Strukturwandlungen des Weltmarktes nur die äußere Form eines in der Geschichte des Kapitalismus außergewöhnlichen Wachstumsschubes in den kapitalistischen Industriestaaten selbst gewesen ist. Diese ungewöhnliche Dynamik und Prosperität speiste sich aus unterschiedlichen Quellen, zu denen neben der Befriedigung eines kriegsbedingten Nachholbedarfes (vor allem in Europa und Japan) und der Expansion des Weltmarktes im Zeichen der Liberalisierung, der Marktöffnung (z. B. durch die ersten Schritte der westeuropäischen Integration seit 1958) und stabiler monetärer Beziehungen vor allem auch die Erschließung neuer, binnenwirtschaftlicher Akkumulations- und Wachstumsreserven gehörte.

Burkart Lutz hat diese neue Entwicklung mit dem Begriff der „inneren Landnahme" in den Metropolen des Nachkriegskapitalismus charakterisiert: „Zwei Prozesse scheinen in diesem Zusammenhang besondere Bedeutung zu haben: – einmal die fortschreitende Verdrängung charakteristischer Produkte und Leistungen des traditionellen Sektors aus der Deckung des täglichen Lebensbedarfes der Arbeitnehmereinkommen durch industrielle Erzeugnisse und durch nach großbetrieblich-marktwirtschaftlichen Prinzipien erbrachten Dienstleistungen; zum anderen die Mobilisierung eines großen Teils der bisher im traditionellen Sektor gebundenen Arbeitskräfte für Lohnarbeit in Betrieben industriell-marktwirtschaftlicher Art.

Diesen beiden Prozessen, die sich in vieler Hinsicht wechselseitig verstärken, ist gemeinsam, daß sie gleichzeitig eine fortschreitende Zerstörung der bisher im traditionellen Sektor konstitutiven Strukturen, Produktionsweisen, Lebensformen und Verhaltensorientierungen bewirken und den Betrieben des industriell-marktwirtschaftlichen Sektors – in der Form einer 'inneren Landnahme', die in vieler Hinsicht durchaus in Analgoie zur 'äußeren Landnahme' des Imperialismus gesehen werden darf – sehr große und neuartige Expansionschancen eröffnet, deren Wahrnehmung über steigende Produktion und Produktivität auch dem Anstieg von Lohnsätzen und Lohneinkommen immer wieder neue Impulse gibt" (Lutz, 1984, S. 213/4).

Der innere Zusammenhang zwischen diesem neuen Wachstumsschub und der Weltmarktbewegung des Kapitals ergibt sich mithin aus der Verallgemeinerung eines Entwicklungsmodells, „das sich im Verlauf der 20er und 30er Jahre als 'Fordismus' herausbildet und nach dem zweiten Weltkrieg einen in der ganzen Geschichte des kapitalistischen Weltsystems einzigartig dynamischen Wachstumszyklus in Gang setzen konnte" (Altvater, 1987, S. 23). Dieses System des „Fordismus" (vgl. dazu auch Hirsch/Roth, 1987; Hirsch, 1989) zeichnet sich gerade dadurch aus, „daß *gesellschaftliche* Verhältnisse (Konsummodell, Staatsintervention zur Sicherung effektiver Nachfrage, durchgängige 'Kommodifizierung' aller Lebensbereiche etc.) entstehen, durch die der *Massenproduktion* in den Fabriken eine entsprechende *Massenkonsumtion* auf dem Markt geschaffen wird". Damit dies historisch realisiert werden kann, „sind in einem gesellschaftlichen Transformationsprozeß Regulationsleistungen des *Lohnverhältnisses* und des *Geldverhältnisses* zu erbringen: Steigerungen der individuellen Reallöhne und des Soziallohns (im Zuge der sozialstaatlichen Redistribution der Einkommen), um die Kaufkraft im Gleichschritt mit der Produktivität zu steigern; antizyklische fiskal- und geldpolitische Interventionen des Staates zur Stabilisierung des wirtschaftlichen Wachstumspfades. Diese institutionellen Vorkehrungen bilden die Grundlage für den langen und erfolgreichen Aufschwung nach dem zweiten Weltkrieg in den Industrieländern der nördlichen Hemisphäre" (Altvater, 1988, S. 146 ff.).

Wenn also nach den wesentlichen Merkmalen gefragt wird, die die Stabilitätsbedingungen des kapitalistischen Weltmarktes in der Nachkriegsära auszeichneten, so reicht es keinewegs aus, auf die Daten über das Wachstum der je nationalen Sozialprodukte, des internationalen Handels und der Direktinvestitionen sowie auf die neuen Strukturen der Arbeitsteilung und Verflechtung hinzuweisen. Diese zeichnen sich vielmehr dadurch aus, daß sich in dieser Periode ein Prozeß der Angleichung der gesellschaftlichen und politischen Regulationsformen in den entwickelten kapitalistischen Staaten vollzieht, für den – bei allen Modifikationen und Unterschieden – der Aufbau eines politischen Instrumentariums zur Regulation des Wirtschaftswachstums sowie der infrastrukturellen Voraussetzungen dieses Wachstums (Keynesianismus), zur Regulation der Lohnsysteme wie der Arbeitsbeziehungen als auch zur Regulation sozialer Disparitäten (Sozialstaat/Wohlfahrtsstaat) charakteristisch ist (vgl. dazu auch die vergleichende Studie von Kaelble, 1987).

Die Bedingungen für die Realisierung dieses Modells waren nicht allein ökonomischer Natur. Der „Fordismus" war zumal in Westeuropa zugleich durch die politischen Kräftekonstellationen der Klassen, die sich gleichsam institutionell in die Struktur und Tätigkeit des Staates einschreiben, bestimmt. Die Rekonstruktion und Expansion der kapitalistischen Ordnung in der Periode des Kalten Krieges mußte zum einen die Existenz und die Macht starker gewerkschaftlicher und politischer Organisationen der Arbeiterbewegung anerkennen. Diese bestanden auch nach den politischen Entscheidungen zugunsten der „Restauration" (damit zugunsten der politisch-ideologischen Hegemonie bürgerlicher, konsverativ-liberaler Parteien in den Regierungen) im Ergebnis der großen gesellschaftspolitischen Auseinandersetzungen um eine „Neuordnung" nach 1945 als Oppositionspotentiale fort. Zum anderen war der politische Druck zur Durchsetzung fordistischer Regulationsformen eben auch ein Ergebnis der Systemkonkurrenz. Diese zwang auch bürgerlich-konservative Kräfte in den entwickelten kapitalistischen Staaten zu der Einsicht, daß ohne den Staatsinterventionismus (also ohne eine Strategie des „Klassenkompromisses") – vor allem im Hinblick auf die Abfederung sozialer Risiken und der sozialen Ungleichheit, die die kapitalistische Marktwirtschaft notwendig erzeugt – innere Stabilität als Schutz gegen die Wirkungen der Systemkonkurrenz (die ja gleichzeitig die permanente Ausdehnung der militärischen Ausgaben zu legitmieren hatte) letztlich nicht zu gewährleisten sei.

Robert Gilpin hat diese Trennung zwischen den internationalen Regulationsformen von Handel und Geld auf der einen und der relativen Autonomie der Innenpolitik der entwickelten kapitalistischen Industriestaaten auf der anderen Seite als wesentliche Funktionsbedingung für die Stabilität der internationalen Ordnung in der Nachkriegsperiode bezeichnet. „Zumindest bis zum Ende der 60er Jahre waren die einzelnen Länder in der Lage, weitgehend isoliert voneinander eine Politik der inneren Nachfrageregulierung zu verfolgen. Die Regierungen konnten die Forderungen ihrer einheimischen Wähler erfüllen und Vollbeschäftigung durch eine Politik der Nachfragestimulierung sowie durch Wohlfahrtsprogramme fördern, ohne daß dabei ihre Bindung an eine stabile, internationale Wirtschaft geopfert werden mußte. Die Harmonie zwischen der inneren ökonomischen Autonomie und den Normen einer liberalen, internationalen Wirtschaftsordnung bildete einen wesentlichen Faktor für die Stabilität des internationalen politischen und ökonomischen Systems. Wie ein Wissenschaftler (James Mayall) bemerkt hat: es war Keynes zu Hause und Adam Smith draußen. In den 60er Jahren begann die zunehmende ökonomische Interdependenz diese Lösung in Frage zu stellen – bis zur Kollision zwischen Binnenautonomie und internationalen Normen“ (Gilpin, 1987, S. 355).

Gleichwohl erforderte die Stabilisierung dieses Systems weitere Stützen. Es war nämlich keineswegs ausgeschlossen, daß – z. B. unter den Bedingungen einer Asynchronität der nationalen Konjunkturzyklen oder auch einer weltwirtschaftlichen Rezession – die Wachstumskonkurrenz der Staaten in eine „Beschäftigungskonkurrenz“ umschlagen würde, die dann zur Anwendung von „beggar-my-neighbour“-Strategien (Joan Robinson), d. h. zu einem neuen Merkantilismus führen muß, bei dem die Nationalstaaten die Exporte subventionieren und verschiedene Maßnahmen zur Restriktion von Importen ergreifen, um auf diese Weise das eigene Vollbeschäftigungsproblem zu Lasten der Handelspartner zu lösen.

Die ökonomische „Anarchie“ des liberalen Weltmarktes mußte also mit der politischen Verfassung des internationalen Systems, die sich durch die Existenz (damit auch die partikularen Interessen) einer Vielzahl von Nationalstaaten auszeichnet, in eine Gleichgewichtsbeziehung gebracht werden. Mit anderen Worten: internationale Stabilität konnte nur in dem Maße entstehen, wie die unterschiedlichen Funktionslogiken, die die Weltmarktbeziehungen und die Politik der Nationalstaaten bestimmen, in ein Verhältnis der funktionalen Äquivalenz gebracht werden. Diese Organisationsleistung wird im internationalen, kapitalistischen System durch eine Hegemonialmacht ausgeübt, „die mit ihren Medien das Funktionieren ökonomischer und politischer Prozesse global zu regulieren versucht" (Altvater, 1987, S. 78).

Hegemonie realisiert sich weder in der nationalen noch in der internationalen Politik ausschließlich durch die direkte Anwendung von Zwang oder Gewalt. Ihre Stabilität beruht vielmehr auf der Sicherung von Normen und Regeln, die innerhalb eines „hegemonialen Blocks" (sei es von Klassenkräften im Staat, diesen Gedanken hat vor allem Antonio Gramsci vertieft, sei es von verschiedenen Staaten im internationalen System) anerkannt werden (Legitimationsaspekt von politischer Herrschaft), also „Konsenus von unten" implizieren. Im internationalen System „sind alle Medien zur Sicherung von Hegemonie zugleich nationale Medien der Hegemonialmacht – das *nationale Geld* der Hegemonialmacht zugleich *Weltgeld*. Daher kommt es auch, daß die Krise des nationalen Geldes der Hegemonialmacht notwendig zur Krise des Weltgeldes wird und umgekehrt ... Die Hegemonialmacht kann sich nur behaupten, wenn sie einerseits intern die Ressourcen ihrer Suprematie ständig reproduziert und wenn sie andererseits die internationale Regulierung des Weltsystems als Ressource ihrer Hegemonie zu nutzen weiß" (Altvater, 1987, S. 78/79).

Diese hegemoniale Funktion für die Regulierung des kapitalistischen Weltsystems nach 1945 übernahmen die USA. „Die amerikanische Führung und der Rahmen der Bündnisse schufen eine solche solide und stabile Basis für die Entwicklung der globalen ökonomischen Beziehungen. Zum ersten Mal waren alle kapitalistischen Ökonomien politische Verbündete" (Gilpin, 1987, S. 343). Worauf aber beruhte diese hegemoniale Position der USA, mit der nunmehr das „American Century" seiner Verwirklichung zuzustreben schien?

- In der Hierarchie der Nationalstaaten innerhalb des kapitalistischen Systems befanden sich die USA zunächst deshalb an der ersten Stelle, weil sie nach dem Ende des zweiten Weltkrieges über die stärksten ökonomischen und militärischen Machtpotentiale in der ganzen Welt verfügten. „Der Lebensstandard und die Produktivität pro Kopf waren höher als in allen anderen Ländern. Der Vereinigten Staaten waren das einzige Land unter den Großmächten, das durch den Krieg reicher – und tatsächlich viel reicher – wurde statt ärmer. Am Ende des Krieges besaß Washington Goldreserven im Wert von 20 Milliarden Dollar, beinahe zwei Drittel der gesamten Goldreserven der Welt ... Mehr als die Hälfte der Industrieproduktion der Welt kam aus den USA und ein Drittel der Weltproduktion von Gütern aller Art. Die USA waren bei Kriegsende auch der bei weitem größte Exporteur der Welt, und selbst noch ein paar Jahre später stellten sie ein Drittel des Weltexports. Aufgrund der gewaltigen Expansion ihrer Schiffbaukapazität befanden sich inzwischen die Hälfte der Schiffe der ganzen Welt in ihrem Besitz. Ökonomisch gesehen war die Welt nun Washingtons Auster" (Kennedy, 1989, S. 534).

- Zum zweiten gründete sich die Vormachtstellung der USA in der Welt natürlich auf ihre militärische Stärke. Während die anderen Siegermächte des zweiten Weltkrieges (ganz zu schweigen von den Verlierern Deutschland und Japan) einschließlich der Sowjetunion militärisch und ökonomisch ausgeblutet waren, verfügten die USA über ein gewaltiges Militärpotential. Insbesondere zur See und in der Luft waren ihre Streitkräfte und deren technologisch hochentwickeltes Material überlegen. Schließlich besaßen die USA bis zum Ende der 40er Jahre das Monopol an Atomwaffen, deren entsetzliche Vernichtungskapazität in Hiroshima und Nagasaki demonstriert worden war.
- Die Voraussetzungen für diese Hegemonie waren jedoch auch durch die Attraktivität des „American Way of Life" sowie durch die damit verbundene amerikanische Ideologie vom „Manifest Destiny" bestimmt, die den revolutionären Mythos seit der amerikanischen Revolution mit einem Sendungsbewußtsein für die „freie Welt" verknüpfte. Während des zweiten Weltkrieges kämpften die USA darum, „eine neue, gerechte Weltordnung zu schaffen. In seiner jährlichen Botschaft an den Kongreß erklärte Präsident Franklin D. Roosevelt am 6. Januar 1942: 'We are fighting today for security, for progress, and for peace, not only for ourselves, but for all men, not only for one generation but for all generations. We are fighting to cleanse the world of ancient evils, ancient ills'" (Herz, 1989, S. 42).

Die Ausstrahlung dieser Ideologie war freilich nicht allein an politische Voraussetzungen gebunden. Der Machtgewinn der USA im internationalen System entsprach einerseits dem Machtverlust der alten europäischen Großmächte. Diese waren nicht nur durch die Auswirkungen der Weltkriege geschwächt, sondern waren als Kolonialmächte bereits in die Kämpfe mit den antikolonialen Befreiungsbewegungen verstrickt. Damit verstärkte sich nicht nur die Tendenz zum „imperial overstretch" sowie zum Zerfall der ökonomischen Machtbasis dieser Länder. Zugleich schwächten sie deren moralische Legitimationsansprüche auf eine weltpolitische Führungsposition. Zum anderen waren die USA angesichts der im Ergebnis des zweiten Weltkrieges gewachsenen Stärke der Sowjetunion und der Entwicklung zum sozialistischen Staatensystem herausgefordert, eine Führungsrolle in der Organisierung des „Blocks" der westlichen Welt zu übernehmen. Dabei wurde die Akzeptanz dieser Führung – vor allem in Europa – auch durch die Anziehungskraft des „American Way of Life" begünstigt, der nicht nur „Freedom and Democracy", sondern auch eine hohen Lebensstanrd für die Arbeiterklasse und die Befriedigung kultureller Bedürfnisse durch einen neuen Typus der Massenkultur zu versprechen schien. Die Produkte der Automobilindustrie, Coca-Cola, Filme aus Hollywood, Radio- und bald Fernsehshows, Jazzmusik und Muscials vom Broadway wurden schnell als Symbole einer neuen Lebensweise populär (vgl. dazu u. a. Kreuter/Oltmann, 1984).

Wie aber, mit welchen Instrumenten und Regulationsformen, übten die USA ihre weltpolitische Hegemonialmacht aus? Wie funktionierte die „Pax Americana“, die in der Periode der Systemkonkurrenz die politischen Rahmenbedingungen für die relative Sicherheit und Stabilität und für die historisch einmalige Expansion des Welthandels und damit für die fortschreitende Verflechtung des Warenaustausches, der Produktion und der Geldzirkulation schuf?

- „Die neue Hegemonialordnung nach dem zweiten Weltkrieg beruhte ... in erster Linie auf dem neugestalteten Währungssystem, das in Bretton Woods 1944 aus der Taufe gehoben wurde. Mit dieser institutionellen Regelung wurde die *Weltgeldfunktion* nach der zwischenkriegszeitlichen Phase der Ambivalenz dem nationalen Geld der USA übertragen ... Der *Dollar* wird *das globale Zirkulationsmittel*, das die Welthandelsbeziehungen knüpfen hilft“ (Altvater, 1987, S. 211). Flankierend wurde mit dem Allgemeinen Zoll- und Handelsabkommen (GATT) seit 1947 eine internationale Wirtschaftspolitik verfolgt, die auf die Postualte des Freihandels – durch die Beseitigung von Zöllen und anderen protektionistischen Maßnahmen, die den Welthandel behindern – ausgerichtet war (Berg, 1976, S. 58 ff.). Diese Liberalisierung des Welthandels war notwendig, um dem US-amerikanischen Kapital internationale Märkte – z. B. in Westeuropa – zu öffnen. Zugleich wurde mit dem Dollarkurs und der höheren Produktivität des US-Kapitals ein Maßstab für die Konkurrenzbeziehungen auf dem Weltmarkt gesetzt, an dem sich die nationalen Ökonomien in Westeuropa und Japan, die sich zunächst noch in einem Prozeß der Nachkriegs-Rekonstruktion befanden, zu orientieren hatten. Mit anderen Worten: die Überlegenheit der US-Ökonomie übte im liberalisierten Weltmarktzusammenhang einen „Sachzwang“ bzw. einen Modernisierungsdruck (über Produktivitätssteigerungen) aus, dem sich die Bündnispartner der USA nicht entziehen konnten.
- Die zweite und nicht weniger wichtige Säule der US-amerikanischen, weltpolitischen Hegemonie bildete das System der militärischen und politischen Bündnisse (NATO, SEATO u. a.), das noch durch zahlreiche bilaterale Militärabkommen mit den USA ergänzt wurde. Die amerikanischen Militärstützpunkte erstreckten sich so bald – gleich einem Gürtel, der um den „kommunistischen Machtbereich“ in Europa und im Fernen Osten geschnürt war – über die ganze Welt. Damit wurden die USA „in ein Ausmaß globaler Überdehnung hineingezogen, ...das in völligem Widerspruch zu ihrer früheren Geschichte stand“ (Kennedy, 1989, S. 538).

Die Stabilität dieser Ordnung mußte ins Wanken geraten, als dessen urspüngliche Funktionsbedingungen mehr und mehr außer Kontrolle gerieten. Dabei bestand eine enge Wechselbeziehung zwischen den ökonomischen und den militärisch-politischen (also den imperialen Eigenschaften des Staates der USA im engeren Sinne) Determinanten der US-amerikanischen Hegemonie. Mit dem Rückgang der Wachstumsdynamik seit den 60er Jahren, der sich dann in den weltwirtschaftlichen Krisenprozessen der 70er Jahre verdichtete, stiegen zugleich die Kosten für das globale militärische Engagement der USA, die namentlich seit dem Vietnam-Krieg steil anstiegen. Gleichzeitig unternahm die US-Adminstration seit der Präsidentschaft von John F. Kennedy Anstrengungen, um mit dem Ausbau des „Wohlfahrtsstaates" im Innern auf den wachsenden, sozialen Problemdruck (Armut) sowie auf die Forderungen der Bürgerrechtsbewegungen – vor allem der schwarzen Bevölkerung – zu reagieren. Der Zusammenbruch des Brettton-Woods-Systems in den frühen 70er Jahren (1971/73) zeugt schließlich von der „Umkehrung der Funktionen, die der Dollar als Weltgeld einmal hatte: von einem politischen Regulierungsmedium zu einem ausschließlich privaten Kapitalanlageobjekt" (Altvater, 1987, S. 234).

Diese Krise der hegemonialen Regulationsfunktionen der kapitalistischen Weltwirtschaft, die – in der Folge des Vietnam-Krieges und der inneren Krise der USA bis zur Amtsentfernung von Richard Nixon – zudem die Attraktivität des „American Way of Life" zutiefst beschädigte, war zugleich Ausdruck veränderter Kräftekonstellationen und Wachstumspotentiale in der Weltwirtschaft, die vor allem durch den Aufstieg Japans und der BRD als dynamischen Welthandelsnationen markiert wurden. aus der Sicht der Amerikaner profitierten gerade die Verlierer des zweiten Weltkrieges von dem militärischen Schutz (und damit auch von den geringeren Kosten für die „nationale Sicherheit"), den ihnen die USA in der Systemkonkurrenz gewährleisteten. „Die USA übernahmen die Verteidigungslast für die industriellen Demokratien. auf diese Weise versetzten sie die Westeuropäer und vor allem die Japaner in die Lage, ihre Energien und ihre Ressourcen auf die ökonomische Entwicklung zu konzentrieren. Die amerikanische Hegemonie schuf erst jene günstigen Bedingungen, unter denen die Kräfte des Angebots und der Nachfrage eine Ära des einzigartigen Wachstums und einer zunehmend offenen, internationalen Wirtschaft hervorbrachten" (Gilpin, 1987, S. 344, vgl. auch Calleo, 1989, S. 127 ff.).

Schärfer noch charakterisieren marxistische Autoren aus den USA das Konkurrenz- und Konfliktpotential, das sich zwischen den USA und ihren Verbündeten in Westeuropa und Japan aufgrund der zunehmenden Disproportionalität zwischen politisch-militärischer und ökonomisch-technologischer Macht aufgestaut hat. „Die imperialen Staaten Westeuropas und Japans haben sich auf die ökonomische Aktivität konzentriert, weil sie unter dem Schirm des militärischen Schutzes durch die USA bei geringeren Kosten funktionierten. Schon früh müssen japanische und westdeutsche Staatsbeamte die Vorteile und die Gelegenheiten erkannt haben, die ihnen ein militärisch starker und ökonomisch schwacher imperialer Staat der USA bot ... Diese Einstellung äußerte sich in einer ... Unterstützung und Verstärkung einer militärischen Kalte-Kriegs-Haltung der USA, solange diese die Entwicklung der ökonomischen Martbeziehungen nicht beeinträchtigte" (Petras/Morley, 1989, S. 51).

Das *Ende der Nachkriegszeit* beginnt also, wenn die ökonomische Entwicklung in den hochentwickelten, kapitalistischen Staaten sowie deren Verflechtung über den Weltmarkt betrachtet wird, wesentlich früher als 1989/90 (vgl. auch Fröbel u. a., 1981). Seit der Mitte der 70er Jahre vollzieht sich ein Prozeß der Restrukturierung der Produktionsstrukturen – allgemein, des kapitalistischen Akkumulationstyps –, der seinerseits von einer Reorganisation des staatsinterventionistischen Regulierungsinstrumentariums begleitet wird. Die – im Vergleich zu den „goldenen" 50er und 60er Jahren – gebremste Wachstumsdynamik des internationalen Kapitalismus, die beiden Weltwirtschaftskrisen 1974/75 und 1980/82, die chronische Massenarbeitslosigkeit in den entwickelten kapitalistischen Staaten, die Abkehr der staatlichen Wirtschaftspolitik von der Nachfrage- und Beschäftigungsorientierung und die Hinwendung zu einer angebotsorientierten Modernisierungspolitik, schließlich der Verfall des Systems von Bretton Woods und die sich zuspitzende Verschuldungskrise der III. Welt markieren – auf der Oberfläche – den Abschluß des langen Zyklus des Wachstums und der Stabilität der Strukturen des kapitalistischen Weltmarktes, der die Nachkriegsära im Zeichen der US-amerikanischen Hegemonie ausgezeichnet hatte.

Während aber in den Depressionsphasen der Zwischenkriegsperiode – besonders in und nach der Weltwirtschaftskrise von 1929 ff. – das Volumen des Welthandels zwischen 1929 und 1932 um gut ein Viertel zurückging (Ziebura, 1984, S. 69), zeichnet sich die Entwicklung seit dem „Umbruch" der 70er Jahre vor allem dadurch aus, daß sich die Expansion des Welthandels (dazu die der Direktinvestionen und des internationalen Leihkapitals) nicht verringert hat. Zwischen 1970 und 1980 hatte sich die Industrieproduktion in den kapitalistischen Industrieländern um ca. 40 Prozent erhöht; der Wert ihrer Exporte war dagegen um ca. 90 Prozent angestiegen (vgl. Strange, 1989, S. 162). Daraus ergibt sich schon ein erster Hinweis auf jene grundlegende Problematik, die mit dem Verfall der US-Hegemonie in bezug auf eine stabile Regulation der Weltmarktbeziehungen zwischen den entwickelten kapitalistischen Industriestaaten bestimmend geworden ist. Die Expansion auf dem Weltmarkt, der Kampf um Marktanteile, um die Verfügung über

Spitzentechnologien, wissenschaftlichen „Vorlauf“ und eine hohe Qualifikation des nationalen Arbeitskörpers sind zu Feldern einer weltweiten Konkurrenz geworden. Deren Hauptakteure sind zunächst die internationalen Konzerne und Banken. Die Formen und die Rahmenbedingungen dieser Konkurrenz werden jedoch nicht zuletzt durch die Politik der Nationalstaaten bestimmt. Diese ist nicht allein mit der Aufgabe konfrontiert, zwischen der Notwendigkeit der Weltmarktintegration und der Regulierung der Binnenstrukturen der Nationalökonomie zu vermitteln, sondern zugleich über die Geldpolitik (Geldwertstabilität nach außen und innen durch eine Politik des „knappen Geldes“) sowie über alle Regulationsformen des Staatsinterventionismus, die einerseits die Modernisierung (im Blick auf die Anforderungen der Weltmarktkonkurrenz) fördern, andererseits sozialökonomische und politische Destabilisierungspotentiale „dämpfen“, die nationalen Interessen angemessen wahrzunehmen, bis hin zu Formen einer offen protektionistischen bzw. merkantilistischen Politik.

Die strukturelle Unordnung oder sogar das Chaos, das von zahlreichen Beobachtern der internationalen ökonomischen und politischen Beziehungen seit den 70er Jahren konstatiert wird, erscheint so als eine Folge des Abstiegs bzw. Verfalls einer eindeutigen hegemonialen Ordnungsmacht: „Daher ist eine Art hegemoniale Pattsituation eingetreten, eine historisch offene Phase mit ungewissem Ausgang“ (Altvater, 1987, S. 334). Als langfristige Tendenz ist zunächst einmal eine „kontinuierliche Schwächung der Wettbewerbsfähigkeit der USA“ festzustellen (Calleo, 1989, S. 167), obwohl die USA – über den Dollarkurs und namentlich über die Haushaltsdefizite und die hohen Zinssätze – seit den späten 70er Jahren immer wieder den Versuch unternommen haben, die Weltwirtschaft zu ihren Gunsten zu manipulieren (ebd., S. 152 ff.). Vor allem die Europäer reagierten darauf mit Gegen- und Abwehrstrategien (z. B. durch die Gründung des Europäischen Währungssystems, EWS, im März 1979, sowie durch die Dynamisierung der EG-Integration seit Mitte der 80er Jahre).

Robert Gilpin hat diese „Ausbeutung“ der alten hegemonialen Position durch die politischen Führungen der USA zum Zwecke der Sicherung ihrer weltpolitisch-militärischen Führungsrolle als eine der wesentlichen Ursachen für die Destabilisierung der kapitalistischen Weltmarktbeziehungen benannt: „Vom Vietnam-Krieg bis zur Reagan-Adminstration sind die USA eher ein 'räuberischer Hegemon' (John Conybeare) geworden, der immer weniger bereit ist, seine eigenen Interessen denen seiner Verbündeten unterzuordnen. Statt dessen tendierte die amerikanische Politik mehr und mehr dazu, ihren hegemonialen Status für ihre eigenen, eng definierten Zwecke auszubeuten. Die Wirtschaftspolitik der USA verschob sich – in den Augen vieler Ausländer – von der gütigen zur bösartigen Vernachlässigung. Die

Ausbeutung ihrer ökonomischen Position durch die USA wurde von ihren Wirtschaftspartnern zunehmend abgelehnt. Aber diese waren unfähig bzw. nicht bereit, einen größeren Anteil an der Verantwortung für die Organisation des Systems zu übernehmen, und verfolgten statt dessen ebenfalls ihre eigenen, eng definierten, nationalistischen Ziele. Die Politik der Reagan-Administration beschleunigte den langfristigen Verfall der ökonomischen Position der USA" (Gilpin, 1987, S. 345).

Die Unsicherheit, die der Analyse solcher Konkurrenzverhältnisse anhaftet, bezieht sich freilich nicht allein auf die Frage, ob und wann diese hegemoniale Pattsituation durch die Vorrangstellung (und damit globale Ordnungsfunktion) eines anderen Landes bzw. einer Ländergruppe (also z. B. von Japan oder Europa) überwunden wird – oder, ob das internationale System, auch im Hinblick auf die Etablierung neuer, stabiler Kooperations- und Regulationsformen zwischen den Zentren – „pluralistischer" werden wird, ob eine „neue Ära der Kartelle" bevorsteht, „ein Netz von Vereinbarungen, die Konkurrenz zulassen, den Schaden aber gering halten" (Calleo, 1989, S. 167). Unsicherheit besteht in diesem Zusammenhang auch über die Rolle und Funktion des Nationalstaates (Strange, 1989, S.233/4) – genauer, über dessen Bedeutung für die Definition des Verhältnisses von ökonomischer und politisch-militärischer Macht im internationalen System, und für die ausgleichende Vermittlung zwischen den Anforderungen der Weltmarktkonkurrenz auf der einen und der Aufgabe, innere sozialökonomische und politische Stabilität zu gewährleisten.

Robert Kuttner hat diese – für das gegenwärtige internationale System charakteristische – Widerspruchsproblematik folgendermaßen zusammengefaßt: „Das gegenwärtige Problem besteht darin, daß die Nationalstaaten Souveränität an die privaten, wirtschaftlichen Akteure verlieren, aber das Durcheinander eines nicht regulierten Marktes den Druck auf die Nationalstaaten intensiviert, für ihre Bürger akzeptable Ergebnisse zu sichern. Trotz der Tendenz zu einem integrierten, globalen, privaten Wirtschaftssystem, bleibt der Nationalstaat das Instrument der politischen Vermittlung. Der Staat, und nicht die privaten Unternehmungen oder Banken, bleibt gegenüber seinen Bürgern verantwortlich für deren wirtschaftlichen Wohlstand, und er besitzt die letztliche Finanz-Verantwortung. Mehr noch, die Politik bleibt die Arena, in der die 'Sozialverträge' verhandelt werden. Dennoch beraubt das wachsende Ungleichgewicht zwischen einer integrierten, nicht regulierten globalen Ökonomie und einer geschwächten Struktur von nationalen und supranationalen Instrumenten zu ihrer Kontrolle die einzelnen Staaten der Möglichkeit, konstruktiv mit diesen Verrenkungen umzugehen. Der keynesianische Nationalstaat hat den größten Teil seines ökonomischen

Ruders verloren – aber nicht an eine supranationale, öffentliche Autorität, sondern an das internationalisierte, private Kapital“ (Kuttner, 1990, S. 37).

## 2. 2. Der Niedergang der US-Hegemonie und der Strukturwandel des kapitalistischen Weltmarktes.

Die Debatten über den Niedergang der US-amerikanischen Vormachtstellung innerhalb des kapitalistischen Weltsystems der Nachkriegsära konzentrieren sich mithin auf zwei, eng miteinander verflochtene Dimensionen von Hegemonie. Auf der einen Seite handelt es sich dabei um die Desintegration der Weltwirtschaftsordnung, die vor allem durch das System von Bretton Woods und die Funktion des Dollar als Weltgeld reguliert worden war. Darüber hinaus hat jedoch die Verbindung von Wirtschafts- und Sicherheitspolitik jene „imperiale Überdehnung“ erzeugt, die die Entscheidungsträger der amerikanischen Politik immer mehr mit der „unangenehmen Tatsache“ konfrontierte, „daß die Gesamtsumme der globalen Interessen und Verpflichtungen der Vereinigten Staaten heutzutage weit größer ist als die Kraft des Landes, sie alle gleichzeitig zu erfüllen“ (Kennedy, 1989, S. 759). Der industrielle Niedergang, die Krise der Landwirtschaft sowie „beispiellose Turbulenzen im Finanzgefüge der Nation“ (ebd., S. 773 ff.) stehen mithin in einer engen Wechselbeziehung mit diesen Veränderungen der weltwirtschaftlichen und weltpolitischen Führungsstrukturen (zu den internen Determinanten des Niedergangs vgl. früh Davis, 1986; und jüngst Krugman, 1990).

Die Daten über die wirtschaftliche Entwicklung der USA in den 80er Jahren sind widersprüchlich. Einerseits liegen die USA sowohl beim Wirtschaftswachstum als auch beim Zuwachs der Investitionen (als dem wichtigsten Indikator für Wachstums- und Innovationsdynamik) mit Japan und Großbritannien in der Spitzengruppe der entwickelten kapitalistischen Staaten (Klodt u. a., 1989, S. 11). Dem wird freilich entgegengehalten, daß das vermeintliche „Wachstumswunder“ der USA überwiegend im finanziellen und kommerziellen Sektor stattgefunden habe, wo sich auch der höchste Zuwachs der Investitionstätigkeit konzentriert (Magdoff, 1989, S. 357 ff.). Da das „Geldmachen“ wichtiger als die „Güterproduktion“ geworden sei, verschleiern diese Daten zugleich den fortschreitenden Verfall der nationalen wie internationalen Leistungskraft und Wettbewerbsfähigkeit der US-amerikanischen Industrie.

Der Anteil der USA an der Weltproduktion von Gütern und Dienstleistungen ist im Zeitraum zwischen 1950 und 1980 von 40 Prozent auf 23

Prozent gefallen. Der Anteil von Japan und Westeuropa erhöhte sich gleichzeitig von 22 Prozent auf 39 Prozent. Als führende Welthandelsmacht wurden die USA in den 80er Jahren von der BRD verdrängt; ihr zweiter Platz wird hart von Japan angegriffen. Die „japanische Herausforderung" auf dem amerikanischen Binnenmarkt war in den 80er Jahren dramatisch – vor allem bei Automobilen, in der Unterhaltungselektronik, bei Werkzeugmaschinen und schließlich auch bei Hochtechnologie-Produkten (Petras/Morley, 1989, S. 54 ff.). Das jährliche Handelsdefizit der USA schwankte daher in der zweiten Hälfte der 80er Jahre zwischen ca. 110 und 145 Milliarden Dollar (Hickel, 1990, S. 136). Auf dem amerikanischen Automobilmarkt z. B. – einst, auch weltweit, unumschränkte Domäne des fordistischen Sektors par excellence – haben japanische Automobile ihren Anteil zwischen 1980 und 1990 von 20 auf 29 Prozent gesteigert. Bis 1995 – so lauten die Prognosen – werden die Firmen aus Fernost mehr als ein Drittel des US-Marktes übernommen haben. „Zunehmend lassen (diese Firmen) ... ihre Produkte in amerikanischen Fabriken zusammenbauen, um 'freiwillige' Importbeschränkungen zu umgehen und den hohen Handelsüberschuß mit den USA zu reduzieren ... Bis 1995 wollen Japans Firmen jährlich 2,5 Millionen Fahrzeuge in den USA herstellen, darunter 300.000 für den Export" (Ch. Tenbrock, amerikanische Automobilindustrie, in: Die Zeit, 7. September 1990, S. 40).

Schließlich hat sich der Zusammenhang zwischen dem wirtschaftlichen Leistungsverfall und der überdehnten Weltmachtpolitik (die vor allem in den Aufrüstungsprogrammen der Reagan-Adminstration ihren Ausdruck fanden) in der geradezu explosionsartig ansteigenden Verschuldung der USA aufgedrängt. Das Land, bis vor wenigen Jahren noch weltweit der größte Kreditgeber, verwandelte sich innerhalb weniger Jahre in die größte Schuldner-Nation der Welt. „Während der 80er Jahre verdreifachte sich die öffentliche Verschuldung von $ 645 Milliarden auf $ 1,75 Billionen im Haushaltsjahr 1986 – die Nettoauslandsverschuldung wurde Ende 1987 auf $ 400 Milliarden veranschlagt. Das Haushaltsdefizit betrug während dieses Zeitraums durchschnittlich 4,1 Prozent des Bruttosozialprodukts. Die Ersparnisse (als Anteil am BSP) gingen von 7,1 Prozent während der 70er Jahre auf durchschnittlich 3,4 Prozent während der 80er Jahre zurück" (Herz, 1989, S. 46).

Die britische Ökonomin Susan Strange hat gegen die These vom Verfall der ökonomischen Vormachtstellung der USA eingewandt, daß die Unordnung in den Weltwirtschaftsbeziehungen seit den 70er Jahren weniger auf einen Wandel der objektiven Machtkonstellationen als vielmehr auf politische Fehlentscheidungen in den USA wie in Westeuropa zurückzuführen sei (Strange, 1986, S. 249 f.). Später hat sie ihrer Kritik am Ansatz der „hegemonic decline school" das Argument hinzugefügt, daß der relative Niedergang der US-amerikanischen Industrie, wie er etwa in der Offensive japanischer und europäischer Automobilhersteller auf dem US-Markt zum Ausdruck komme, nicht unbedingt als ein Indikator für einen ökonomischen Machtverlust der USA in den Strukturen des Weltsystems gelten könne. Da der Anteil der USA an den Weltmärkten der Dienstleistungssektoren (Banken, Versicherungen, Datenverarbeitung) sehr viel profitabler geworden ist als die Industrie, sei es außerordentlich schwer zu sagen, ob die Industriekonkurrenz aus Europa, Japan und Fernost die USA geschwächt oder ob sie gerade Raum geschaffen hat, damit US-Konzerne in den Dienstleistungssektoren expandieren können.

Strange konzediert, daß die USA aufgrund der sinkenden Bedeutung der heimischen Industrie „verwundbarer" geworden seien. Dabei denkt sie an die – derzeit geringe – Gefahr von wirtschaftspolitischen Blockade-Maßnahmen von außen (etwa im Kriegsfall). Die Risiken – und damit die höhere Verwundbarkeit –, denen die Dienstleistungssektoren aufgrund von konjunkturellen Schwankungen und internationalen Finanzkrisen ausgesetzt sein könnten, werden freilich von ihr nicht einmal thematisiert. Die Verschuldungskrise der USA wird von ihr daher auch eher als Folge falscher politischer Entscheidungen denn als Ausdruck einer Hegemoniekrise interpretiert (Strange, 1989, S. 235 ff.).

Wenig überzeugend scheint freilich auch ihre These von der kompensatorischen Funktion des Dienstleistungssektors im Weltmarktzusammenhang für die ökonomische Machtposition der USA. Auf den ersten Blick nehmen US-Konzerne bei Warenhäusern, Werbeagenturen, in der Marktforschung, bei Finanzierungsgruppen, Hotel- und Restaurantketten eine unumschränkte Dominanzposition ein. Auch bei Versicherungsgesellschaften, Medienkonzernen, im Transport- und Luftfahrtsektor haben US-Firmen in der Liste der größten Unternehmungen Spitzenpositionen inne. Diese Informationen sind jedoch wenig aussagekräftig, um die These von der wachsenden Vormachtstellung des US-amerikanischen Dienstleistungskapitals in globalen Dimensionen zu untermauern; denn erstens handelt es sich dabei um traditionelle Domänen amerikanischen Kapitals und zweitens zeigen die Veränderungen im mittleren und unteren Bereich dieser Ranglisten, daß zahlreiche westeuropäische und japanische Konzerne gerade in den Dienstleistungsbranchen zu den Aufsteigern der 80er Jahre gehören. Vollends kehrt sich das Bild um, wenn die Banken und die Handelsgesellschaften betrachtet werden. Hier haben japanische Unternehmen in den 80er Jahren eine eindeutige Vormachtposition erobert und auch bei den Versicherungsgesellschaften zählen inzwischen 4 japanische, neben 5 US-amerikanischen Firmen zur Spitzengruppe der ersten Zehn in der Welt (UNCTC, 1988, S. 533 ff.).

Schließlich ist gegen die Argumentation von Susan Strange einzuwenden, daß sie die wachsende Bedeutung des international operierenden Dienstleistungskapitals für die Hauptkonkurrenten der USA unterschätzt. Für die sektorale Struktur der internationalen Direktinvestitionen gilt zunächst allgemein, daß die Bedeutung von Investitionen im tertiären Sektor zugenommen hat. So heißt es im neuesten Bericht der UNO über die „Transnationalen Konzerne in der Weltentwicklung“: „Während der vergangenen beiden Dekaden hat sich eine radikale Veränderung bei der sektoralen Zusammensetzung der internationalen Direktinvestitionen vollzogen ... Während der 50er Jahre konzentrierten diese sich vor allem bei Rohstoffen und anderen Primärprodukten und bei der ressourcengebundenen Industrieproduktion – heute dagegen bei der technologieintensiven Industrieproduktion und bei den Dienstleistungen ... Um die Mitte der 80er Jahre waren etwa 40 Prozent der gesamten Direktinvestitionen ... im Dientsleistungssektor angelegt, gegenüber ca. 25 Prozent in den 70er Jahren und weniger als 20 Prozent in den frühen 50er Jahren. Darüber hinaus sind die internationalen Direktinvestitionen im Dienstleistungssektor zunehmend der dynamischste Bestandteil der Direktinvestitionen in ihrer Gesamtheit geworden ... Alle Indikatoren sprechen dafür, daß sich dieser Trend auch in der zweiten Hälfte der 80er Jahre fortsetzen wird“ (UNCTC, 1988, S. 370). In diesem Prozeß hat sich innerhalb des Dienstleistungssektors noch einmal eine Schwerpunktverlagerung von den Bereichen des Transports, der Kommunikation und der öffentlichen Versorgungsunternehmen in die Bereiche jener Dienstleistungen vollzogen, die mit dem internationalen Finanzsystem und dem Handel verbunden sind. Das aber sind wiederum jene Sektoren, in denen der Aufstieg europäischer und japanischer Konzerne stattgefunden hat (ebd., S. 373).

Das dynamische Wachstum in diesem Sektor konzentriert sich keineswegs einseitig beim US-amerikanischen Dienstleistungskapital. Sein Anteil an den gesamten ausländischen Direktinvestitionen der USA hat sich zwischen 1966 und 1986 von 32 auf 43 Prozent erhöht; in Japan dagegen stieg dieser Anteil im gleichen Zeitraum von ca. 25 auf 57 Prozent, in der BRD von 10 auf 48 %. Im Jahre 1965/66 betrugen die japanischen und bundesdeutschen ausländischen Direktinvestitionen im Dienstleistungssektor zusammen 38 Prozent der US-amerikanischen. Im Jahre 1986 machte die Gesamtsumme der US-amerikanischen Dienstleistungsinvestitionen im Ausland nur noch 91 Prozent der für Japan und die BRD errechneten Gesamtsumme aus. Gleichzeitig wurden die USA zum Hauptempfängerland für Dienstleistungsinvestitionen aus dem Ausland, wobei wiederum Japan, die BRD, aber auch Großbritannien eine führende Rolle spielen (ebd., S. 377). Insofern kann davon ausgegangen werden, daß der Niedergang der Leistungs- und Wettbewerbsfähigkeit der US-amerikanischen Industrie, die Überschwemmung des amerikanischen Marktes mit Industrieprodukten aus Fernost und Europa, in einem unmittelbaren Zusammenhang mit der Steigerung der ausländischen Dienstleistungsinvestitionen in den USA einhergeht; denn nach wie vor ist ein erheblicher Teil der Dienstleistungstätigkeiten an den materiellen Produktionsprozeß sowie (was in diesem diesem Zusammenhang besonders wichtig ist) an die Warenzirkulation und deren Realisierung auf den nationalen und internationalen Märkten gebunden (vgl. u. a. Bischoff/Detje, 1989, S. 97 ff.).

Die Verwundbarkeit der US-amerikanischen Wirtschaft, die Susan Strange für gering erachtet, stellt sich in solchen Verflechtungszusammenhängen natürlich etwas bedrohlicher dar. Wenn ein wachsender Teil des Kreditbedarfs der hochverschuldeten amerikanischen Wirtschaft sowie der öffentlichen Hand z. B. durch japanische Anleihen befriedigt wird, so könnten ein Einbruch der Konjunktur, aber auch ein Sinken des Zinsniveaus oder auch starke Verluste bei Spekulationsgeschäften über einen schnellen Abzug von kurzfristig terminierten Anleihen (vor allem aus Japan) zu einer Beschleunigung wirtschaftlicher und finanzieller Krisenprozesse führen. In der Weltwirtschaftskrise von 1929 war Deutschland besonders verwundbar, weil 1929/30 ausländische Kredite – vor allem auch aus den USA – zurückgezogen wurden und dadurch der Absturz sowohl der Produktion als auch die Finanzkrise – bis zum „Bankenkrach" von 1931 – verstärkt wurden. Immerhin haben die Finanzkrisen des Jahres 1990, die vor allem an den japanischen Börsen zu einem rapiden Verfall der Aktienkurse geführt haben, schon die Tendenz zu einer Korrektur bei den Überseeinvestments der weltweit größten Gläubigernation eingeleitet: „Der Rückzug von Japan-Kapital hat schon begonnen. Im ersten Halbjahr 1990 zogen Nippons Anleger 8,9 Milliarden Dollar netto vom amerikanischen Wertpapiermarkt ab, wo sie sich in den drei vorangegangenen Jahren per Saldo im Volumen von 180,9 Milliarden Dollar engagiert hatten" (Die Zeit, Nr. 43, 19. Oktober 1990, S. 36).

Der Verfall der US-amerikanischen Hegemonie kann jedoch nur angemessen erfaßt werden, wenn der Zusammenhang zwischen der ökonomischen Leistungskraft des US-Kapitalismus mit der weltpolitischen Handlungsfähigkeit und „Ordnungsfunktion" des imperialen Staates der USA berücksichtigt wird. Daher muß die Bedeutung dieses Abstiegs im Kontext a) der Strukturveränderungen auf dem Weltmarkt seit den 70er Jahren, und b) des Wandels der Funktionen der nationalstaatlichen Interventionen sowohl für die innere ökonomische und politische Entwicklung als auch für die Weltwirtschaftsbeziehungen analysiert werden. Die allgemeinen Rahmenbedingungen werden dabei durch den Widerspruch zwischen Wachstum und Transnationalisierung der Weltwirtschaft definiert.

In den 80er Jahren ist zunächst eine weitere Verlangsamung des weltwirtschaftlichen Wachstums – begleitet von größerer, weltwirtschaftlicher Instabilität und von zunehmenden protektionistischen Tendenzen – charakteristisch. Gleichzeitig hat sich jedoch der Prozeß der Transnationalisierung, in dessen Zentrum die Direktinvestitionen der internationalen Konzerne stehen, fortgesetzt. Die innere Struktur dieses Prozesses wiederum vermittelt erste Erkenntnisse über den Wandel der Kräfteverhältnisse und der Konkurrenzbeziehungen auf dem Weltmarkt; denn „... die relative Bedeutung von japanischen und von westeuropäischen Konzernen hat zugenommen, während die der US-Konzerne zurückgegangen ist". Diese wurden aufgrund der Offensive japanischen und westeuropäischen Kapitals auf dem US-Markt selbst gezwungen, sich auf die Verbesserung ihrer Konkurrenzfähigkeit im eigenen Lande zu konzentrieren (UNCTC, 1988, S. 15 ff.).

In der ersten Hälfte der 80er Jahre kam es zu einem deutlichen Abfall im Wachstumstempo der Weltwirtschaft. Die durchschnittlichen, jährlichen Expansionsraten des Welthandels verringerten sich von 8,5 Prozent (1960-70) auf 5 Prozent (1970-80) und schließlich auf 2,8 Prozent (1980-85). Das Wachstumstempo der Weltproduktion fiel von 6 Prozent (1960-70) über 4 Prozent (1970-80) auf 2,1 Prozent (1980-85). Seit 1986 ist freilich eine Revitalisierung des Welthandels festzustellen. „Im Jahre 1988 war das Expansionstempo so hoch wie seit 1973 nicht mehr. Besonders rasch nahm der Handel mit Industriewaren (plus 10,5 Prozent) zu" (Klodt u. a., 1989, S. 14/15). Offen bleibt allerdings, ob damit schon einer neuer, stabiler Trend des Wachstums markiert wird (auch im Jahre 1989 hat der Welthandel um 7 Prozent zugenommen, vgl. IPW-Berichte, 8/90, S. 16).

Betrachtet man die innere Struktur der globalen Wachstumsindikatoren, so fällt zunächst auf, daß bei den entwickelten kapitalistischen Wirtschaftsregionen Westeuropa zwischen 1981 und 1986 – im Vergleich zu Japan und den USA – deutlich zurückgefallen ist. Hier deutet sich schon an, in welcher Weise die Befürchtung vor einem Zurückbleiben in der internationalen Wachstumskonkurrenz die Regierungen der EG-Staaten gedrängt hat, einen Konsensus über das Projekt des EG-Binnenmarktes bis 1992 herbeizuführen. Die großen Verlierer in der internationalen Wachstumskonkurrenz sind freilich die Entwicklungsländer in Afrika, im mittleren Osten und in Lateinamerika. Während in Asien der Aufstieg der neu-industrialisierten „Schwellenländer" (Südkorea, Taiwan u. a.) für ein kräftiges, überdurchschnittliches Wachstum gesorgt hat, befinden sich die restlichen Entwicklungsländer in einer tiefen Wirtschaftskrise, die ihrerseits durch die Explosion der Verschuldung seit der zweiten Hälfte der 70er Jahre noch verstärkt wird.

Diese blockiert nicht nur das innere Wachstum, sondern schwächt zugleich die Position dieser Länder im Welthandel. Außerdem wurden sie als überwiegend rohstoffproduzierende Länder in den 80er Jahren durch die Veränderungen der Terms of Trade sowie durch die heftigen Schwankungen des Dollar-Kurses von beträchtlichen Einkommensverlusten betroffen. „Die Schwierigkeiten der Entwicklungsländer mit der Finanzierung ihrer Verschuldung beeinflussen direkt ihre Importnachfrage; der Bremseffekt auf den Welthandel ist umso stärker, als Zinserleichterungen für die bestehende Verschuldung und Schuldenerlaß einen Einkommensverlust für die Gläubigerländer bedeuten ... Die Wirtschaftssanierungsprozesse (die den hochverschuldeten Ländern vom IWF diktiert werden, F. D.) haben in der Regel das Wachstum der Inlandsnachfrage dieser Länder beschränkt. Indessen hat sich die Leistungsbilanz deutlich verbessert, und zwar weniger aufgrund der Exportentwicklung, als vielmehr wegen erheblich reduzierter Importe: Tatsächlich stiegen die Importe nur 1987 und 1988 signifikant, was sie zu dem in 1981 erreichten Niveau zurückbrachte" (Europäische Wirtschaft, Nr. 39, März 1989, S. 20). So hat in den 80er Jahren die Konzentration des Welthandels auf die Industrieländer noch einmal von einem Anteil von 48 Prozent (1979) auf 54 Prozent (1986) zugenommen.

Auch in der zweiten Hälfte der 80er Jahre sind bei einer Beschleunigung des weltwirtschaftlichen Wachstums die Ungleichgewichte sowie die Destabilisierungspotentiale, die die Entwicklung seit den 70er Jahren auszeichnen, keineswegs überwunden worden. Japan und die BRD (sowie die EG insgesamt) verzeichnen hohe Zuwachsraten, während die Wachstumsdynamik in den USA zunehmend erlahmt, so daß 1990 von der Gefahr einer Rezession die Rede ist. Die Disproportionen in den Außenhandelsbeziehungen halten an: die USA haben nach wie vor ein riesiges Handels- und Leistungsbilanzdefizit. Japan, die BRD und die asiatischen „Tiger" (Südkorea, Taiwan, Honkong, Singapur) erzielen gewaltige Überschüsse im internationalen Austausch von Waren und Kapital.

Auch bei den großen EG-Staaten Frankreich und Italien, vor allem aber bei Großbritannien, hat sich zwischen 1987 und 1989 die Außenhandelsposition – vor allem gegenüber der BRD – zunehmend verschlechtert (vgl. IPW-Berichte, 8/1990, S. 17). Für die Verschuldung und die Wirtschaftskrise weiter Teile der Dritten Welt gibt es keine Entwarnung. Schließlich wird durch die Irak-Kuweit-Krise des Jahres 1990 die Verschuldungssituation der USA noch einmal dramatisch zugespitzt werden. Dabei wird sich unvermeidlich der Druck der USA auf ihre „reicheren" Bündnispartner zunehmen, zusätzliche finanzielle und militärische Lasten zu übernehmen.

Schließlich hat auch die wirtschaftliche Krisensituation in den ehemals sozialistischen Ländern Ost- und Mitteleuropas neue Destabilisierungstendenzen in der Weltwirtschaft verstärkt; denn der Bedarf an Krediten und anderen Hilfsleistungen (bei bereits hoher Auslandsverschuldung in einigen

Ländern, wie z. B. in Polen), die diese Länder nunmehr von den entwickelten, westlichen Industriestaaten als Voraussetzung für das Funktionieren der Marktwirtschaft und damit für eine Stabilisierung der Demokratie einfordern, trifft auf eine Konstellation, in der angesichts der Ungleichgewichte auf den internationalen Waren- und Finanzmärkten nur wenige Überschußländer in der Lage sind, wenigstens Teile dieses Bedarfes zu befriedigen.

Zumal in Europa wird diese Konstellation noch durch die deutsche Einigung kompliziert. Auf der einen Seite hat die Einführung der DM in Ostdeutschland das Wachstum der bundesdeutschen Wirtschaft – im Sinne eines keynesianischen Nachfrageschubes – noch beschleunigt. Auf der anderen Seite beschränken die Kosten der deutschen Einheit den Handlungsspielraum der Bundesregierung und der Bundesbank hinsichtlich der Überwindung der Wirtschaftskrisen in anderen Ländern oder auch nur hinsichtlich der Kompensation von Kosten, die mit dem Prozeß der EG-Integration (z. B. im Rahmen der Regionalpolitik) entstehen. Die Gefahren, die vom Verfall des Dollarkurses und von einem Inflationsdruck in Deutschland für die Außenwirtschaftsposition der BRD ausgehen könnten, bilden einen zusätzlichen Unsicherheitsfaktor, der negativ auf internationale Regelungen zur Stabilisierung der weltwirtschaftlichen und -politischen Ordnung einwirken muß.

So zeichnet sich in der globalen Entwicklung zumindest eines sehr deutlich ab: eine neues, systemisches „Regime", eine neue hegemoniale Struktur, die zugleich globale Ordnungsfunktionen übernehmen könnte, ist nicht in Sicht – wie auch immer im Spätsommer 1990 die Einmütigkeit der von den USA geführten Anti-Irak-Front Konturen neuer weltpolitischer Bündnis- und Handlungskonstellationen im Rahmen der UNO anzudeuten scheint. Gleichwohl sind auf diesem Wege einer militärischen Konfrontation keineswegs jene Hindernisse zu beseitigen, die seit den 70er Jahren als Reaktion auf den Zerfall des Bretton-Woods-Systems und auf die neuen Anforderungen der Weltmarktkonkurrenz aufgebaut wurden und die sich im Verlaufe der 80er Jahre eher noch verstärkt haben. Während sich – über die Aktivität der internationalen Konzerne und Banken – die Tendenz zur Globalisierung der Gütermärkte (vor allem bei den Hochtechnologieprodukten) sowie der internationalen Finanzmärkte fortgesetzt hat, verfestigte sich in den internationalen wirtschaftspolitischen Beziehungen ein „Neuer Protektionismus", dessen wichtigste Komponenten die „merkantilistische (nationalistische) Konkurrenz", der „ökonomische Regionalismus" sowie der „sektorale Protektionismus" bilden (Gilpin, 1987, S. 394 ff.).

Damit sind zugleich Probleme der *politischen* Ökonomie, d. h. der Rolle der Politik der Nationalstaaten sowie der internationalen Wirtschafts- und Währungs*politik*, in den Mittelpunkt des wissenschaftlichen und praktisch-politischen Interesses getreten: „Das Regime des Freihandels, das sich in der Wachstumseuphorie der Nachkriegszeit entwickelte, betonte die strikte Trennung zwischen Ökonomie und Politik. Die gegenwärtige Wirklichkeit allerdings, die durch geringes Wachstum, intensive Konkurrenz zwischen den Industriestaaten, anhaltende Armut in der 'Vierten Welt', einen neuen Protektionismus gegen Exporte aus Dritte-Welt-Ländern und verschiedene nichttarifäre Handelshemmnisse bestimmt wird, hat die Aufmerksamkeit auf die politischen Aspekte dessen konzentriert, was früher als reine Marktprobleme begriffen wurde" (Pirages, 1990, S. 3).

• Der *neue Merkantilismus* in den Weltwirtschaftsbeziehungen reflektiert vorab die wachsende Bedeutung der Nationalstaaten, deren Politik darauf gerichtet ist, ihre Vorteile aus der globalen Interdependenz zu maximieren, d. h. zugleich, die daraus entstehenden Kosten zu minimieren (Gilpin, 1987, S. 395). Bei den härter gewordenen Kämpfen um die Behauptung auf den Weltmärkten – vor allem in den Hochtechnologiesektoren – ist es für die international operierenden Konzerne immer wichtiger geworden, daß die Politik des Nationalstaates die Strategien des exportorientierten Wachstums unterstützt. Wenn angesichts der Anforderungen der Weltmarktkonkurrenz nur eine Modernisierung der Volkswirtschaft (mit einem Schwergewicht bei den exportorientierten Sektoren) weiteres Wachstum garantiert, so wird die Politik des Staates zunächst darauf verpflichtet werden, daß er inflationären Tendenzen im Innern bremst, die Lohn- sowie die allgemeinen Sozialkosten dämpft und auf diese Weise versucht, über Währungsstabilität die Exportposition der einheimischen Kapitale zu verbessern.

Diese Politik ist in nahezu allen kapitalistischen Industriestaaten seit den 70er Jahren verfolgt worden. Das Umschalten von der nachfrage- und beschäftigungs- auf eine angebotsorientierte Wirtschaftspolitik verfolgt das Ziel, die Inflation in den Griff zu bekommen, die Staatsverschuldung zu reduzieren und die Zuwächse bei den Löhnen und Sozialeinkommen zu begrenzen, um auf diesem Wege eine der Weltmarktkonkurrenz angemessene Modernisierungsstrategie durchzusetzen. In Westeuropa hat diese Politik, die vor allem die Macht der Gewerkschaften schwächen sollte, jenen hohen Stand der Arbeitslosigkeit und jene Wachstumsschwäche mit beeinflußt, die in der zweiten Hälfte der 80er Jahre – vor allem im Vergleich zu den USA und zu Japan – allenthalben beklagt wurde. „In den entwickelten Marktwirtschaften ist das Wirtschaftswachstum durch eine (nationale) Wirtschaftspolitik beeinträchtigt worden, die die Kontrolle der Inflation stärker betont hat als die Ausdehnung der Nachfrage". Diese politische Schwerpunktsetzung hat ihrerseits dazu beigetragen, daß die wichtigsten Industriestaaten nicht in der Lage waren, „ihre Politik zu koordinieren, um so ein kontinuierliches Wachstum verbunden mit einem inneren und äußeren Gleichgewicht zu sichern" (UNCTC, 1988, S. 20).

Gleichzeitig setzte ein „strukturpolitischer Wettlauf" zwischen den kapitalistischen Industriestaaten ein. Als Reaktion auf das geringe Wachstum, hohe Inflationsraten, steigende Arbeitslosigkeit und große Zahlungsbilanzdefizite gingen die Regierungen dazu über, „ihr industriepolitisches Instrumentarium zu erweitern, um die eigene Industrie in der internationalen Konkurrenz weiterhin stützen zu können" (Junne, 1984, S. 136). Staatliche Förderungsprogramme setzten die Akzente im Bereich der Forschungspolitik auf den Gebieten der Mikroelektronik, der Telekommunikation, der Roboter-Produktion und -Anwendung sowie der Biotechnologie. Dieser Wettlauf, der noch längst nicht beendet ist, wurde zum bestimmenden Moment in der Konkurrenz zwischen den USA, Japan und Westeuropa, wobei die Europäer zu der Einsicht gezwungen wurden, daß sie nur über eine neue Stufe der Integration der nationalen Märkte in der EG sowie über einen Ausbau der Forschungs- und Technologiepolitik auf der EG-Ebene selbst in diesem Wettlauf mittelfristig eine Überlebenschance haben werden. Der „Sprung nach vorn", der in der EG seit 1985 beschlossen wurde, war so auch eine Antwort auf die globale Herausforderung in diesem strukturpolitischen Wettlauf.

- Wenn von einer *Tendenz zur Regionalisierung* der Weltwirtschaft gesprochen wird, so erwähnen insbesondere US-amerikanische Autoren zuerst Westeuropa und die EG. In der Tat hat sich der Anteil des innergemeinschaftlichen Handels zwischen den EG-Staaten beträchtlich erhöht: von 1958 bis 1988 stieg dieser Anteil bei den Ausfuhren von 37,2 auf 62,7 Prozent, bei den Einfuhren von 35,2 auf 58,2 Prozent (EG-Kommission, Perspektive '92, Nr.6/1990, S. III). In den USA und in Japan wird daher befürchtet, daß mit der Realisierung des Binnenmarktes ohne Grenzen bis 1992 sowie mit dem Ausbau einer Währungsunion Westeuropa zu einer „Festung" in der Weltwirtschaft – mit starken Abschließungseffekten nach außen – ausgebaut werden könnte. Die Zunahme der US-amerikanischen sowie der japanischen Direktinvestitionen in der EG, d. h. der Ausbau von Positionen in der Festung, ist eine der Reaktionsformen auf diese Unsicherheit.

Dennoch können die Europäer darauf hinweisen, daß die Tendenz zur Regionalisierung sich keineswegs ausschließlich auf ihren Wirtschaftsraum beschränkt. „Im Mittelpunkt der Diskussion um die Segmentierung der Weltmärkte steht der Handel in der sogenannten Triade, zu der die drei Handelsblöcke Nordamerika, Westeuropa und Japan mit den asiatischen Schwellenländern gezählt werden. Tatsächlich hat der Handel innerhalb der Blöcke ein merklich größeres Gewicht als der Handel zwischen den Blöcken. Vor allem der innereuropäische Handel, aber auch der Handel zwischen den

Vereinigten Staaten und Kanada sowie der der asiatischen Länder untereinander ist größer als die meisten Handelsströme zwischen den Blöcken der Triade“ (Klodt u. a., 1989, S. 40). Für eine zukünftige Intensivierung des Warenaustausches innerhalb der Blöcke könnte nicht allein die Vollendung des EG-Binnenmarktes sowie der Abschluß eines Freihandelsabkommens zwischen den USA und Kanada im Jahren 1989 sprechen. In diese Richtung weist zudem „die verstärkte Zusammenarbeit zwischen Japan und den Schwellenländern, die sich vor allem in Form von japanischen Direktinvestitionen und Joint Ventures vollzieht“ (ebd., S. 41).

So ist es neben dem westeuropäischen Wirtschaftsraum vor allem der pazifische Raum, in dem – auf der Basis eines schnellen industriellen Wachstums, aber auch unter Einschluß des US-amerikanischen Marktes – eine regionale Konzentration entwickelt, bei der Japan mehr und mehr die Funktion eines regionalen Zentrums übernommen hat. „Die interkontinentalen Handelsbeziehungen sind durch verstärkte Warenströme zwischen Nordamerika und Ostasien gekennzeichnet: Der noramerikanische Markt wurde mehr und mehr zum Hauptabsatzmarkt für die Fertigwarenprodukte der asiatischen Länder ... Im übrigen hat sich der beschleunigte Handel dieser Zone um Japan polarisiert. In der Tat hat dieses Land seit 1986 umfangreiche Direktinvestitionen in den meisten asiatischen Ländern getätigt; die daraus resultierende Produktion ist zum großen Teil für den Export bestimmt, insbesondere nach Nordamerika, oder – zumeist in Form von Halbfertigwarenausfuhren – nach Japan“ (Europäische Wirtschaft, März 1989, Nr. 39, S. 21; vgl. dazu auch Göbel u. a.,1988).

- Die Klagen über den neuen, *sektoralen Protektionismus* in der Weltwirtschaft sind seit den Weltwirtschaftskrisen von 1974/75 und 1980/82 nicht verstummt. Der neue Handelsprotektionismus tritt besonders in der Form von nichttarifären Handelshemmnissen sowie von bilateralen Selbstbeschränkungsabkommen auf. „In den 70er und 80er Jahren haben die meisten Länder auf neue Formen protektionistischer Praktiken zurückgegriffen; die Handelsrestriktionen waren auf eine breite Produktskala abgestellt: Kraftfahrzeuge, petrochemische Produkte, synthetische Fasern und, besonders ausgeprägt, elektronische Ausrüstungen und Halbleiter“ (Europäische Wirtschaft, März 1989, Nr. 39, S. 19).

Der sektorale Protektionismus erstreckt sich mithin vor allem auf die Märkte für Hochtechnologie-Produkte, bei denen die internationalen Konzerne Strategien einer internationalen Kartellierung akzeptieren und verfolgen. Solche Abkommen können – wie z. B. zwischen Japan und den USA – als Regierungsvereinbarungen über gegenseitige Marktöffnungen, Quoten und Kooperationsprojekte abgeschlossen werden. Sie können aber auch – mit gleicher Wirkung – als Kooperationsabkommen zwischen verschiedenen, internationalen Konzernen zustandekommen, die bei der Entwicklung neuer Produkte globale Marktabsprachen treffen, um die Amortisation der enormen Entwicklungskosten für diese Produkte zu gewährleisten. Da aber die Grundlagenforschung stets auch die Forschungs- und Entwicklungspolitik der Nationalstaaten berührt, wird diese unvermeidlich in solche Vereinbarungen involviert. So ist der sektorale Protektionismus auch für die Regierungen immer attraktiver geworden. „Er versetzt sie in die Lage, ausländische Märkte offen zu halten, während sie sich eine gewisse Kontrolle über ihre eigenen Binnenmärkte bewahren und eine nationale Präsenz in solchen Sektoren etablieren können. Auf diese Weise wird eher der intraindustrielle als der interindustrielle Handel ermuntert. Die Regierungen erlangen dabei einige der Vorteile der ökonomischen Interdependenz, ohne mit den Kosten eines vollständig liberalisierten Handelsregimes belastet zu werden" (Gilpin, 1987, S. 403).

Der neue Merkantilismus, die Regionalisierung und der neue Protektionismus markieren Tendenzen einer Desintegration bzw. Segmentierung der Weltwirtschaft, die sich vor allem dadurch auszeichnet, daß auf der einen Seite die globale Interdependenz zunimmt, während auf der anderen Seite das „globale Regime", das die USA nach dem Kriege ausgeübt hatten, verfällt und durch politische Regulationsformen oder Regime ersetzt wird, bei denen nationale bzw. (im Falle der EG) regionale Interessen, die von den Regierungen der Nationalstaaten wahrgenommen werden, die Oberhand gewinnen. Sollte sich jedoch diese Widerspruchskonstellation zwischen ökonomischer Globalisierung und politischer Segmentierung in der Weltwirtschaft (die zudem gegenüber den Schwankungen der weltwirtschaftlichen Konjunktur höchst sensibel reagiert) verstärken, sollte es nicht zu einem neuen politischen Ausbalancieren dieser drei Elemente kommen, so werden „die Gefahren, die von weiteren merkantilistischen Konflikten sowie von einem weiter destabilisierenden ökonomischen Nationalismus ausgehen, in der Zukunft noch zunehmen" (Gilpin, 1987, S. 404).

Dennis C. Pirages hat diese eher pessimistische Bewertung der weltwirtschaftlichen Entwicklungsperspektiven folgendermaßen zusammengefaßt: „Der Niedergang der US-Hegemonie und der wachsende Einfluß Japans und Westeuropas haben eine neue Ordnung von Regeln, die den internationalen Handel und das internationale Währungs- und Finanzsystem beherrschen, zu einer dringenden Notwendigkeit werden lassen. Dennoch sind angesichts der Differenzen, die zwischen den entwickelten Ländern auf dem Felde der einheimischen Industrie- und Wirtschaftspolitik bestehen, solche Vereinbarungen sehr unwahrscheinlich geworden. Ohne eine signifikante Beschleunigung des weltwirtschaftlichen Wachstums ist es eher wahrscheinlich, daß es zu größeren Konflikten über Subventionen, die Auswahl der Ziele, Zölle und

Quoten kommt, die das ohnehin schon komplexe und streitsüchtige Handelssystem noch mehr komplizieren. Ein Teilergebnis solcher Konflikte wäre dann, daß die weniger entwickelten Länder, die gerade begonnen haben, in die industriellen Märkte der Welt signifikant einzudringen, zu den Opfern eines neuen Protektionismus werden könnten, der die Welt auf dem heutigen Niveau der Ungleichheit einfrieren würde" (Pirages, 1990, S. 14).

Die Disziplin der internationalen, politischen Ökonomie hat in den 80er Jahren eine Aufwertung oder gar Re-Naissance erfahren (Meyers, 1989). Darin reflektiert sich vorab der Sachverhalt, daß die Veränderungen in den internationalen ökonomischen und politischen Beziehungen seit den 70er Jahren einer gründlichen, wissenschaftlichen Analyse bedürfen, die ihrerseits Auskünfte über zukünftige Entwicklungstendenzen sowie über mögliche bzw. notwendige politische Optionen und Entscheidungen geben könnte. Der Pessimismus, der solchen Analysen in der Regel als Grundstimmung attestiert wird, manifestiert sich zumeist bei US-amerikanischen Autoren, die den Verfall der weltpolitischen und -wirtschaftlichen Hegemonie der USA als einen quasi-natürwüchsigen Prozeß registrieren, der – auf der Basis der globalen Wachstumsschwäche – von einer fortschreitenden Segmentierung der Weltwirtschaft begleitet wird, in der keine Ansätze die Herausbildung von Elementen eines neuen, stabilen Regulierungsinstrumentariums zu erkennen sind.

Dennoch bleibt es eine Schwäche dieser Ansätze, daß sie bei der Analyse der weltwirtschaftlichen Strukturveränderungen und der dabei sich akkumulierenden Risiken und Konfliktpotentiale einerseits den Blick auf die hochentwickelten Zentren des internationalen Kapitalismus in Nordamerika, Westeuropa und im pazifischen Raum konzentrieren. Die zunehmende Abkoppelung weiter Teile der „Dritten und Vierten Welt" erscheint so als ein mehr oder weniger bedauernswerter „Fall-Out" dieser Prozesse, der allerdings nicht zum Nachdenken über Lösungsstrategien zur Bearbeitung der damit verbundenen Widerspruchspotentiale anregt. Zudem haben diese Wissenschaftler, die die weltwirtschaftliche „Unordnung" seit den 70er Jahren analysieren, die Möglichkeit des Zusammenbruchs des „realen Sozialismus" in Mittel- und Osteuropa sowie die damit verbundene Problematik der Integration dieser Ökonomien in den kapitalistischen Weltmarkt nicht vorausgesehen. Auf der anderen Seite zeichnen sich diese Analysen durch eine allzu enge ökonomistische Perspektive aus, die systematisch der Frage ausweicht, wie die *internationale politische Ökonomie* mit jenen Anforderungen und Widersprüchen umzugehen hätte, die schon in der Gegenwart, mehr freilich noch in der Zukunft aus einer globalen, *politischen Ökologie* resultieren.

Diese Vernachlässigung der politischen Ökologie ist umso erstaunlicher, als seit den frühen 70er Jahren – ausgehend vom Bericht des Club of Rome über die „Grenzen des Wachstums" (1972) – auf die Belastungen aufmerksam gemacht wurde, die aus dem Bevölkerungswachstum und der wachsenden Kluft zwischen armen und reichen Nationen, aus der Erschöpfung der Rohstoffvorräte sowie aus dem exponentiellen Wachstum der Umweltverschmutzung für die gesamte Weltwirtschaft und -politik hervorgehen. Der Bericht „Global 2000" an den Präsidenten der USA (1980) schließlich gelangte zu einer düsteren Prognose für die kommenden Jahrzehnte: „Unter der Voraussetzung, daß sich weltweit die gegenwärtigen politischen, ökonomischen und technischen Entwicklungstrends fortsetzen, wird die Welt im Jahre 2000 noch überbevölkerter, verschmutzter, ökologisch noch weniger stabil und für Störungen anfälliger sein als die Welt, in der wir heute leben. Ein starker Bevölkerungsdruck, ein starker Druck auf die Ressourcen und Umwelt lassen sich deutlich voraussehen. Trotz eines größeren materiellen Outputs werden die Menschen auf der Welt in vieler Hinsicht ärmer sein, als sie es heute sind" (zit. n. Grün/Wiener, 1984, S. 48). Die 80er Jahre – so ist inzwischen deutlich geworden – waren für die Bearbeitung dieser Probleme ein „verlorenes Jahrzehnt". Der Präsident der Weltbank, Barber Conable, sagt 1988: „Ein unerbittlicher Tatbestand der achtziger Jahre ist, daß das Wachstum unzureichend war, die Armut weiter zunimmt und daß die Umwelt schlecht geschützt wird. Wenn kein Wandel eintritt, bleibt unseren Kindern durch diese Realitäten eine friedliche, annehmbare und lebenswerte Welt vorenthalten" (zit. n. Sen, 1990, S. 151).

Wenngleich in den 80er Jahren – u. a. auch aufgrund des Verfalls der Erdölpreise – die Diskussion über die Erschöpfung der natürlichen Ressourcen tendenziell in den Hintergrund getreten ist, so haben die düsteren Prognosen vor allem in den folgenden Bereichen eine allzu frühe Bestätigung erfahren:

- Bevölkerungswachstum, Wirtschafts- und Verschuldungkrise sowie irreversible ökologische Schädigungen in der Dritten Welt haben schon jetzt eine geradezu hoffnungslose Situation erzeugt. „770 Millionen Menschen sind unterernährt, 14 Millionen Kinder sterben jährlich an Hunger, 1,3 Milliarden Menschen haben keine gesicherte Trinkwasserversorgung, 100 Millionen keine angemessene Wohnung und 880 Millionen Menschen können weder schreiben noch lesen" (Renner, 1989, S. 221). Nach Angaben der Weltbank in ihrem „Armuts-Bericht" aus dem Jahre 1990 verfügen 76% der Weltbevölkerung über ein durchschnittliches Jahreseinkommen von unter 2.000 Dollar – darunter 57 Prozent = ca. 2,9 Milliarden Menschen mit einem Jahreseinkommen unter 500 Dollar (vgl. Goldberg, 1990a, S. 1254).

Im „Weltbevölkerungsbericht 1990" der UNFPA, der Bevölkerungsorganisation der Vereinten Nationen, heißt es: „In den neunziger Jahren wird die Zahl der Menschen schneller steigen als in allen Jahrzehnten zuvor". Jedes

Jahr werden neunzig bis hundert Millionen dazukommen – so viele, wie heute in Osteuropa oder Mittelamerika leben. Die Organisation der UNO prognostiziert daher: „Die Zahl der Armen, Hundernden und Analphabeten wird steigen". Gleichzeitig hat das Bevölkerungswachstum katastrophale Folgen für die Ökologie. Die UNFPA erwartet „ein anhaltendes Wachstum der Städte, Zerstörung des Bodens, Verseuchung des Wassers, massive Waldrodungen und die fortschreitende Konzentration von Treibhausgasen in der Atmosphäre" (Sontheimer, 1990, S. 16).

- Umweltkatastrophen in transnationalen Dimensionen als Folge von „Störfällen" in den sogenannten „Risikoindustrien" (Großchemie, Kernkraftwerke: Bophal, Indien, 1984; Tschernobyl, Sowjetunion 1986; die chemische Rheinverseuchung im November 1986) haben ein neues Risiko- und Katastrophenbewußtsein geschärft: „Die heutigen Risiken und Gefährdungen unterscheiden sich wesentlich von den äußerlich oft ähnlichen des Mittelalters durch die *Globalität* ihrer Bedrohung (Mensch, Tier, Pflanzen) und ihre *modernen* Ursachen. Es sind *Modernisierungs*risiken. Sie sind *pauschales* Produkt der industriellen Fortschrittsmaschinerie und werden *systematisch* mit deren Weiterentwicklung verschärft" (Beck, 1986, S. 29).
- Gleichzeitig hat die Entstehung globaler ökologischer Probleme wie die Schädigung der Ozonschicht, die globale Klimaveränderung, der saure Regen und die Verschmutzung der Ozeane die Notwendigkeit der internationalen Kooperation der Staaten erhöht: „Es gibt jedoch kaum Anzeichen dafür, daß der Nationalismus schwächer wird, und daß das 'globale Bewußtsein', das für die Lösung dieser Probleme erforderlich ist, sich schnell entwickelt" (Pirages, 1990, S. 18).
- Schließlich ist erst mit dem Zusammenbruch der politischen Systeme der „realsozialistischen" Länder das Wissen über die ökologische Katastrophe in weiten Teilen Ostmitteleuropas sowie über die Kette der „unerklärten Öko-Kriege" in Osteuropa während der vergangenen Jahre öffentlich geworden. In einer polnischen Zeitung wurde im April 1990 die Gefährlichkeit des ökologischen „Kriegsschauplatzes" folgendermaßen beschrieben: „In einem breiten Gürtel von Leipzig über Nordböhmen und Nordmähren bis nach Krakau bietet sich ein Bild der Verwüstung. Schlote von Fabriken und Kraftwerken speien Rauch voll Schwefeldioxyd aus. Saure Regen vernichten Wälder. Wasserströme sind durch Industrieabfälle verseucht und verwandeln sich in Giftkanäle. Im Wasser ist kein Leben mehr. Laut der Polnischen Akademie der Wissenschaften lebt ein Drittel der 38 Millionen Polen in 'Regionen der ökologischen Katastrophe'" (zit. n. Olschies, 1990, S. 141/2).

Es liegt auf der Hand, daß die Überwindung der Wirtschaftskrise dieser Länder durch die Einführung der Marktwirtschaft und deren Integration in den kapitalistischen Weltmarkt überhaupt nur gelingen kann, wenn zwischenstaatliche bzw. internationale „Öko-Regimes“ mit Sanierungsprogrammen etabliert werden, die geradezu gigantische Investitionssummen erfordern werden. Je weniger aber solche Regelungen greifen und die wirtschaftliche Entwicklung stagniert (mit der Konservierung von Massenarmut), um so größer wird die Gefahr, daß der Nationalismus sich zusätzlich über transnationale Öko-Konflikte anheizt.

Die Bedingungen von Sicherheit und Stabilität im internationalen System werden keineswegs ausschließlich durch das ökonomische Wachstum, den Grad der Verflechtung und Interdependenz sowie durch die – in der Konsequenz der globalen Umweltkrise immer wichtiger gewordene – „Beherrschung“ der stofflichen Voraussetzungen der Reproduktion der „Weltgesellschaft“ definiert. Der für die internationale Politik maßgebende Sicherheitsbegriff seit der Entwicklung des Systems souveräner National- und Territorialstaaten besagt zunächst einmal, daß der Staat mit Hilfe der Aufstellung, Ausstattung und Unterhaltung militärischer Streitkräfte, den Abschluß von Verträgen und Bündnissen und Entspannungs- und Abrüstungsmaßnahmen den Schutz seines Territoriums und der politischen und sozialen Interessen seiner Bürger vor Bedrohung von außen gewährleisten muß (Woyke, 1986). Zumal in der Nachkriegsordnung des Systemgegensatzes beruhte die Führungsfunktion der beiden Supermächte USA und UdSSR auf ihren überlegenen militärischen Potentialen in den jeweiligen Bündnissystemen. „Seit dem Zweiten Weltkrieg sind weitweit 16 Billionen US-Dollar für militärische Zwecke ausgegeben worden. 1986 erreichten die jährlichen Ausgaben eine Höhe von 825 Milliarden Dollar... Die Industriestaaten haben – inflationsbereinigt – ihre Ausgaben seit 1960 verdoppelt; die Entwicklungsländer haben eine Steigerung um mehr als das Sechsfache zu verzeichnen... Die Supermächte und ihre europäischen Verbündeten sind für drei Viertel der weltweiten Rüstungsausgaben verantwortlich“ (Renner, 1989, S. 215). Rüstungsproduktion sowie der Handel mit Waffen sind daher auch zu bedeutenden Faktoren der Nationalökonomien wie der Weltwirtschaft insgesamt geworden.

Die herkömmliche Sichtweise von nationaler und internationaler Sicherheit ist jedoch in den letzten Jahren zutiefst erschüttert worden. Zunächst einmal besteht ein offenkundiger Widerspruch zwischen steigenden Sicherheitsaugaben und dem Anspruch, dadurch mehr Sicherheit – im Sinne von Kriegsvermeidung und Friedenssicherung – zu erzeugen. „Die Staaten haben eine beispiellose militärische Stärke erreicht; trotzdem – oder vielleicht gerade deshalb – ist die Zahl der Kriege und Kriegstoten über die Jahrhunderte ständig größer geworden. Allein in den 80er Jahren wurden 22 Kriege geführt, mehr als jemals zuvor in der Militärgeschichte. Seit 1945 forderten 120 bewaffnete Konflikte – zusammengenommen vergleichbar mit dem

Zweiten Weltkrieg – in der Dritten Welt mindestens 20 Millionen Todesopfer. Viele dieser Konflikte sind kaum in das Bewußtsein der westlichen Welt gedrungen, aber einige können sich als Pulverfaß erweisen und sich sehr schnell zu weltweiten Konfrontationen ausweiten" (ebd., S. 217).

Außerdem ist die Bedeutung der Rüstungsausgaben auf das engste mit den in diesem Abschnitt analysierten Veränderungen in den Machtstrukturen der Weltwirtschaft und der internationalen Politik verbunden:

- Der Abstieg der beiden Weltmächte USA und UdSSR ist eine unmittelbare Folge der „Überdehnung" der Rüstungsausgaben, die mit ihrer weltpolitischen Führungsrolle legitimiert werden und deren Expansionslogik sich mit dem Rüstungswettlauf zwischen den Systemen immer mehr verselbständigt hat. Die gewaltige Steigerung der Rüstungsausgaben in den USA seit den späten 70er Jahren sollte u. a. die Sowjetunion „totrüsten". „Innerhalb der Reagan-Administration herrschte die einflußreiche These, daß ein beschleunigtes technologisches Wettrüsten das sowjetische System bis zum Zusammenbruch belasten würde" (Calleo, 1989, S. 119). Im Bewußtsein eines Ronald Reagan mag daher diese Strategie angesichts der Kapitulation der Sowjetunion und des „realsozialistischen Lagers" erfolgreich gewesen sein. Zugleich aber hat diese Politik die Leistungs- und Wettbewerbsfähigkeit der amerikanischen Wirtschaft, also die „zivile Infrastruktur" des US-Kapitalismus, unterminiert, während umgekehrt Japan und die BRD von den vergleichweise geringen Rüstungsausgaben profitierten.

Noch stärker als die USA hat sich die UdSSR letztlich durch die Rüstungsanstrengungen in die Sackgasse der Stagnation, der Krise und schließlich des Verfalls ihrer hegemonialen Machtposition in der Weltpolitik hineinmanövriert. Angesichts des geringen Entwicklungsstandes des Landes, der systemischen Blockaden einer ökonomischen, technischen und gesellschaftlichen Modernisierung, der Dauerkrise der sowjetischen Landwirtschaft waren die Rüstungsausgaben stets eine höhere Belastung – im Sinne der Absorbtion von produktiven Ressourcen – als in den kapitalistischen Industriestaaten. Paul Kennedy hat dieses Dilemma der sowjetischen Politik, das zuerst seit 1985 von M. Gorbatschow offen eingestanden wurde und sich inzwischen zu einer tiefen Existenzkrise des Landes gesteigert hat, vor den Ereignissen der Jahre 1989/90 folgendermaßen zusammengefaßt: „Wie jede andere der Großmächte muß sich die UdSSR daher bei der Zuteilung von nationalen Ressourcen entscheiden zwischen den Erfordernissen des Militärs – und der ihm eigenen Fähigkeit, die russischen Sicherheitsbedürfnisse zu formulieren – und andererseits dem zunehmenden Bedürfnis der russischen Bevölkerung nach Konsumartikeln und besseren Lebens- und Arbeitsverhältnissen, ganz zu schweigen von verbesserten Sozialleistungen ...; und schließlich den Forderungen von Landwirtschaft und Industrie nach Kapitalinvestitionen, um die Wirtschaft zu modernisieren, die Produktivität zu erhöhen, mit dem Fortschritt der anderen Seite mitzuhalten, und auf lange Sicht sowohl die Verteidigungs- als auch die sozialen Bedürfnisse zu befriedigen" (Kennedy, 1989, S. 737).

- Die Tendenzen zum „neuen Protektionismus" in der Weltwirtschaft sind zudem unmittelbar mit der Bedeutung der Rüstungsausgaben, der Rüstungsproduktion sowie dem internationalen Handel mit Waffen verkoppelt. Subjekt von Entscheidungen auf diesem Gebiet ist stets der Nationalstaat. Auch die NATO z. B. hat nicht verhindern können, daß die großen Staaten Westeuropas (vor allem Frankreich, Großbritannien und zunehmend auch die BRD) die Entwicklung und Produktion von Waffen als eine zentrale Komponente der nationalen Modernisierungsstrategie verfolgen und zugleich beim Waffenexport – vor allem in die Dritte Welt – blühende Geschäfte machen. Je mehr also die Wachstums- und Modernisierungskonkurrenz zwischen den kapitalistischen Industriestaaten durch die Bedeutung der Rüstungsindustrien im Innern und den Waffenexport nach außen beeinflußt wird, um so stärker wird der Einfluß des Nationalstaates, der dazu tendiert, über die Hochrüstung seine Position zu festigen und zugleich diesen Sektor gegen transnationale Liberalisierung abzuschirmen.
- Die Völker der Entwicklungsländer der Dritten Welt sind die Hauptopfer dieser Politik. Sie leiden nicht allein unter den Bürgerkriegen und den zwischenstaatlichen Konflikten sowie unter den Militärdiktaturen, die sie unterdrücken und ausbeuten. Vielmehr noch sind die Rüstungsausgaben in der Dritten Welt zum wichtigsten Hindernis für die Überwindung von Unterentwicklung, Massenarmut und katastrophalen infrastrukturellen Versorgungseinrichtungen geworden. Auch die Verschuldungskrise der Dritten Welt – vor allem die Bedingungen ihrer Lösung – werden durch Kriege, Rüstung und Waffenimporte determiniert: „Einer der Hauptgründe der internationalen Verschuldung ... ist der Waffenimport gewesen, der während der 70er Jahre größtenteils durch Kredit finanziert wurde... Es ist schwierig, die aus Waffenkäufen resultierende Schuldenlast abzuschätzen; man hält sie jedoch für beträchtlich. 1989 schätzte der Präsident der Weltbank Conable, daß ein Drittel der Schulden einiger größerer Länder der Dritten Welt auf Waffenimporte zurückgeht. Die Verschwendungssucht von Militärregierungen, die während der 70er Jahre eher die Regel als die Ausnahme waren, ist für die demokratischen Regierungschefs zu einer Belastung geworden" (Sen, 1990, S. 157).
- Schließlich wird auch die globale politische Ökologie in hohem Maße durch Rüstungsausgaben, Militarisierung und gewaltsame Konflikte beeinflußt. Auf der einen Seite binden und verschwenden die Rüstungsausgaben Ressourcen, die für die Lösung der nationalen wie globalen ökologischen

Probleme mobilisiert werden müßten. Auf der anderen Seite staut sich mit dem Fortschreiten der ökologischen Katastrophe (Wasserknappheit, Luftverseuchung, Klimaveränderung, Verknappung der Energieressourcen u. a.m.) – wiederum vor allem in den Ländern der Dritten Welt, aber z. B. auch zwischen den Entwicklungsländern in Ost- und Südosteuropa – ein neues Konfliktpotential auf, das den Teufelskries zwischen wachsender Verelendung und gesteigerten Militärausgaben noch einmal dynamisiert. „Für Verteilungskämpfe um natürliche Ressourcen bieten sich, zumindest aus der Sicht der sich streitenden Regierungen, militärische Lösungen an. Angesichts des grenzüberschreitenden Charakters der Umweltzerstörung verwandelt sich hier ein Nullsummenspiel in ein Spiel ohne Sieger. So fortgeschritten die militärischen Mittel auch sein sein mögen, sie können verbrauchte Rohstoffe nicht ersetzen und das zerstörte ökologische Gleichgewicht nicht wiederherstellen. Das Einsatz des Militärs verschärft das Problem“ (Renners, 1989, S. 233).

So ergibt sich zusammengefaßt, daß mit der Destabilisierung der weltwirtschaftlichen Ordnung seit den 70er Jahren zugleich der traditionelle Begriff von nationaler und internationaler Sicherheit zutiefst problematisiert wurde. Zunehmend werden die mächtigsten Akteure der Weltpolitik mit der Erkenntnis konfrontiert, „daß zumindest langfristig militärisch das nicht zurückzugewinnen und zu sichern ist, was an ökonomischem Einfluß und an Wettbewerbspositionen verlorenging“ (Senghaas, 1986, S. 41). Das Ende der Systemkonkurrenz, die ja ihrerseits nicht nur die Führungsposition der Supermächte, sondern zugleich die Steigerung der Militärausgaben legitimiert hatte, wird diese politische Entwertung militärischer Überlegenheit im Hinblick auf die notwendige Neuordnung der weltwirtschaftlichen und -politischen Beziehungen noch einmal verstärken.

Gleichzeitig artikuliert sich immer deutlicher die Erkenntnis, daß eine stabile Neuordnung in globalen Dimensionen, die den neuen Sicherheitsanforderungen Rechnung trägt, weder nach militärisch-politischen noch nach ökonomisch-technologischen Kriterien organisiert werden kann, sondern zugleich die Sicherung der globalen Lebens- und Existenzbedingungen der Menschheit berücksichtigen muß. Auf der Ebene der politischen Rhetorik scheint diese Erkenntnis längst Gemeingut geworden zu sein. So erklärte der Außenminister der BRD, Hans-Dietrich Genscher, am 26. 9. 90 vor der Vollversammlung der Vereinten Nationen: „Wir alle haben die Wahl, entweder die Erde in weniger Jahrzehnten endgültig und unwiderruflich zu zerstören oder verantwortlich damit zu beginnen, natürliche Hilfsquellen und Energievorräte mit Vernunft in fairer Partnerschaft wirklich umweltfreundlich zu nutzen“ (Frankfurter Rundschau vom 27. 9. 1990). Die offenkundige und zunehmende Entkoppelung von Rhetorik und realen Problemlagen, von

Krisendynamik und der Fähigkeit und Bereitschaft zur Krisenbewältigung scheint jedoch zunächst nur einmal Ausdruck der Tatsache zu sein, daß schon zum Zeitpunkt des Zusammenbruchs des „realen Sozialismus" und der Systemkonkurrenz ganz neue Widerspruchs- und Konfliktpotentiale im internationalen System dominierend geworden sind, die weder nach dem traditionellen Begriffsschema des Ost-West-Konfliktes noch nach dem traditionellen Selbstverständnis der westlichen Welt zu begreifen, geschweige denn zu lösen sind.

## 2.3. Krise und Reorganisation

Der Vergleich der weltwirtschaftlichen und -politischen Situation in den 80er Jahren des 20. Jahrhunderts mit den 80er Jahren des 18. Jahrhunderts in Frankreich (Rosecrance, 1987, S. 95; Kennedy, 1989, S. 776), wo die Krise der Staatsfinanzen (aufgrund der Hofhaltungs- und Militärkosten) zunehmend die innere sozialökonomische Lage des Landes destabilisierte und dabei zugleich eine revolutionäre Unzufriedenheit bei den Volksmassen entfachte, hat zumindest eine Bestätigung gefunden: Mit dem Zusammenbruch des „realsozialistischen" Staaten- und Gesellschaftssystems zum Ende der 80er Jahre ist die Problematik der „Geburt einer neuen Ordnung" auf der Tagesordnung der Weltpolitik der 90er Jahre an die erste Stelle gerückt. Die Herausbildung dieser Ordnung – davon kann mit einiger Gewißheit ausgegangen werden – wird nicht durch die politischen und ideologischen Grundwidersprüche und -konflikte der weltweiten Systemkonkurrenz bestimmt werden.

Das Ende des Ost-West-Gegensatzes bezeichnet so zunächst einmal eine offene historische Konstellation, in der der internationalen Politik – angesichts der substantiellen Entwertung der Blockpolitik und der damit verbundenen Rüstungs- und Abschreckungslogik – die Möglichkeit eröffnet wird, neue Strukturen der internationalen Beziehungen zu schaffen, die ihrerseits durch einen neuen Sicherheitsbegriff begründet sind. Die Auflösung der Blöcke und damit verbundene Abrüstungsmaßnahmen könnten so kollektive Sicherheitsstrukturen schaffen, die einerseits mehr auf ökonomischer, technisch-wissenschaftlicher und kultureller Kooperation und Interdependenz als auf militärischen Drohpotentialen beruhen; andererseits würden so Ressourcen verfügbar, um die Wirtschaftskrise in Ost- und Mitteleuropa zu überwinden sowie kollektive Maßnahmen zur Lösung der globalen sozialen und ökologischen Probleme zu ergreifen. Die UNO könnte so zu einem wirkungsvollen Instrument für eine neue Weltpolitik werden. Dabei würde sie eine Aufwertung erfahren, die ihr in der Epoche der Systemkonkurrenz (nach dem Auseinanderbrechen der antifaschistischen Allianz, die die UNO am Ende des zweiten Weltkrieges begründet hatte) verwehrt bleiben mußte. Daher ist gerade in der heutigen Zeit die UNO zum Forum geworden, vor der Politiker dieses Projekt einer neuen Weltordnung als Vision oder konkrete Utopie propagieren (vgl. dazu das Memorandum der "Stockholmer Initiative zu globalen Sicherheit und Weltordnung" von Jimmy Carter, Eduard Schewardnadse, Vaclav Havel u.a., Frankfurter Rundschau, 10. 5. 1991, S. 18/19).

Daß sich dieses Bekenntnis zu einer neuen Weltordnung zugleich mit einer kollektiven, militärischen Aktion gegen den Irak verbindet, wirft freilich schon einige Schatten auf jene Vision einer neuen, globalen Friedens- und Sicherheitsordnung. Einerseits verdichtet sich in diesem Konflikt der Kampf um die Kontrolle der Rohstoffe (hier des Erdöls), die für die ökonomische Sicherheit der westlichen Industriestaaten geradezu von existentieller Bedeutung sind. Auf der anderen Seite kündigt sich mit dem Aufmarsch am Golf die verzweifelte Anstrengung niedergehender Großmächte (USA, Großbritnannien, Frankreich, nunmehr auch die UdSSR) an, durch die Demonstration und ggf. Anwendung ihrer militärischen Macht den Anspruch auf Führungspositionen in der internationalen Politik zu behaupten. Schließlich sind auch die ideologischen Fronten in diesem Konflikt höchst explosiv. Der islamische Fundamentalismus, dessen Einfluß von den südlichen Randgebieten der Sowjetunion, über den Iran bis in die gesamte arabische Welt im vergangenen Jahrzehnt immer stärker geworden ist, könnte in der Konfrontation mit dem Wertesystem der westlichen Welt zu einer gefährlichen Waffe werden, um Konflikte und Kriege zwischen den reichen Zentren und der armen Peripherie der Weltwirtschaft gleichsam exemplarisch auszutragen.

Unsere bisherige Analyse hat freilich deutlich werden lassen, daß die „Geburt einer neuen Ordnung“ wesentlich bestimmt wird durch jene Strukturveränderungen, die sich innerhalb des kapitalistischen Weltmarktes und damit in den Beziehungen zwischen den kapitalistischen Zentren in Nordamerika, Westeuropa und im pazifischen Raum vollzogen haben. Die vorläufigen Ergebnisse dieser Analyse lassen sich so zusammenfassen. Die Geschichte wird in der Regel nicht von den Verlierern, sondern von den Siegern geschrieben. Die objektiven Bedingungen für die Gestaltung der Weltordnung werden „in letzter Instanz“ durch den Strukturwandel der Weltwirtschaft bestimmt. Die kapitalistische Weltwirtschaft ist seit Anfang bzw. Mitte der 70er Jahre in eine Krise geraten, die ihrerseits einen fudamentalen Einschnitt in der Nachkriegsordnung des internationalen Kapitalismus markiert.

Die Verringerung der Wachstumsdynamik ist nur der allgemeinste Ausdruck dieses Wandels. In ihr reflektiert sich eine Veränderung der Akkumulationsbedingungen des Kapitals, die ihrerseits die „bewegenden Kräfte“ für die Entwicklung des internationalen kapitalistischen Systems bilden. Das „fordistische“ Nachkriegsmodell der kapitalistischen Entwicklung geriet in eine Krise, die sowohl die ökonomische Kernstruktur der Kapitalakkumulation als auch die institutionellen Formen der Regulation der Beziehungen von Ökonomie und Politik – allgemeiner: die Vergesellschaftungsformen – in den Metropolen des Kapitals und im internationalen kapitalistischen System ergriff. Insofern können die 70er und die frühen 80er Jahre als eine Phase der „Formkrise“ bezeichnet werden: „des Bruchs mit tradierten Formen der gesellschaftlichen Entwicklung – und zwar sowohl im nationalen Rahmen als auch in der Weltgesellschaft“ (Altvater, 1983, S. 97).

Rekapitulieren wir kurz die wichtigsten Elemente dieser krisenhaften Auflösung und Veränderung der Formen des „alten Modells“, die sich seit Anfang der 70er Jahre in den Wachstumskrisen, den zurückbleibenden Investitionen, der erhöhten Arbeitslosigkeit, aber auch – vor allem in Westeuropa – in einer Welle von Klassenkämpfen (vgl. für diese Periode Periode Albers u. a., 1971; Deppe, 1985), in der insbesondere die Gewerkschaften einen Machtzuwachs erzielten, ankündigte:

„ – Es konnte in den westlichen Industrieländern *nicht mehr* unbesehen wie in den voraufgehenden zwei oder drei Jahrzehnten davon ausgegangen werden, daß der gesellschaftliche Primat des Kapitals mittelfristig gewährleistet bleiben würde;

– es konnte im internationalen Rahmen *nicht mehr* unbesehen davon ausgegangen werden, daß eine Instanz wie die Vereinigten Staaten sei es durch ihr schieres ökonomisches Gewicht, sei es erforderlichenfalls durch ein (militärisch gedecktes) Macht-'wort' mittelfristig günstige politisch-ökonomische Rahmenbedingungen für die Akkumulation garantieren würde;

– und es konnte *nicht mehr* unbesehen davon ausgegangen werden, daß sich der fordistische Systemzusammenhang mittelfristig auf immer höherem Niveau mit weiter steigenden Löhnen bei gleichzeitig befriedigenden Profitraten reproduzieren würde – unabhängig von der (lange Zeit als unproblematisch angesehenen) spezifischen Art und Weise seiner kostenminimierenden Inanspruchnahme einer der Ausbeutung und Belastung unterworfenen nicht-fordistischen gesellschaftlichen Umwelt und der äußeren Natur in den Industrieländern“ (Fröbel u. a., 1986, S. 93).

Die Systemkonkurrenz bleibt noch für fast zwei Jahrzehnte die bestimmende Konfliktformation in der internationalen Politik. Dieter Senghaas hat dies Anfang der 70er Jahre zutreffend prognostiziert: „...Trotz aller heute beobachtbaren 'Kooperationseuphorie' in Zentraleuropa ... (wird) die antagonistische Konfliktformation zwischen Ost und West ... auf absehbare Zeit ein realer Bestandteil der gegenwärtigen internationalen Gesellschaft bleiben; gleichermaßen wird die militärische Systemkonkurrenz nicht ohne weiteres überwunden werden, da sie in der Selbstwahrnehmung der Machteliten ein vermeintlich verläßlicher Garant von zwischenstaatlicher und gesellschaftspolitischer Stabilität ist" (Senghaas, 1973, S. 28/29).

Sowohl die innerkapitalistischen Beziehungen als auch die Nord-Süd-Konfliktformation wurden durch den Ost-West-Konflikt überdeterminiert. Dessen „Bindekraft" hatte nicht nur die hegemoniale Ordnungsfunktion der USA in der westlichen Welt stabilisiert, sondern zugleich gemeinsame politische Interessen zwischen den entwickelten, kapitalistischen Industriestaaten erzeugt, die auch in einer Phase der stärkeren ökonomischen Konkurrenz auf dem Weltmarkt nicht außer Kraft gesetzt wurden. Als die USA nach einer kurzen Periode der Entspannungspolitik seit den späten 70er Jahren erneut zu einer Konfrontations- und Hochrüstungspolitik gegenüber der UdSSR übergingen (vgl. u. a. Greiner, 1980, S. 186 ff.), verstärkten sich die Konflikte innerhalb des atlantischen Bündnisses, weil die Europäer einseits nicht auf das „Schutzschild" der NATO (und d. h. des US-amerikanischen Atompotentials) verzichten, andererseits jedoch ihre Politik der Entspannung und der ökonomischen Kooperation mit dem „Ostblock" fortsetzen wollten (vgl. Calleo, 1989, S. 24 ff. und S. 101 ff.). Dennoch verhinderte die Bindekraft des Ost-West-Konfliktes ein Umschlagen solcher Interessenkonflikte in den offenen Bruch der politisch-militärischen Bündnisbeziehungen. Sie erzwang Kompromisse im Krisenmanagement, die freilich im militärisch-politischen Bereich – z. B. bei der Stationierung der Mittelstreckenraketen – leichter zu erreichen waren als bei der Neuordnung der weltwirtschaftlichen Beziehungen nach dem Zusammenbruch des Währungssystems von Bretton Woods.

Bei der Kompromißbildung und den Tauschgeschäften setzte sich nunmehr allerdings eine tendenzielle Schieflage durch, die ihrerseits neue Konflikte und Spannungen vorprogrammieren mußte. Die USA setzten sich mit ihrer Stationierungspolitik, insgesamt mit ihrer Konzentration auf gigantische Rüstungsprogramme in der Ära Reagan durch. Diese Programme wurden aber überwiegend durch japanisches und westeuropäisches Kreditgeld finanziert, das aufgrund der hohen Zinssätze in die USA strömte. Gleichzeitig wurde der US-amerikanische Markt mit Industrieprodukten aus Ostasien und Westeuropa überschwemmt, sodaß nunmehr – nach der Ära Reagan – in den USA nur noch das Scheitern dieser Politik (trotz oder auch wegen des Zusammenbruchs des realen Sozialismus, der nun die Hochrüstung „entwertet") konstatiert werden kann (D. Senghaas, 1986, S. 40 f., hat – vor Kennedy und anderen Vertretern der „decline"-Schule – dieses notwendige Scheitern der Reagan'schen Politik im übrigen völlig zutreffend prognostiziert!).

Entscheidend wird aber nun die Frage, wie die relevanten politischen und ökonomischen Akteure – die Regierungen, Parteien und Verbände, z. B. die

Gewerkschaften auf der einen, Unternehmungen und Banken auf der anderen Seite – auf diese qualitativ veränderte Situation reagieren. Die allgemeinste strategische Zielsetzung ergibt sich aus den Funktionsprämissen der kapitalistischen Ökonomie selbst: es mußte darum gehen, den Verfall der Profitraten aufzuhalten und die Wachstumsschwäche durch die Erschließung neuer, profitabler Anlagesphären zu erschließen. Um dieses Ziel zu erreichen, mußten die Unternehmensentscheidungen durch eine staatliche Politik flankiert werden, die diese Strategie unterstützte. Der Staat mußte also optimale Rahmenbedingungen für eine angebotsorientierte Modernisierungspolitik im Weltmarktzusammenhang schaffen. Das verlangt nicht nur Entlastungen auf der Kostenseite (Steuern, Löhne, Sozialabgaben, kostenwirksame gesetzliche Auflagen), sondern zugleich eine Haushalts- und Währungspolitik, die insbesondere im Hinblick auf die Verbesserung der Exportchancen der heimischen Wirtschaft (u. a. durch Inflationsreduzierung und Währungsstabilität) Entlastung zu schaffen hatte. Diese allgemeinen, strategischen Zielsetzungen umreissen gleichsam das Feld der politischen und ideologischen Konflikte, die nach den Wahlsiegen neokonservativer bzw. neoliberaler politischer Kräfte in den wichtigsten kapitalistischen Industrieländern zwischen den Regierungen und oppositionellen Bewegungen – vor allem den Gewerkschaften und der Ökologiebewegung – ausgetragen wurden.

Im Bericht der UNO über die Rolle der transnationalen Konzerne in der Welt wird die Bedeutung der Produktivkraftrevolution für die Anpassungsstrategien der Unternehmen in der Weltwirtschaft hervorgehoben. „In den vergangenen Jahren gab es außerordentlich bedeutsame Entwicklungen auf dem Gebiet der Technologie. Während die auf der Mikroelektronik basierenden Informationstechnologien bereits in den 70er Jahren weit entwickelt waren, zeichnen sich die 80er Jahre vor allem durch die Geschwindigkeit aus, mit der diese in die Produktionsprozesse von Gütern und Dienstleistungen eingeführt wurden. Diese Technologien werden immer schneller zu Schlüsseltechnologien des gesamten ökonomischen Systems der industrialisierten Marktwirtschaften. Ihre wachsende Anwendung und die damit verbundene dramatische Steigerung der Effizienz erlauben – zusammen mit den Entwicklungen bei der Biotechnologie und bei neuen Werkstoffen – die Spekulation darüber, ob die Weltwirtschaft in eine neue technologische Epoche eintritt, deren ökonomische Rückwirkungen auf alle Ländergruppen überhaupt noch nicht genau zu ermessen sind“ (UNCTC, 1988, S. 21).

Der „neue Akkumulationstyp“, der sich mit der Nutzung der neuen Technologien abzuzeichnen beginnt, bringt – auf der Ebene der Unternehmen selbst – nicht nur Veränderungen in der technologischen Struktur der Produktion, sondern im gesamten System der Arbeit (Entkoppelung von Arbeits- und Betriebszeiten, Veränderungen in der Qualifikationsstruktur des Arbeitskörpers, sowie im gesamten Beschäftigungssystem) mit sich. Zugleich entstehen mit seiner schrittweisen Durchsetzung in allen kapitalistischen Industriestaaten neue Anforderungen an die Tätigkeit der Regierungen sowie an die Internationalisierungsstrategien der Unternehmen: „Rationalisierungsintensive Produktion bzw. Produktionsflexibilisierung korrespondieren mit einem Rückgang des Arbeitsvolumens sowie dem Rückgang der für die 'Prosperitätsphase' typischen Erweiterung der Kapazitäten, die zugleich über die Nachfrageexpansion eine Ausweitung volkswirtschaftlicher Reproduktion ... bewirkt hatte. Hohe Arbeitslosigkeit bei im Trend stagnativer Wirtschaftsentwicklung sind mittlerweile die Kennzeichen der Akkumulation. Politisch unterstützt wird die Durchsetzung dieses neuen Akkumulationstyps über eine neokonservative Austeritätspolitik nach innen, d. h. vor allem Zurückdrängung von privaten und öffentlichen Konsumtionsansprüchen, sowie eine Politik der Stärkung des Exports technologisch hochwertiger Produkte (Expansion nach außen) durch die Ausweitung der welthandelsorientierten Investitionsquote“ (Hickel, 1987, S. 75).

Die stimulierende Herausforderung zur Umgestaltung der technologischen Produktionsbasis resultierte freilich auch aus den Strukturen der Weltmarktkonkurrenz selbst. Hatte schon in den 50er und 60er Jahren die überlegene Produktivität des US-amerikanischen Kapitals für einen beständigen Modernisierungsdruck in Westeuropa und Japan gesorgt, so tauchte – insbesondere bei den forschungsintensiven Hochtechnologieprodukten – seit den 70er Jahren zunehmend die japanische Herausforderung als Importkonkurrenz auf. „Eine umfassende internationale Technologiekonkurrenz war jetzt angesagt, die auf der Basis der direkten und permanenten Integration von Wissenschaft und Technik in die Produktion das alte Produktivkraftsystem revolutionierte“ (Priewe, 1988, S. 283).

In der Struktur der Weltmarktkonkurrenz selbst waren also schon die Voraussetzungen dafür angelegt, daß die Durchsetzung des neuen Akkumulationstyps nicht als eine reine oder auch nur überwiegende Binnenmarktstrategie konzipiert werden konnte. Eine profitable Amortisation der riesigen Kapitalvorschüsse, die die Entwicklung und Anwendung der neuen Technologien erfordern (und die aufgrund des internationalen Konkurrenzdrukkes beständig für Produkt- und Verfahrensinnovationen weiterentwickelt werden müssen), ist von vornherein nur in globalen Marktdimensionen – und eben nicht in den engen Nachfragegrenzen nationaler Märkte – zu verwirklichen. Der gewaltige amerikanische Binnenmarkt war noch der entwickeltste Rahmen für die Technologien und Produkte der „zweiten industriellen Revolution“ bzw. der „fordistischen Formation“. Die Technologien der „dritten industriellen Revolution“ dagegen (Laser, Computer, Biotechnologie) erfordern die Existenz globaler Märkte (Gilpin, 1987, S. 402). Sie erzwingen daher Unternehmensstrategien, die sowohl durch Waren- und Kapitalexport als auch durch globale Fusionsstrategien dieser objektiven Bedingung der Produktivkraftentwicklung Rechnung tragen. Während auf der einen Seite ein Teil der „alten", arbeitsintensiven Industrien, die in den Zentren des Kapitalismus als sog. Strukturkrisenbranchen (Kohle, Stahl, Werften) abgebaut werden, in die Dritte Welt verlagert wurden (Fröbel u. a., 1986), verband sich die Durchsetzung des neuen Akkumulationstyps in den Zentren des Kapitalismus mit einem neuen Schub der Internationalisierung.

Für die Sprecher der internationalen Konzerne sind die „Globalstrategien" (vgl. auch Jungnickel, 1989, S. 85 ff.) zum selbstverständlichen Bezugspunkt für die Planung der Investitionen, von Forschung und Entwicklung, von Fusionen und Kooperationsabkommen und natürlich für das Marketing und den Absatz der Produkte geworden. So z. B. der Chef des bundesdeutschen Siemens-Konzerns: „Die Strategie der Globalisierung bezieht sich im übrigen nicht allein auf den weltweiten Absatz von Produkten und Systemen; sie enthält auch eine stärkere internationale Orientierung bei der Auswahl von Fertigungsstandorten... Die Entwicklung großer Systeme in der Telekommunikationstechnik beispielweise können sich angesichts der außerordentlich hohen Vorleistungen allein Unternehmen leisten, die über Weltmarktanteile von mindestens 10-15 Prozent verfügen ... Voraussetzung hierfür ist eine Globalisierung unseres Geschäfts. Die extrem hohen Vorleistungen lassen sich nur wieder hereinspielen, wenn wir die economies of scale nutzen, also in großen Stückzahlen produzieren und verkaufen können. Dazu müssen wir weltweit operieren und vor allem unsere Marktstellung in den Industrieregionen der Triade ausbauen" (zit. n. Schmid, 1990, S. 2/3; vgl. auch Reuter, 1990).

Dennoch ist – wie im vorangehenden Abschnitt gezeigt wurde – die Internationalisierung der Märkte und der Produktion und deren räumliche Konzentration auf die Triade der entwickelten kapitalistischen Industriestaaten nicht das wesentliche Merkmal jener Veränderungen, die sich seit Mitte der 70er Jahre vollzogen haben. Neu ist hier allenfalls der Zusammenhang zwischen der Produktivkraftrevolution und der Internationalisierung– bzw. von der Verwertungseite her betrachtet : die Voraussetzung globaler Märkte für die profitable Realisierung der Kapitalvorschüsse, insbesondere beim fixen Kapital. Wesentlich sind dagegen jene neuen Konfliktformationen, die sich nach der Krise jener globalen historischen Formation, die durch die weltweite Hegemonialfunktion der USA begründet war, in den Vordergrund geschoben haben. Dabei ist zunächst einmal davon auszugehen, daß die Entwicklung des Kapitalismus im Weltmaßstab – seit seiner Entstehung – durch tiefgreifende raum-zeitliche Ungleichheiten geprägt ist, die ihrerseits die Bedingungen der Weltmarktkonkurrenz und die Funktionen der Nationalstaaten – nach innen und außen – strukturieren:. Die „weltumspannende Bewegung des Kapitals begründet eine Dynamik der Entwicklung nationaler Formationen, die durch sowohl zeitliche wie räumliche Ungleichmäßigkeiten geprägt sein *muß*. Das kapitalistische Weltsystem stellt sich somit als ein Komplex sich unterscheidender, miteinander verbundener und gleichzeitig durch ständige Differenzierungs- und Anpassungsprozesse gekennzeichneter nationaler Kapitalismen dar" (Hirsch, 1989, S. 92).

Die Spezifik dieses Wandels, die auch für die künftige Entwicklung bestimmend werden dürfte, besteht – wenn über den engen Zusammenhang von Produktivkraftrevolution und Kapitalverwertung hinausgegangen wird – in einer neuen Gewichtung des Verhältnisses von Globalstrategien der internationalen Konzerne und des Ausbaus ihrer Dominanzposition in der „Home Base" der Triade sowie in der Restrukturierung der Ziele und Funktionen der nationalstaatlichen Politik, die diese Globalstrategien flankiert und unterstützt. Die Stärkung der Konkurrenzposition japanischer und westeuropäischer Konzerne auf dem Weltmarkt entwickelt sich so in einer *komplementären* Beziehung zum Ausbau ihrer Positionen auf dem nationalen bzw. regionalen „Heimatmarkt", wobei gleichzeitig – über Fusionen und Übernahmen – eine Anpassung an die Anforderungen der internationalen Konkurrenz vorgenommen wird, die nicht nur die Kostenvorteile der economies of scale nutzen, sondern zugleich durch Diversifizierung ihre Innovationsfähigkeit in den Hochtechnologiesektoren verbessern will.

Besonders deutlich läßt sich diese „Doppelstrategie" derzeit im Prozeß der schrittweisen Herstellung des Europäischen Binnenmnarktes bis Ende 1992 beobachten. Obwohl in den vergangenen gut 30 Jahren seit der Gründung der EWG (1958) sich das Gewicht des innergemeinschaftlichen Handels, insgesamt der ökonomischen Verflechtung und Interdependenz, ungemein erhöht hat, so wurde doch seit den späten 70er Jahren mehr und mehr erkannt, daß die Anpassungsstrategien der internationalen Konzerne und der staatlichen Politik in den USA und in Japan die Westeuropäer mit der Gefahr eines Zurückbleibens (bei Marktanteilen wie bei den Innovationskapazitäten) konfrontierte.

Im „Cecchini-Bericht", der die ökonomischen Vorzüge des Binnenmarktes begründen soll, wird diese Ausgangserfahrung sehr deutlich benannt: „Europäische Firmen haben im Kräftemessen mit japanischen und amerikanischen Konkurrenten das Nachsehen. Seit Anfang der 80er Jahre schrumpft auf dem Weltmarkt der Anteil von europäischen Gesellschaften in vielen Bereichen kontinuierlich. Deutlich ausgebaut haben die überseeischen Anbieter ihren Vorsprung in hochtechnologischen Bereichen, wie die Elektro- und Elektronikbranchen, Bürotechnik sowie Datenverarbeitung" (Cecchini,

1988, S. 118). Mit der endgültigen Beseitigung von sog. nichttarifären Hindernissen für die freie Bewegung von Waren, Kapital und Arbeitskräften und mit der Liberalisierung der Finanzmärkte sollen nicht nur die Voraussetzungen für Kostensenkungen, Modernisierungsinvestitionen und höheres Wachstum geschaffen werden. Vielmehr sollen mit der Herstellung des Binnenmarktes Konzernstrukturen (durch transnationale Fusion und Kooperation) geschaffen werden, die den europäischen Unternehmen eine erneute „Offensive auf dem Weltmarkt" ermöglichen: „Wenn ein europäisches Unternehmen durch die Nutzung von Größenvorteilen, innerbetriebliche Anpassungen und die optimale Ausschöpfung seiner Personal- und Forschungsressourcen sich eine ausreichende Wettbewerbsfähigkeit gesichert hat, sind die idealen Voraussetzungen für die Zusammenarbeit mit außergemeinschaftlichen Partnern zur Erschließung neuer Märkte gegeben" (ebd.). Mit anderen Worten: „die optimale Nutzung des europäischen Heimvorteils" (ebd., S. 119), die durch die Binnenmarktpolitik ermöglicht werden soll, ist gleichsam die Basisstrategie, von der aus die Behauptung in der globalen Konkurrenz abgesichert werden muß.

Wie hart diese Konkurrenz inzwischen geworden ist, läßt die neueste Entwicklung auf den Märkten der Hochtechnologien (integrierte Schaltkreise, Computer- und Telekommunikationssysteme) erkennen. Auf diesem strategisch zentralen Feld scheint die Verspätung der Europäer sich immer mehr zu einer substantiellen Schwäche in der internationalen Konkurrenz auszuweiten. Der internationale Wirtschaftsjournalismus hat sich in der jüngsten Zeit mehr und mehr die Sprache der Kriegsberichterstattung angeeignet. Schlachtordnungen, Aufmärsche, Überlebenskämpfe, feindliche Übernahmen, Angriffswellen, Festungen usw. usf. werden auf dem Kampffeld Weltmarkt ausgemacht – vor allem bei der Konkurrenz um Marktpositionen in den Hochtechnologieindustrien. „Die amerikanischen und japanischen Computerfirmen haben zu Beginn der 90er Jahre zur entscheidenden Schlacht um die Vorherrschaft auf den Weltmärkten angesetzt. Die Schlacht wird nicht zuletzt auf den europäischen Computermärkten ausgetragen, und die europäischen Hersteller könnten in dieser japanisch-amerikanischen Schlacht untergehen" (Seitz, 1990, S. 47). Nachdem die „Hiobsbotschaften" über die negative ökonomische Entwicklung bei den europäischen Computerfirmen (Krise bei Philipps und Nixdorf, schwere Verluste bei Bull, Norsk Data und Olivetti) aufgelistet sind, folgt ein geradezu dramatischer Appel: „Wenn sich die europäischen Computerhersteller und die Regierungen nicht noch sehr schnell zu einer dramatischen und solidarischen Aktion zusammenfinden, scheint das Ende einer unabhängigen europäischen Halbleiter- und Computerindustrie nur mehr eine Frage der Zeit" (ebd.).

Die Politik der nationalen Regierungen in der EG folgt dieser Doppelstrategie der internationalen Konzerne bzw. dieser neuen Komplementaritätsbeziehung in der Gewichtung von nationalen/regionalen und internationalen Markt- und Machtpositionen nicht allein darin, daß sie das Binnenmarkt-Projekt unterstützen (wenngleich sich bei der Definition von wirtschaftlicher und sozialer, aber auch von ökonomischer und politischer Integration nach wie vor unterschiedliche Interessen geltend machen) . Schon seit den späten 70er Jahren wurden die Regierungen der kapitalistischen Industriestaaten (ob sie nun konservativ, wie in den USA, in Großbritannien, in Japan und der BRD, oder sozialistisch wie in Frankreich und Spanien regiert wurden) durch den „Sachzwang Weltmarkt" einem Handlungsdruck ausgesetzt, der keine Entscheidungsalternativen zwischen angebots- und exportorientierter Modernisierungspolitik und einer nationalen, beschäftigungsorientierten Wirtschafts- und Finanzpolitik mehr zuzulassen schien. In der BRD z. B. wurde – auch vor dem Hintergrund des Scheiterns des „französischen Experimentes" Anfang der 80er Jahre – innerhalb der SPD, vor allem aber zwischen dem linken Flügel der Gewerkschaften und dem SPD-Politiker Oskar Lafontaine, eine heftige Kontroverse darüber ausgetragen, ob angesichts der Internationalisierung der Produktion und der Finanzmärkte die „europäische Linke" ihre Hoffnungen nicht länger auf verschiedene Varianten eines nationalen oder transnationalen (europäischen) Keynesianismus setzen darf (Scharpf, 1988), oder ob es – „mit einem konsistenten wirtschafts- und beschäftigungspolitischen Programm" – nicht doch möglich und notwendig sei, „unter den gegebenen Bedingungen der Weltwirtschaft und gegen die sogenannten Sachzwänge der Weltwirtschaft Vollbeschäftigung zu erreichen und aufrechtzuerhalten" (Kreye, 1988, S. 428).

Indem sie nun dem Druck des „Sachzwanges Weltmarkt" nachgaben, haben die nationalen Regierungen zugleich darauf hingewirkt, daß das traditionale Instrumentarium der keynesianischen Regulation der Konjunktur wie der Nachfrageentwicklung zunehmend entwertet wurde. Mit anderen Worten: der sozialstaatliche „Klassenkompromiß", der seinerseits ein geschichtliches Resultat sowohl der Krisenerfahrung der Zwischenkriegsperiode als auch der Systemkonkurrenz nach 1945 war, wurde von Seiten der neokonservativen und -liberalen politischen Kräfte (gegenüber den traditionellen Parteien der Linken und den Gewerkschaften) aufgekündigt. Wie weit der Abbau des Sozialstaates in den einzelnen Ländern tatsächlich realisiert wurde, war – allgemein gesagt – eine Funktion sowohl des gesamtwirtschaftlichen Produktivitätsniveaus als auch des Kräfteverhältnisses der Klassen, und hier insbesondere der Auseinandersetzungen um die Behauptung bzw. die Zerschlagung gewerkschaftlicher Machtpositionen in Betrieb, Branche und Staat. Auf jeden Fall zielte die sog. „Deregulierungspolitik", wie sie in der USA als Leitphilosophie des Neokonservatismus seit den 70er Jahren konzipiert und propagiert, dann in den 80er Jahren unter Reagan praktiziert wurde, sowohl auf eine Reorganisation der Kapitalstrukturen im Blick auf die Weltmarktkonkurrenz (z. B. im Transportsektor und im Luftverkehr) als auch auf eine fundamentale Schwächung, wenn nicht gar (wie in den USA) Ausschaltung gewerkschaftlicher Gegenmachtpotentiale auf dem heimischen Binnenmarkt (Plehwe, 1989).

Die Öffnung zum Weltmarkt oder auch die Herstellung optimaler Bedingungen für das international operierende Kapital kann daher als die Maxime eines Regierungshandelns bezeichnet werden, das die Modernisierung der Nationalökonomie nicht mehr – wie noch in den 50er und 60er Jahren – als Parallelpolitik von nationalem Keysianismus und Weltmarktliberalisierung, die durch die US-Hegemonie und den Dollar als Weltgeld reguliert und stabilisiert wird, verfolgt. Dabei treibt diese Politik selbst noch – mit dem bewußten Verzicht auf wesentliche Bausteine des nationalen Keynesianismus – jenen relativen Souveränitätsverzicht des Nationalstaates voran, der dann schließlich als Grund für die Handlungsohnmacht gegenüber den inneren sozialen und ökologischen Problemen (Arbeitslosigkeit, Armut, Umweltzerstörung) reklamiert wird.

Robert W. Cox hat die Desintegration des „neoliberalen historischen Blocks“, der für die Nachkriegsgeschichte bestimmend war, folgendermaßen zusammengefaßt: „Der Gesellschaftsvertrag, der die ungeschriebene Verfassung des historischen Blockes des neoliberalen Staates gebildet hatte, wurde in allen entwickelten kapitalistischen Ländern in den Jahren nach 1974-75 gebrochen. Diese Jahre waren zugleiche eine Schwelle in der Entwicklung der Klassenkämpfe. Regierungen verbündeten sich mit dem Kapital, um Bedingungen herzustellen, die von den Geschäftsleuten als günstig für eine Wiederbelebung der Investitionen angesehen wurden, und sie drückten die Gewerkschaften in eine defensive Position. Von da an hörte der Tripartismus auf, die bestimmende Methode für die Regulierung der gesellschaftlichen Beziehungen der Produktion zu sein. Es bildete sich eine neue Struktur der Produktionsbeziehungen heraus, die dazu tendierte, die Arbeiterklasse in eine relativ gesicherte und geschützte Minderheit (einbezogen in korporatistische Regelungen auf der Unternehmensebene) und in eine fragmentierte und relativ ungeschützte Mehrheit von (nonestablished) Arbeitern zu polarisieren“ (Cox, 1987, S. 281).

Welches sind nun die wichtigsten Politikfelder, auf denen diese Öffnung zum Weltmarkt in den 80er Jahren am konsequentesten durchgesetzt wurde? Einmal handelt es sich um den gesamten Komplex von politischen Entscheidungen, die über Deregulierung und Privatisierung (von vormals staatlichen Unternehmungen) neue Anlagesphären und Märkte für die internationalen

Konzerne geschaffen haben. Zum anderen haben Maßnahmen zur Liberalisierung des Finanzsektors und der internationalen Kapitaltransaktionen wesentlich dazu beigetragen, die Verselbständigung der internationalen Finanzmärkte seit den 70er Jahren durch den Abbau nationaler Restriktionen zu unterstützten und dabei zugleich der wachsenden Bedeutung der internationalen Dienstleistungsinvestitionen Rechnung zu tragen (UNCTC, 1988, S. 239 ff.).

Alexander Schubert hat in diesem Zusammenhang darauf aufmerksam gemacht, daß diese Entwicklung ihrerseits maßgeblich von dem „räuberischen Hegemon“ USA und der veränderten Funktion des Dollars nach dem Zusammenbruch von Bretton Woods beeinflußt wurde: „Die monetäre Weltmarktentwicklung der letzten 10 Jahre (1975-1985) zeigt ... eindeutig, daß die USA nicht bereit sind, zum Zwecke einer gleichmäßigen Wirtschaftsentwicklung der in ihr 'Sicherheitssystem' integrierten Staaten auf die Ausbeutung der Wirtschaftsressourcen dieser Nationen zu verzichten. Dies verschärft einerseits Krisentendenzen der Weltwirtschaft. Andererseits kommt darin ein fast rücksichtloser Wille zur Machterhaltung zum Ausdruck, der den Willen zur militärischen Intervention in allen Teilen dieser Welt mit einschließt. Von einer derartigen Entwicklung ist deshalb nur eine verschärfte Polarisierung der internationalen wirtschaftlichen und politischen Beziehungen zu erwarten“ (Schubert, 1985, S. 113).

Gleichwohl läßt sich aus dieser Restrukturierung der staatlichen Interventionsinstrumentarien keineswegs die Schlußfolgerung ableiten, daß mit dem neuen Schub der ökonomischen Internationalisierung seit den 70er Jahren der Souveräntitäsverlust der Nationalstaaten inzwischen so weit fortgeschritten sei, daß „der Nationalstaat herkömmlicher Prägung ... langfristig keine Zukunft mehr (hat)“ (Späth, 1992). Schon in den frühen 70er Jahren, als Ökonomen und Politikwissenschaftler die Debatte über die neue Rolle der „Multis“ in der Weltwirtschaft eröffneten, wurde heftig über die Frage gestritten, ob nunmehr – wie es u. a. Charles Levinson formulierte – die Epoche der Nationalstaaten endgültig ihrem Ende entgegengehe: „Die heute erkennbaren Trends lassen erwarten, daß sich die Entwicklung zu weltumspannenden Unternehmensstrukturen hin beschleunigen wird. Und ebenso deutlich ist, daß der Nationalstaat herkömmlicher Prägung und mit ihm alle anderen territorial gebundenen Organisationen und Institutionen kläglich zurückbleiben werden. Gegenüber der geographischen, ökonomischen und politischen Mobilität des multinationalen Konzerns wird der nationale Staat mehr und mehr wie ein schwerfälliger und weitgehend aktionsunfähiger *Dinosaurier* wirken“ (Levinson, 1972, S. 140). Andere Autoren, die die politische Macht der Nationalstaaten (vor allem der Supermächte) im internationalen System als eine wesentliche und nach wie vor stabile Bedingung für die Expansion der „Multis“ anerkannten, prognostizierten ebenfalls eine Tendenz zur Schwächung der Nationalstaaten: „die multinationalen Konzerne erfordern multinationale Staaten“ (Hymer/Rowthorn, 1970, S. 89).

Die Verfechter solcher Prognosen könnten sich also heute durch die ungebrochene Expansion der Multis, vor allem aber durch die Krise des keynesianischen Interventionsstaates bestätigt sehen. Dem steht freilich der Sachverhalt entgegen, daß sich seit den Krisen der 70er Jahre eine *Renationalisierung* der internationalen ökonomischen und politischen Beziehungen, mithin eine Aufwertung des Nationalstaates vollzogen hat. Die Tendenzen zum Regionalismus, Merkantilismus und sektoralen Protektionismus, die im vorangehenden Abschnitt nachgewiesen wurden, reflektieren ja gerade die Aufwertung der nationalen Politik für die Veränderung der Konkurrenzverhältnisse auf dem Weltmarkt. Insofern bedeutet die Krise des nationalen Keynesianismus keineswegs einen allgemeinen Souveränitätsverlust des Nationalstaates; denn in dem Maße, wie an seine Stelle die angebots- und exportorientierte Modernisierungspolitik der Regierungen getreten ist, hat diese zugleich eine notwendige Vermittlungsfunktion zwischen den Anforderungen der Weltmarktkonkurrenz und den Profit- und Akkumulationsinteressen derjenigen nationalen Kapital- und Finanzgruppen übernommen, die auf dem nationalen/regionalen wie auf dem Weltmarkt operieren. Dazu ist – wie schon an anderer Stelle betont wurde – der nationale Staat nach wie vor die unverzichtbare Institution, um auf dem Gebiet der Sicherheits- und Militärpolitik, der Sozialpolitik und der Regelung der Arbeitsbeziehungen, der Infrastruktur (Bildung, Verkehr, Kommunikation usw.) zugleich Bedingungen für die internationale Konkurrenzfähigkeit und Machtposition eines Landes, aber auch für die innere soziale und politische Stabilität, damit für die Legitimation von Herrschaft zu reproduzieren.

Insofern ist gerade in den Strukturwandlungen des internationalen, kapitalistischen Systems seit den 70er Jahren deutlich geworden, daß die Dialektik von Ökonomie und Politik, von Nationalem und Internationalem nicht im Sinne einer Substitutionsbeziehung gefaßt werden kann. Mit anderen Worten: alle Vorstellungen von der zunehmenden Tendenz einer Transnationalisierung der Ökonomie, die sich von der *National*ökonomie ablöst, sowie von einer daraus erwachsenden Supranationalisierung der Politik, die die Nationalstaaten geschichtlich „überholt“, haben sich als falsch erwiesen. *Trotz* der zunehmenden Verflechtung – und den damit verbundenen Interdepedenzverhältnissen – sind die Nationalstaaten die „Hauptakteure in den internationalen Machtbeziehungen“ geblieben (Petras/Morley, 1989). Und gerade in der krisenhaften Anpassung an den Verfall jener Hegemonialordnung, die im Zeichen der US-Vorherrschaft und des Dollar-Regimes nach dem zweiten Weltkrieg errichtet wurde, haben die Nationalstaaten ein größeres Gewicht gewonnen. Dabei ist zudem deutlich geworden, daß die ungleiche ökonomische und politische Macht dieser Staaten – und die Veränderungen, die in diesem System ungleicher nationaler Machtpotentiale stattfinden – zugleich die Rahmenbedingungen für die Machtbeziehungen zwischen den Nationalstaaten im internationalen System definieren. Die amerikanischen Ökonomen Mac Ewan und Tabb kritisieren daher jene interdependenztheoretischen Ansätze, die aus der Tatsache fortschreitender ökonomischer Internationalisierung auf eine gleichsam automatische Entwertung nationalstaatlicher Macht schließen: „...eine extrem globalistische Interpretation dieser Prozesse (kann) nur durch eine scharfe Trennung zwischen Ökonomie und Politik aufrechterhalten werden – und diese Trennung stimmt nicht mit der Realität überein. Das ökonomische Leben ist notwendig in hohem Maße politisch vermittelt, weil die ökonomischen Beziehungen in der kapitalistischen Gesellschaft (wie in jeder Klassengesellschaft) Konflikte beinhalten. Der Staat muß kontinuierlich intervenieren, und – obwohl es internationale Institutionen wie z. B. den IWF gibt – deshalb gibt es auch keine Tendenz zu einem supranationalen Staat" (Mac Ewan/Tabb, 1989, S. 25/26).

Welche Bedeutung diese Vermittlungfunktion des Staates für die Prozesse der weltwirtschaftlichen Entwicklung innehat, läßt sich gerade am Beispiel der Konkurrenzkämpfe auf dem großen, US-amerikanischen Binnenmarkt in den 80er Jahren illustrieren. Die Offensive des ostasiatischen wie des westeuropäischen Kapitals in diesem Raum ist kein rein ökonomischer bzw. ausschließlich durch Marktprozesse regulierter Vorgang. Zunächst einmal vollzieht er sich im gesetzlichen Rahmen des „Trade and Tariff Act" von 1984, der die außenwirtschaftlichen Beziehungen der USA regulieren soll: „Das wesentliche Ziel dieses Gesetzes ist es, Schranken beim Handel mit Waren und Dienstleistungen – aber auch künstliche und handelsverzerrende Schranken für die ausländischen Direktinvestitionen – zu reduzieren oder auszuschalten; gleichzeitig sollen zu diesem Zwecke international vereinbarte Regeln, die Verfahren für die Lösung von Konflikten enthalten, entwickelt werden. Das Gesetz sieht eine Reihe von Berichten und Untersuchungen durch die Regierung der USA vor, um die Barrieren für den Handel und die Investitionen der USA zu erfassen. Es ermächtigt den Präsidenten, Maßnahmen zu ergreifen, um die Rechte der USA bei Handelsabkommen zu stärken und auf eine Beseitigung von 'ungerechtfertigten, unvernünftigen und diskriminierenden' Politiken oder Maßnahmen anderer Regierungen hinzuwirken, die den Handel der USA belasten. Das Gesetz benennt die Ziele der USA für internationale Verhandlungen, die den Handel bei Dienstleistungen, ausländischen Direktinvestitionen und Hochtechnologie-Produkten betreffen, und zählt die verschiedenen Maßnahmen auf, die die USA ergreifen können, um diese Ziele zu fördern" (UNCTC, 1988, S. 242).

Während so durch die Außenwirtschaftspolitik der USA der allgemeine, politische Rahmen für die Marktprozesse gesetzt wird, hat auf der anderen Seite die Politik der Reagan-Adminstration mit ihrer Schwerpunktsetzung im Bereich der Hochrüstungsprojekte (bis zu SDI), also die Politik des „schmutzigen Keynesianismus", die das Zinsniveau und die Staatsverschuldung in die Höhe trieb und auf diese Weise die Schwankungen des Dollarkurses manipulierte, wesentlich a) zum Fluß von westeuropäischem und japanischem Kapital in die USA, und b) – über die Vernachlässigung einer Modernisierung weiter Teile der US-amerikanischen Industrie – zur Öffnung des Marktes für Warenimporte und Direktinvestitionen beigetragen. Zudem reflektiert sich in den Positionsgewinnen ausländischer Konzerne auf dem US-Markt auch die politisch-staatliche Vermittlung, die in Japan und in den EG-Staaten für die Exportstrategien der heimischen Kapitale wirksam werden – so z. B. die Bedeutung der Forschungs- und Industriepolitik, die in Japan auf die beständige Verbesserung der Konkurrenzfähigkeit japanischer Konzerne auf dem Weltmarkt zugeschnitten ist, oder die Funktion des Europäischen Währungssystems (EWS), das das westeuropäische Kapital für einen erheblichen Teil seiner Geschäfte vor den Schankungen des Dollar-Kurses schützen soll, aber gleichzeitig eine währungspolitische Hegemonie der DM und damit der deutschen Bundesbank/Bundesregierung etabliert hat.

In der Haushaltskrise der amerikanischen Zentralregierung im Oktober 1990 wurde dieses Dilemma, zugleich aber auch die politische und wirtschaftliche Vernetzung der US-amerikanischen Verschuldungspolitik auf geradezu dramatische Weise zu einem öffentlichen Konflikt: „Der Ernst der Lage war allen klar. Die Verschuldung der Bundeskasse hatte die 3-Billionen-Dollar-Grenze überschritten. Der Punkt war erreicht, an dem die Zinslasten die jährliche Neuverschuldung überschritten. Innerhalb von zehn Jahren stieg die Pro-Kopf-Verschuldung von knapp 4000 auf 12 400 Dollar. Die Dekkungslücke im Budget war nur durch Fremdkapital auszugleichen, das vor allem aus Japan und Europa kam. Die Anleger waren aber nur durch attraktive Zinsen anzulocken, sehr zum Verdruß der amerikanischen Wirtschaftspartner. Die hohen US-Zinsen erzwangen international ein ähnliches Niveau und belasteten weltweit das wirtschaftliche Wachstum" (Ebbing, 1990, S.25).

Es kann mithin nicht davon ausgegangen werden, daß sich mit den weltwirtschaftlichen Veränderungen der letzten Jahre eine – qualitativ neuartige – Abkoppelung der Welt*markt*prozesse von der politischen Regulations- und Interventionsfunktion der Nationalstaates – d. h. hier zunächst der entwikkelten kapitalistischen Industriestaaten – vollzogen habe und daß deshalb der Zerfall der *alten* Regulationsformen (US-Hegemonie) mit dem allgemeinen Souveränitätsverlust der Nationalstaaten identifiziert werden muß. Vielmehr besteht die Spezifik des Wandels darin, daß mit der Auflösung des alten

Hegemonialmodells die marktvermittelten Konkurrenzkämpfe um die Behauptung bzw. um den Ausbau von Markt-Macht-Positionen in der Triade erheblich an Bedeutung gewonnen haben und daß der Bedeutungszuwachs nationalstaatlicher Regulierung in dieser Periode eben auch einen Reflex auf diese neuen „Schlachtordnungen" auf dem Weltmarkt bildet. Von dieser politischen Struktur aus bestimmt sich dann letztlich auch die Perspektive einer „neuen Weltordnung", deren Ausgestaltung 1. Aufgrund der weltwirtschaftlichen „Anarchie" der letzten Jahre, 2. Aufgrund des zunehmenden Problemlösungsbedarfs für die sog. „globalen" Probleme (Bevölkerungswachstum, Armut in der III. Welt, Umwelt- und Naturzerstörung) sowie schließlich 3. Auch – und vor allem – aufgrund des Zusammenbruchs des „realsozialistischen" Staatensystems und des Endes der Systemkonkurrenz immer wichtiger wird, um schließlich geschichtlich die Frage beantworten zu können, welche neuen Ordnungen (mit neuen Stabilitätsbedingungen) aus dem Verfall der alten Ordnungen im Ergebnis von ökonomischen, sozialen und politischen Auseinandersetzungen hervorgehen.

Der prominente CDU-Politiker Lothar Späth hat jüngst in einem klugen Buch über den „Traum von Europa" die Notwendigkeit eines beschleunigten Ausbaus der EG zur politischen Union, also die Perspektive zur Transzendierung des Nationalstaates mit der Einsicht begründet, daß die klassischen Nationalstaaten angesichts der globalen und regionalen Interdependenzgeflechte immer weniger ihre Ordnungsfunktionen aus eigener Kraft erfüllen können: „Kein Staat kann die Sicherheit seiner Bürger vor einem atomaren Angriff garantieren. Kein Staat vermag die großen ökologischen Probleme allein zu meistern, die eine Bedrohung für die Lebensqualität seiner Bevölkerung darstellen. Kein Staat ist in der Lage, auf sich gestellt die wissenschaftlichen und technischen Grundlagen zu schaffen, die für die Zukunftssicherung seiner Volkswirtschaft unentbehrlich sind. Im außenwirtschaftlichen Bereich ist der rasante Kompetenzverlust besonders augenfällig: Exportstärke bedeutet zugleich auch Abhängigkeit von weltwirtschaftlichen Entwicklungen; geld- und währungspolitische Entscheidungen werden immer mehr zum Reflex internationaler Kapitalbewegungen; die Steuerpolitik muß sich den in den führenden Wirtschaftsnationen vorherrschenden Trends anpassen, der Spielraum für isolierte Maßnahmen wird immer geringer" (Späth, 1989, S. 253).

Der hier vorgenommenen Beschreibung von Problemen, von dem Problemdruck auf dem Felde der *internationalen* Politik kann kaum widersprochen werden. Gleichwohl drängt dieser Problemdruck keineswegs naturwüchsig in die Richtung einer Transzendierung der Nationalstaaten zu neuen Formen und Institutionen der Supranationalität. Die Bearbeitung dieser Probleme wird zu einer Angelegenheit internationaler Politik, bei der die

Nationalstaaten die maßgebenden Subjekte und Institutionen bleiben – als Institutionen der *Vermittlung* zwischen den Anforderungen des Weltmarktes und der Weltpolitik und den Problemen der nationalen Politik und Ökonomie. Es geht also um zwischenstaatliche bzw. intergouvernementale Vereinbarungen, bei denen wiederum die ungleichen Machtpotentiale der Staaten und die daraus entstehenden Interessendivergenzen in die kooperative Regelung von Konflikten bzw. die Bearbeitung von einzelnen Problemen einfliessen.

Da jedoch Lothar Späth explizit für den Ausbau der EG zu einer politischen Union plädiert, in der die nationalen Staaten notwendig zentrale Bestandteile ihrer Souveränität (von der Militärpolitik, über die Steuer-Haushalts- und Währungspolitik bis zur Sozialpolitik) an eine europäische Bundesregierung abgeben müssen, wäre zu fragen, ob innerhalb der Triade (Nordamerika, Japan in Ostasien und Westeuropa) die EG-Entwicklung einen Sonderweg repräsentiert, der sich gerade durch die Entwertung der Nationalstaatlichkeit auszeichnet. Diese Frage wird seit den frühen 70er Jahren in der integrationstheoretischen Diskussion außerordentlich kontrovers behandelt (vgl. u. a. Häckel, 1973, S. 23 ff.; Deppe, 1986, S. 44 ff.; Axt 1978). Auf jeden Fall signalisiert das Plädoyer von Späth für einen „verfassungspolitischen 'Urknall'" in Europa (Späth, 1989, S.367) schon den Widerspruch, daß in der 30-jährigen Geschichte der westeuropäischen Integration trotz der beständig zunehmenden ökonomischen Verflechtung die politische Vergemeinschaftung im Sinne des Fortschreitens zur Wirtschafts- und Währungsunion, dann zur Politischen Union immer wieder – aufgrund des Widerstandes der Nationalstaaten – blockiert worden ist.

Die Inkraftsetzung der Einheitlichen Europäischen Akte (EEA) im Jahre 1987, mit der vor allem das Projekt zur Verwirklichung des einheitlichen Binnenmarktes bis zum 1. 1. 1993, aber auch die politische Kooperation der Mitgliedstaaten auf Politikfeldern, die im EWG-Vertrag nicht enthalten waren, vereinbart wurde, war daher auch eine tendenzielle Enttäuschung für diejenigen Europäer, die sich für politische Entscheidungen zugunsten einer politischen Union engagieren und immer wieder ihren Zweifel an der Vorstellung von jener „Sachlogik" des Übergreifens von der wirtschaftlichen in die politische Integration geäußert haben. Welche Eigendynamik diese Prozesse inzwischen gewonnen haben und welche Rückwirkungen vom Zusammenbruch der „realsozialistischen" Systeme in Ost- und Mitteleuropa auf die politischen Dimensionen, damit auch auf die die hegemonialen Strukturen der europäischen Einigung ausgehen, wird an anderer Stelle diskutiert). Dennoch legt die bisherige Entwicklung der westeuropäischen Integration die Schlußfolgerung nahe, daß die „Lücke" zwischen nationalstaatlicher Autonomie und transnationalem Handlungsbedarf noch längst nicht geschlossen ist, und daß auch die Dynamisierung der EG-Prozesse in der zweiten Hälfte der 80er Jahre nicht der Substitutionslogik (Übertragung nationaler Souveränität auf supranationale Institutionen), sondern eher der Logik einer *Komplementaritätsbeziehung* folgt, bei der die wichtiger gewordenen nationalstaatlichen Regulierungsfunktionen durch gemeinschaftliche „Regime" in denjenigen Politikfeldern ergänzt werden, in denen entweder der Problemdruck dringend grenzüberschreitende Bearbeitungsformen erfordert (Beispiel: Umweltpolitik) oder aufgrund der ungleichen ökonomischen und technologischen Entwicklung der Staaten in der Gemeinschaft – bei fortschreitender Marktöffnung – kompensatorische Kompromisse geschlossen werden müssen (z. B. auf dem Felde der Forschungs- und Technologiepolitik).

Daß in der politischen und politikwissenschaftlichen Diskussion über die europäische Integration das Thema der Supranationalität *keine* bemerkenswerte Renaissance erfahren hat, mag zudem die These von der Komplementaritätslogik unterstützen. Der „Dominanzwechsel in den Paradigmen der Politikwissenschaft", der sich seit den 70er Jahren vollzogen hat, reflektiert vielmehr a) die Erosion der alten hegemonialen Ordnungen innerhalb des kapitalistischen Weltsystems, b) die relative Verselbständigung marktwirtschaftlicher Prozesse gegenüber den bestehenden politischen Regulationsinstrumentarien und c) den wachsenden Problemdruck, der aus den „globalen Risikolagen" resultiert. Dabei „gehen die neueren Ansätze alle von der Existenz unterschiedlicher Interessen der gesellschaftlichen Gruppen und Nationen aus". Die Leitfrage für die Analyse der internationalen Beziehungen lautet nunmehr: „Wie ist eine politische Ordnung, wie ist Kooperation überhaupt möglich, wenn doch jeder Akteur sich nur von den eigenen Interessen leiten läßt?" Das Konzept der „internationalen Regime" versucht, diese Frage zu beantworten. Regime sind „ institutionelle wie normative Arrangements zur Kooperation und Handlungskonzertierung in Situationen, in denen eine zentrale Sanktionsinstanz fehlt und somit Macht als Erklärungsfaktor von politischer Ordnung eine untergeordnete Rolle spielt" (Schneider/Werle, 1989, S. 413).

Der Regimeansatz reflektiert mithin die Notwendigkeit einer politischen Bearbeitung von Interdependenzproblemen in einer geschichtlichen Periode des Hegemonieverfalls bzw. -wandels. Das „Bedürfnis nach internationaler Steuerung", die wenigstens in Teilbereichen der Weltwirtschaft und -politik, Sicherheit und Stabilität zu gewährleisten vermag, wächst. Die Staaten müssen heute – so Joseph S. Nye in seiner Polemik gegen die These vom Niedergang der Großmacht USA – „mit noch nie dagewesenen Problemen der Interdependenz zurechtkommen..., die keine Großmacht im Alleingang lösen kann. Viele dieser neuen Themen in der internationalen Politik – Ökologie, Drogen, AIDS, Terrorismus – zeigen eine Verlagerung der Macht weg von den Staaten hin zu privaten Akteuren, und machen es erforderlich, daß Staaten sich organisieren, um gemeinsame Antworten zu finden" (Nye, 1990, S. 426). Indem jedoch Nye die „Großmacht" USA sowie die anderen Nationalstaaten als die wichtigsten und unverzichtbaren Akteure für das Zustandekommen solcher Regime anerkennt, konzediert er implizit eine Schwäche dieses Ansatzes, der einerseits die „Machtfrage ... nicht präzise genug gestellt" hat (Strange, 1988, S. 21/22), andererseits der theoretischen Reflexion jener Triebkräfte ausgewichen ist, die den krisenhaften Wandel der weltwirtschaftlichen und -politischen Strukturen seit den 70er Jahren vorantreiben (vgl. Kohler-Koch, 1989, S. 49 f.).

# 3. Lenin Revisited – zur aktuellen Bedeutung der Imperialismustheorien

Das Ende der Systemkonkurrenz in der Folge des Zusammenbruchs der „real-sozialistischen" Systeme bedeutet den Abschluß einer geschichtlichen Epoche, die mit dem Sieg der russischen Oktoberrevolution im Jahre 1917 begann und deren systemische, globale Strukturen nach der Niederlage der faschistischen Achsenmächte Deutschland und Japan im Jahre 1945 ausgebildet wurden. Der Systemgegensatz bzw. der Ost-West-Konflikt war eine eigenständige historische (weltpolitische) Formation, deren Spezifik nicht allein aus der Struktur zweier antagonistischer Entwicklungslogiken (Kapitalismus/Sozialismus), sondern vor allem aus den komplexen Verhältnissen der Wechselwirkung zwischen den beiden Systemen resultierte. Solche Wirkungen beschränkten sich keineswegs ausschließlich auf das Gebiet der Sicherheits- und Rüstungspolitik (und die damit verbundenen Bündnis- und Hegemoniefragen). Sie erstreckten sich zugleich auf wesentliche Dimensionen der Innen- und Außenpolitik der kapitalistischen Industriestaaten.

- Eric Hobsbawm hat gerade an diese Beziehung, die für die Herausbildung der „fordistischen Formation" konstituiv war, erinnert: „Alles, was die westlichen Demokratien für die Massen lebenswert machte – soziale Sicherheit, der Wohlfahrtsstaat, hohe und steigende Einkommen für die Lohnabhängigen und – in der Folge – die Verminderung der sozialen Ungleichheit sowie der Ungleichheit der Lebenschancen – all das war Ergebnis der Angst (der Reichen und der Kapitalisten). Angst vor den Armen und vor dem größten und am besten organisierten Block von Bürgern in den Industriestaaten, den Arbeitern; Angst vor einer Alternative, die tatsächlich bestand und die sich ausdehnen könnte, vor allem in der Form des sowjetischen Kommunismus. Angst vor der dem System eigenen Instabilität. Dies beunruhigte das Bewußtsein der westlichen Kapitalisten in den 30er Jahren. Und die Furcht vor dem sozialistischen Lager, das sich nach 1945 so dramatisch ausweitete und durch eine der beiden Supermächte repräsentiert wurde, beschäftigte sie nach dem Kriege sogar noch mehr. Was immer Stalin den Russen angetan hat, er war gut für die einfachen Menschen im Westen. Es ist daher kein Zufall gewesen, daß die Keynes-Roosevelt-Variante zur Rettung des Kapitalismus sich auf Wohlfahrt und soziale Sicherheit, auf steigende Einkommen für die Armen und auf ... Vollbeschäftigung, die für die Arbeiter besonders wichtig war, konzentrierte" (Hobsbawm, 1990a, S. 21).
- Die gesamte Struktur der politischen, militärischen und ökonomischen Bündnisbeziehungen zwischen den entwickelten kapitalistischen Industrie-

staaten wurde durch den Systemgegensatz geprägt. Dabei war es nicht nur die „bipolare“ Ordnung (also die durch Macht und Legitimation gestützte Führungsstruktur), sondern zugleich die Notwendigkeit zur Bewältigung von Konflikten und Interessendivergenzen zwischen diesen Staaten auf dem Wege der Kompromißbildung (und eben nicht der direkten politischen Gewalt), die in der Konfrontation der Systeme für eine lange Zeit, für eine in der bisherigen Geschichte der bürgerlichen Gesellschaft bzw. des „kapitalistischen Weltsystems“ außergewöhnliche Stabilität sorgte.

So könnte nun in der Tat vermutet werden, daß mit dem Übergang in eine neue Ära jenseits der Systemkonkurrenz alte Probleme der Innen- und Außenpolitik entwickelter kapitalistischer Staaten wieder an Bedeutung gewinnen (vgl. Halliday, 1990, S. 21). Mit der Etablierung der Großmacht Deutschland in Mitteleuropa, mit dem Zerfall der Sowjetunion als Staatenbund (z. B. über die Souveränität der baltischen Staaten), bei chronischem Wirtschaftskrisen und zunehmender Massenarmut in Polen und anderen südosteuropäischen, ehemals sozialistischen Staaten, die zudem durch Grenz- und Nationalitätenkonflikte politisch aufgeladen werden, häufen sich Hinweise, daß vermittels solcher Konstellationen gleichsam ein Rückfall Mittelosteuropas in die geopolitischen Konfliktstrukturen der Zwischenkriegsperiode erfolge. Solche Befürchtungen (z. B. Glotz, 1990) deuten schon die Richtung von Widerspruchskomplexen jenseits der Systemkonkurrenz an, in denen zugleich die Problematik von Hegemonialordnungen – hier auf europäischem Boden – neu ausgefochten werden könnte. Daher liegt es nahe, einen kurzen Blick auf die Imperialismus-Debatten in der europäischen Arbeiterbewegung um das Jahr 1914 herum zu werfen, um dabei ggf. auch die Frage zu überprüfen, welche Strukturmerkmale des heutigen Imperialismus das Denken in historischen Analogieschlüssen als höchst fragwürdig erscheinen lassen.

## 3. 1. Ausgangspunkt: die „klassischen“ Imperialismustheorien.

Die Imperialismus-Debatten seit der Jahrhundertwende beziehen sich auf eine neue Entwicklungsetappe des internationalen Kapitalismus, die – nach der „langen Depression“ der 70er und 80er Jahre des 19. Jahrhunderts – durch ein relativ beständiges und hohes Wachstumstempo, das Vordringen neuer Industrien und der damit verbundenen Produktivkraftsprünge (Chemie- und Elektroindustrie), durch einen kräftigen Schub der Konzentration und Zentralisation des Kapitals, die wachsende Bedeutung des Kredits (Banken) und des Außenhandels, des Kapitalexports sowie der Erschließung und Aneignung von Kolonien für die „Metropolen“ des Kapitals in Europa charakterisiert war. In der gleichen Zeit vollzog sich – oftmals übersehen – der Aufstieg der USA zur mächtigsten Industriemacht, der sich einerseits über die Nutzung des riesigen Binnenmarktes der USA, andererseits durch die nicht-kolonialistische Erschließung von Kapitalanlagesphären, überwiegend in Mittel- und Südamerika vollzog.

Daß gerade in der auf den Marxismus bezogenen, sozialistischen Arbeiterbewegung der II. Internationale das Buch des liberalen Engländers John A. Hobson aufmerksam studiert wurde (vgl. Lenin, 1964, S. 767), hatte vor allem darin seinen Grund, daß zum einen die Veränderungen in den wirtschaftlichen Strukturen des Kapitalismus (Akkumulation, Zentralisation, Rolle des Kredits und des Staates, Internationalisierung) vor dem Hintergrund der Marx'schen Kritik der politischen Ökonomie zu interpretieren waren (Formveränderung oder Strukturveränderung des Kapitalismus; die Problematik des Monopols und damit des „Monopolkapitalismus" als eines neuen Stadiums in der historischen Entwicklung des Kapitalismus). Zum anderen vollzog sich mit dem Übergang zum Imperialismus ein Wandel in den Bedingungen und Inhalten des Klassenkampfes. Kurz gesagt: der Internationalismus, der seit der Gründung der I. Internationale (1864) als besonderes Merkmal der revolutionären Arbeiterbewegung galt, wurde auf eine neue Basis gestellt. Spätestens in der tiefen Krise vom August 1914, in der mit dem Beginn des Ersten Weltkrieges zugleich die Krise und die darin angelegte Spaltung der II. Internationale offenkundig wurde, konnte dieser Wandel als eine tiefgreifende Zäsur von welthistorischer Bedeutung wahrgenommen werden.

Rosa Luxemburg, die selbst mit ihrer Schrift „Die Akkumulation des Kapitals" (1913) – nach Rudolf Hilferdings „Das Finanzkapital" (1910) – einen wichtigen Beitrag zur theoretischen Bearbeitung der ökonomischen und politischen Zeitenwende geleistet hatte, faßte in der „Junius-Broschüre" (1916) – jetzt vor dem Hintergrund der Erfahrung des Krieges und der Krise des Reformismus – wesentliche Bestimmungen des Imperialismus zusammen: „Die imperialistische Politik ist nicht das Werk irgendeines oder einiger Staaten, sie ist das Produkt eines bestimmten Reifegrades in der Weltentwicklung des Kapitals, eine von Hause aus internationale Erscheinung, ein unteilbares Ganzes, das nur in allen seinen Wechselwirkungen erkennbar ist und dem sich kein einzelner Staat zu entziehen vermag ... Der Kapitalismus kann sich mit der Kleinstaaterei, mit wirtschaftlicher und politischer Zersplitterung nicht vertragen, er bedarf zu seiner Entfaltung eines möglichst großen, innerlich geschlossenen Gebietes und einer geistigen Kultur, ohne die weder die Bedürfnisse der Gesellschaft auf das der kapitalistischen Warenproduktion entsprechende Niveau gehoben werden, noch der Mechanismus der modernen bürgerlichen Klassenherrschaft funktionieren kann ...

Seitdem hat der Imperialismus das alte bürgerlich-demokratische Programm vollends zu Grabe getragen, indem er die Expansion über nationale Grenzen hinaus und ohne jede Rücksicht auf nationale Zusammenhänge zum Programm der Bourgeoisie aller Länder erhoben hat. Die nationale Phrase freilich ist geblieben. Ihr realer Inhalt, ihre Funktion aber ist in ihr Gegenteil verkehrt, sie fungiert nur noch als notdürftiger Deckmantel imperialistischer Bestrebungen und als Kampfschrei imperialistischer Rivalitäten, als einziges und letztes ideologisches Mittel, womit die Volksmassen für ihre Rolle als Kanonenfutter in den imperialistischen Kriegen eingefangen werden können" (Luxemburg, 1966, S. 119/120).

Fassen wir die wichtigsten Argumentationsschritte der Imperialismus-Analysen zusammen:

- Ausgangspunkt aller Ansätze ist zunächst die – wie es Karl Marx nannte – dem Kapital immanente, „propagandistische" Tendenz, „den Weltmarkt zu schaffen" (Marx, 1953, S. 311). Obwohl der Kapitalismus sich historisch mit der Schaffung des nationalen Territorialstaates (Absolutismus) herausbildet, so entwickelt er sich doch von Anfang an als ein System der internationalen Arbeitsteilung, in dem ungleich entwickelte kapitalistische und nicht-kapitalistische Regionen und Staaten in Verhältnisse des Austauschs und der Konkurrenz, aber auch der Abhängigkeit und Beherrschung gesetzt sind. Die Imperialismustheoretiker sahen jedoch die Spezifik der kapitalistischen Entwicklung seit etwa der Jahrhundertwende darin, daß in den entwickelten kapitalistischen Staaten eine Grenze der Akkumulation des Kapitals im Rahmen der nationalen Märkte erreicht sei, daß – wie es Lenin formulierte – „in den fortgeschrittenen Ländern ... ein ungeheurer 'Kapitalüberschuß'" (Lenin, 1964, S. 815) entstanden sei, der der drohenden Entwertung nur durch ein Ausweichen auf den Weltmarkt in der Form des Kapitalexportes entgehen könne. Das Kapital muß, um die Verwertung, damit den Fortgang der Akkumulation zu sichern (oder umgekehrt: um das Eintreten einer „Überakkumulationskrise" zu verhindern), international expandieren – sei es in der Form von Leihkapital und Direktinvestitionen (vor allem bei der Erschließung von Rohstoffquellen und beim Eisenbahnbau) oder in der Form der Transformation nicht-kapitalistischer Räume in Segmente des kapitalistischen Weltmarktes. Diesen zuletzt genannten Aspekt hat vor allem Rosa Luxemburg hervorgehoben: „Wenn der Kapitalismus also von nichtkapitalistischen Formationen lebt, so lebt er, genau gesprochen, von dem Ruin dieser Formationen, und wenn er des nichtkapitalistischen Milieus zur Akkumulation unbedingt bedarf, so braucht er es als Nährboden, auf dessen Kosten, durch dessen Aufsaugung die Akkumulation sich vollzieht" (Luxemburg, 1913, S. 392).

Diese Bestimmung des imperialistischen Expansionsdranges nach außen ging mithin davon aus, daß die Kapitalverwertung an die Schranken der Entwicklungsfähigkeit der nationalen Märkte gelangt und daher die Fortsetzung der Akkumulation wie der Produktivkraftentwicklung nur unter der Voraussetzung der Erschließung neuer, äußerer Märkte möglich sei. Nikolai Bucharin hat die allgemeine Tendenz so bestimmt: „je entwickelter ein Land ist, desto niedriger die Profitrate, desto größer ist die 'Überproduktion' von Kapital und desto geringer ist folglich auch die Nachfrage nach Kapital, desto stärker ist der Prozeß des Hinausstoßens dieses Kapitals" (Bucharin, 1969, S. 45). Während Bucharin in seiner Imperialismus-Analyse an die von Karl Marx im dritten Band des „Kapital" behandelten „gegenwirkenden" Tendenzen zum Fall der Profitrate anknüpft (vgl. Marx, MEW 25, S. 247 ff.), hat Lenin seine Schlußfolgerungen eher aus der empirischen Analyse der Formveränderungen der Kapitalakkumulation wie der Konkurrenz gewonnen: „Solange der Kapitalismus Kapitalismus bleibt, wird der Kapitalüberschuß nicht zur Hebung der Lebenshaltung der Massen in dem betreffenden Lande verwendet – denn das würde eine Verminderung der Profite der Kapitalisten bedeuten –, sondern zur Steigerung der Profite durch Kapitalexport ins Ausland, in rückständige Länder ... Die Notwendigkeit der Kapitalausfuhr wird dadurch geschaffen, daß in einigen Ländern der Kapitalismus 'überreif' geworden ist und dem Kapital (unter der Voraussetzung der Unentwickeltheit der Landwirtschaft und der Armut der Massen) ein Spielraum für 'rentable' Betätigung fehlt" (Lenin, 1964, S. 816).

- Der zweite, wesentliche Argumentationsschritt der Imperialismus-Debatten betrifft das Verhältnis von Ökonomie und Politik, genauer: von kapitalistischem „Weltsystem" (ebd., S. 771) und Nationalstaatlichkeit. Der Expansionsdrang des Kapitals nach außen wird nicht allein durch die Tendenz zur Monopolisierung auf den nationalen Märkten determiniert, sondern bedarf auch der ständigen und zunehmenden Vermittlung durch den nationalen Staat, durch den imperialistischen Machtstaat. Die ungleiche Entwicklung zwischen den Industriestaaten (z. B. zwischen Großbritannien als der „Werkstatt der Welt" im 19. Jahrhundert und dem Deutschen Reich, das sich seit der Reichsgründung im Jahre 1871 in einem Prozeß der schnellen, nachholenden Industrialisierung befand) führt notwendig dazu, daß der Staat als Instrument zum Schutz der Interessen des nationalen Kapitals operiert. „Seit Ende der siebziger Jahre des vorigen Jahrhunderts ist in allen Ländern mit moderner Entwicklung eine Abkehr vom Freihandel zu beobachten, die sich schnell aus der 'Erziehung' der Industrie in einen Schutz der Kartelle verwandelt und in die moderne Politik der Hochschutzzölle ausmündet" (Bucharin, 1969, S. 81). Rudolf Hilferding hat drei Ziele benannt, die die „Politik des Finanzkapitals" verfolgt: „erstens Herstellung eines möglichst großen Wirtschaftsgebietes, das zweitens durch Schutzzollmauern gegen die ausländische Konkurrenz abgeschlossen und damit drittens zum Exploitationsgebiet der nationalen monopolistischen Vereinigungen wird" (Hilferding, 1973, S. 443).

Während die Schutzzollpolitik die Entwicklung des nationalen Kapitals vor der Konkurrenz der produktiveren Kapitale aus dem Ausland schützt, gewinnt der imperialistische Machtstaat eine zusätzliche Funktion für den internationalen Machtkampf um die „Neuaufteilung der Welt" (Lenin), d. h. für territoriale Eroberungen in Gestalt von Kolonien und für die politische, auch militärische Absicherung von Einflußsphären. „So erfordern die Interessen des Finanzkapitals in unserer Epoche vor allem, daß das eigene Staatsgebiet ausgedehnt wird, d. h. sie diktieren eine Eroberungspolitik, einen unmittelbaren Druck der bewaffneten Macht, 'imperialistische Eroberungen'" (Bucharin, 1969, S. 55). So wird – wie Hilferding betonte – das Finanzkapital „zum Träger der Idee und Stärkung der Staatsmacht mit allen Mitteln" (Hilferding, 1973, S. 451). Der Militarismus – in Form der Aufrüstungspolitik, der aggressiven Außenpolitik sowie der Ideologie des Chauvinismus und Rassismus – wird zum wichtigsten Instrumentarium, um die Macht des imperialistischen Staates zu steigern. Das Kapital der Rüstungsindustrien geht dabei eine immer engere Verbindung mit den politischen Zielen des staatlichen Handels sowie mit den Organisationsstrukturen und den Funktionsbedingungen der Staatsapparate ein.

Gleichwohl folgt die Außen- und Innenpolitik des imperialistischen Staates nicht ausschließlich den Maximen der äußeren Expansionsziele. Da in nahezu allen entwickelten Industriestaaten die sozialistische Arbeiterbewegung seit den letzten Jahrzehnten des 19. Jahrhunderts den „Durchbruch" zu Massenorganisationen (Parteien, Gewerkschaften, Genossenschaften) vollzogen hatte und mit der II. Internationale über eine mächtige internationale Organisation zur Abstimmung und Koordination ihres Kampfes zu verfügen schien, wurde der imperialistische Block (Monopolkapital und Staatsapparat, in dem politisch – vor allem in Deutschland – die aristokratischen Großgrundbesitzer dominierten, dazu: die kleinbürgerliche Massenbasis dieses Blockes) nicht nur durch die Eroberungspläne nach außen, sondern zugleich durch die Angst vor der „roten Gefahr" im Innern zusammengeschweißt. Dabei gerät die Leitideologie des frühen Bürgertums, der ökonomische und politische Liberalismus, notwendig in eine tiefe Krise, die bis weit in das 20. Jahrhundert hinein andauern sollte. Der Historiker Arthur Rosenberg hat diesen Gesinnungswandel im Übergang vom frühen Kapitalismus der freien Konkurrenz zum Monopolkapitalismus und Imperialismus aus der gewandelten Interessenlage der Bourgeoisie abgeleitet: „Der moderne Großkapitalist (wird) über den Wert der Freiheit und der Verfassungsrechte immer skeptischer. Er verlangt jetzt einen starken Staat, der über die Massen eine wirkliche Autorität ausübt und der jederzeit fähig ist, eine 'rote' Rebellion niederzuwerfen. Der moderne Großkapitalist verlangt ferner, daß der Staat ihm durch Zölle die fremde Konkurrenz fernhält und durch eine erfolgreiche Außen- und Kolonialpolitik ihm neue Märkte erschließt ... Der neuliberale Unternehmer wollte Frieden, Abbau des Staatsapparates, Sicherung der bürgerlichen Freiheit und das ungehinderte Spiel der freien Konkurrenz. Der moderne Monopolkapitalist will dagegen den starken Machtstaat, mit Autorität nach innen und außen" (Rosenberg, 1962, S. 229; vgl. auch Hilferding, 1973, S. 457/8).

• Damit ist auch schon die dritte Dimension der Imperialismus-Debatten angesprochen. Die Theoretiker der Arbeiterbewegung waren keine Akademiker oder Universitätslehrer, von denen Max Weber einmal sagte: „Der Staat als Herrschaftsorganisation bestimmter Menschengruppen erwartet von ihnen Richtlinien für sein wirtschaftliches und politisches Verhalten und Unterstützung seiner Maßnahmen. Und da die Forscher selbst zur herrschenden Schicht gehören, ja zum größten Teil Staatspfründner sind, haftet naturgemäß ihr Interesse an einer sie privilegierenden Ordnung" (Weber, 1989, S. 330). Eher schon waren sie Intellektuelle im Sinne von Pierre Bourdieu: „Herrschende in beherrschter Stellung, die unter besonderen Konstellationen gegen die Herrschenden Kampf führen, indem sie sich auf die schlechthin Beherrschten stützen, d. h. auf die laboratores, und sich zu deren Wortführer machen" (Bourdieu, 1989, S. 31).

Die Theoretiker der Arbeiterbewegung wurden daher von dem Erkenntnisinteresse geleitet, über die Analyse der wirtschaftlichen und politischen Dimensionen des Imperialismus die Bedingungen des Klassenkampfes sowie seiner Inhalte und Ziele genauer zu bestimmen. Karl Kautsky hatte 1909 richtig vorausgesehen, daß zumindest in Europa in eine lange Periode der relativen Stabilität der kapitalistischen Entwicklung ihrem Ende entgegengeht: „Sicher, daß wir in eine Periode allgemeiner Unruhe, steter Machtverschiebungen eingetreten sind, die, wie immer ihre Formen und ihre Dauer sein mögen, nicht eher mehr in einen Zustand länger dauernder Ruhe enden kann, als bis das Proletariat die Kraft erlangt hat, die Kapitalistenklasse politisch und ökonomisch zu expropriieren und damit eine neue Ära der Weltgeschichte zu inaugurieren" (Kautsky, 1972, S. 112). Dabei gingen die vor dem Beginn des Ersten Weltkrieges verfaßten Analysen zunächst einmal davon aus, daß die imperialistische Politik den Druck auf die materiellen Existenzbedingungen der Arbeiterklasse verstärkt: „Schutzzoll und Kartelle bedeuten Verteuerung der Lebensmittel, die Unternehmerorganisationen stärken die Widerstandskraft des Kapitals gegen den Ansturm der Gewerkschaften; die Rüstungs- und Kolonialpolitik steigert immer rascher die Steuerlast, die das Proletariat aufzubringen hat; das notwendige Ergebnis dieser Politik, der gewaltsame Zusammenstoß der kapitalistischen Staaten, bedeutet eine ungeheuere akute Steigerung des Elends" (Hilferding, 1973, S. 501/502; vgl. auch Luxemburg, 1913, S. 445).

Freilich hat insbesondere Lenin darauf hingewiesen, daß diese Tendenz zur Verelendung nicht unumschränkt wirkt, sondern durch „entgegenwirkende Ursachen" modifiziert wird. So schrieb er dem Imperialismus die Tendenz zu, „auch unter den Arbeitern privilegierte Kategorien auszusondern und diese von der großen Masse des Proletariats abzuspalten". In diesem Zusammenhang erwähnt er Strukturveränderungen auf den Arbeitsmärkten und bei den internationalen Migrationsprozessen – nämlich „die abnehmende Auswanderung aus den imperialistischen Ländern und die zunehmende Einwanderung (Zustrom von Arbeitern und Übersiedlung) in diese Länder aus rückständigen Ländern mit niedrigen Arbeitslöhnen" (Lenin, 1964, S. 854).

Mit der Internationalisierung der Produktion vollzieht sich – auf der Basis der ungleichen Entwicklung der imperialistischen Länder und der von ihnen abhängigen Regionen – eine Differenzierung und Hierarchisierung der Lebens- und Arbeitsbedingungen der lohnabhängigen Bevölkerung – auf der einen Seite als eine „Stufenleiter" der Lohneinkommen zwischen den Nationen, auf der anderen Seite als eine Segmentierung der Lebensbedingungen zwischen den hoch qualifizierten, relativ privilegierten Arbeiterschichten und der Massen der gering Qualifizierten auf den nationalen Arbeitsmärkten. Vor allem am Beispiel Englands hatte schon Friedrich Engels von einer „Aristokratie in der Arbeiterklasse" gesprochen und deren Reproduktionsbedingungen auch in Abhängigkeit vom englischen „Industriemonopol" gesehen: solange dieses Monopol fortbesteht – so Engels noch im Jahre 1892 –, „hat die englische Arbeiterklasse bis zu einem gewissen Grade teilgenommen an den Vorteilen dieses Monopols. Diese Vorteile wurden sehr ungleich unter sie verteilt; die privilegierte Minderheit sackte den größten Teil ein, aber selbst die große Masse hatte wenigstens dann und wann vorübergehend ihren Teil" (Engels, 1959, S. 647; vgl. auch Hobsbawm, 1964; Deppe 1981). Marx und Engels haben diese innere Differenzierung der englischen Arbeiterklasse, die namentlich durch die Immigration irischer Arbeitskräfte verstärkt wurde, auch für die Verzögerung in der Entwicklung einer sozialistischen Massenpartei in England verantwortlich gemacht. Indem sich Lenin auf diese Erfahrung bezieht und konstatiert, daß solche Tendenzen in der imperialistischen Epoche ein eigenständiges, internationales Gewicht gewinnen, ahnt er zumindest die Bedeutung von Faktoren, die auch in der Zukunft die internationale Solidarität der nationalen Arbeiterklassen unterminieren und zugleich soziale Bedingungen für das Wirken ständischer und nationalistischer Ideologien in der Arbeiterklasse selbst reproduzieren.

• Mit dem Beginn des Ersten Weltkrieges hatte sich diese Problemstellung freilich ungemein radikalisiert und damit ist der vierte Argumentationsschritt erreicht. Was die imperialismustheoretischen Arbeiten vor 1914 prognostiziert hatten, daß nämlich der Krieg notwendiges Mittel sei, „um das Mißverhältnis zwischen der Entwicklung der Produktivkräfte und der Akkumulation des Kapitals einerseits und die Verteilung der Kolonien und der 'Einflußsphären' des Finanzkapitals andererseits zu beseitigen" (Lenin, 1964, S. 847), war nunmehr schreckliche Realität geworden.

Damit hatten sich aber auch für die sozialistische Arbeiterbewegung jene Begriffs- und Handlungsparameter verändert, die sie sich in ihrem Konstitutionsprozeß während des 19. Jahrhunderts angeeignet hatte. Der Reformismus hatte sich mehr und mehr auf eine strategische Perspektive der friedlichen, schrittweisen Transformation der kapitalistischen Wirtschaftsordnung und der Demokratisierung des Staates wie der Gesellschaft orientiert. Die „zivilisatorische Tendenz" sollte sich gleichsam im Zusammenwirken von innerkapitalistischen Anpassungsprozessen und von gesellschaftspolitischen Reformen (als Folge des Wirkens der Sozialdemokratie und der Gewerkschaften) durchsetzen. Die Gewalt des Krieges mußte diese Konzeption ebenso desavouieren wie das Umschwenken einer Mehrheit in der Führung wie an der Basis der Arbeiterbewegung auf nationalistische und militaristische Positionen.

Gleichzeitig wurde aber auch – worauf insbesondere Fritz Sternberg in seiner Imperialismus-Schrift aufmerksam gemacht hat – die am Marxismus orientierte Arbeiterbewegung durch den Krieg gezwungen, ihre bisherige Vorstellung über die ökonomischen und politischen Krisenprozesse zu revidieren: „Der Krieg als notwendige Folge des Imperialismus durchbricht das Marxsche Entwicklungsschema an einer entscheidenden Stelle. Marx konnten diesen Krieg nicht kennen, da er nach der Genesis des Kapitalismus, nach der Phase der ursprünglichen kapitalistischen Akkumulation, den Kapitalismus unter der Voraussetzung analysiert hat, daß die vorkapitalistischen Wirtschaftsformen allerorts zerstört sind. Unter dieser Voraussetzung aber kann es keinen Krieg aktiv-imperialistischer Staaten um die Verteilung der nichtkapitalistischen Territorien geben. Der Krieg spielt im gesamten marxistischen System keine entscheidende Rolle. Die sozialistische Revolution ist lediglich die Krönung der ökonomischen Veränderung, die sich mit Notwendigkeit aus dem Prozeß der kapitalistischen Weiterentwicklung ergibt" (Sternberg, 1971, S. 299). Zur Position der „Revisionisten" bemerkt Sternberg u. a. : „Sie dachten binnenwirtschaftlich, daher der immerwährende Hinweis auf die Abschwächung der ökonomischen Krisen, ohne zu beachten, daß die heutige Form der Krise der Krieg ist" (ebd., S. 321/322).

Die Imperialismustheorien stimmten also weitgehend darin überein, daß der Expansionsdrang des Kapitals auf den Weltmarkt – im globalen Milieu der ungleichmäßigen Entwicklung der Staaten und Regionen – zunächst den Ausbau der militärischen Gewaltpotentiale des imperialistischen Machstaates (Militarismus), dann – in der Konfrontation dieser Staaten in der Arena der Weltpolitik – die gewaltsame Auseinandersetzung um eine Neuordnung der internationalen Machtverteilung in der Form des Weltkrieges notwendig werden läßt. Von dieser Grundposition aus attackierte z. B. Lenin die „Ultraimperialismus"-These von Karl Kautsky, der 1915 äußerst vorsichtig die Frage gestellt hatte, ob nicht doch auch eine neue Phase des Kapitalismus zumindest denkbar sein, in der an Stelle der gewaltsamen Konfrontation internationale finanzkapitalistische und politische Bündnisse für eine relative, weltpolitische Stabilität sorgen. Lenin hielt dem entgegen: „ 'Interimperialistische' oder 'ultraimperialistische' Bündnisse sind ... in der kapitalistischen Wirklichkeit ... notwendigerweise nur 'Atempausen' zwischen Kriegen – gleichviel, in welcher Form diese Bündnisse geschlossen werden, ob in der Form einer imperialistischen Koalition gegen andere imperialistische Koalitionen oder in der Form eines allgemeinen Bündnisses aller imperialistischen Mächte. Friedliche Bündnisse bereiten Kriege vor und wachsen ihrerseits aus Kriegen hervor, erzeugen einen Wechsel der Formen friedlichen und nichtfriedlichen Kampfes auf ein und demselben Boden imperialistischer Zusammenhänge und Wechselbeziehungen der Weltwirtschaft und der Weltpolitik" (Lenin, 1964, S. 866).

Schon im August 1915 hatte Lenin einen Artikel „Über die Losung der Vereinigten Staaten von Europa" veröffentlicht und sich darin heftig mit der „Illusion" auseinandergesetzt, daß der linke Flügel der sozialistischen Bewegung zum Träger des Gedankens einer den Frieden bewahrenden, europäischen Einigung werden könne (vgl. dazu im Detail, Monteleone, 1975, sowie Malandrino, 1990): „Natürlich sind zeitweilige Abkommen zwischen Kapitalisten (Lenin spricht hier übrigens noch nicht von „Imperialisten", F. D.) und zwischen den Mächten möglich. In diesem Sinne sind auch die Vereinigten Staaten von Europa möglich als Abkommen der europäischen Kapitalisten ... worüber? Lediglich darüber, wie man gemeinsam den Sozialismus in Europa unterdrücken, gemeinsam die geraubten Kolonien gegen Japan und Amerika verteidigen könnte, die durch die jetzige Aufteilung der Kolonien im höchsten Grade benachteiligt und die im letzten halben Jahrhundert unvergleichlich rascher erstarkt sind als das rückständige, monarchistische, von Altersfäulnis befallene Europa ... Auf der heutigen ökonomischen Basis, d. h. unter kapitalistischen Verhältnissen, würden die Vereinigten Staaten von Europa die Organisation der Reaktion zur Hemmung der raschen Entwicklung Amerikas bedeuten“ (Lenin, 1964., S. 760; zur Kritik der Paneuropa-Pläne nach dem Ersten Weltkrieg, vgl. Sternberg, 1926, S. 288 ff.).

## 3. 2. Aktualität der Imperialismustheorien?

Liegt es also nicht nahe, angesichts des Endes der Systemkonkurrenz und des Ost-West-Gegensatzes den Thesen der frühen Imperialismustheorien wieder größere Aufmerksamkeit zuteil werden zu lassen? Lenins These vom zeitweiligen Charakter zwischenimperialistischer Bündnisse als „Atempausen zwischen Kriegen“, von der Winfried Wolf behauptet, daß sie „bis heute die Wirklichkeit und die Geschichte auf ihrer Seite“ hat (Wolf, 1989, S. 23), könnte also in einer Zeit zu ihrem Recht kommen, in der mit der Auflösung des „realen Sozialismus“ der Druck auf die entwickelten kapitalistischen Industriestaaten entfällt, die Regulierung ihrer ökonomischen Konkurrenzbeziehungen der Stabilisierung ihrer politischen und vor allem sicherheitspolitischen Bündnisbeziehungen unterzuordnen. Dazu kommt, daß sich in der Reorganisation der Weltmarktbeziehungen seit den Krisen der 70er Jahre ein Konfliktpotential aufgebaut hat, das nicht nur der Nord-Süd-Konfliktformation, sondern der West-West-Konfliktformation mit ihrer Tendenz zur Herausbildung regionaler Blöcke (die „Triade“) mit je besonderen Führungsmächten eine relativ eigenständige Entwicklungsdynamik verliehen hat, die in den 80er Jahren oftmals nur mühsam (oder – wie die Reagan’sche Politik in den USA – durch nationale Alleingänge, die jedoch das Konfliktpotential zwischen diesen Blöcken nur noch potenzierte) unter Kontrolle gehalten werden konnten. Insofern scheint es zunächst als durchaus plausibel, daß mit der Abwertung der Konfliktachse West-Ost nunmehr – wie es der amerikanische Soziologe Daniel Bell formulierte – eine Aufwertung der zwischenkapitalistischen Konkurrenz- und Konfliktverhältnisse erfolgt: „Heute ist der Kalte Krieg aller Wahrscheinlichkeit nach zu Ende. West gegen West, insbesondere die ökonomische Rivalität zwischen Japan und den Vereinigten Staaten, ist dagegen in hohem Maße beherrschend geworden“ (Bell, 1990, S. 966).

Gegen die These von der ungebrochen bzw. wieder aktualisierten Erklärungskraft der klassischen Imperialismustheorien für die gegenwärtigen weltwirtschaftlichen und -politischen Umbrüche lassen sich freilich einige Einwände formulieren. Diese sind einerseits auf innere Begriffsdefizite der Imperialismustheorien selbst, andererseits jedoch auf Vergesellschaftungsprozesse in der heutigen kapitalistischen Welt zurückzuführen, die mit dem klassischen Begriffsinstrumentarium nicht mehr adaequat zu erfassen und schon gar nicht in der für die marxistische Theorie zu Beginn dieses Jahrhunderts geradezu selbstverständlichen, fast naturwüchsigen revolutionären Perspektive der Überwindung des Kapitalismus zu interpretieren sind. Diese Einwände lassen sich folgendermaßen skizzieren:

- Die Imperialismustheorien gingen davon aus, daß der Expansionsdrang des Monopolkapitals auf den Weltmarkt seine wesentliche Ursache in den Schranken seiner Akkumulation auf den nationalen Binnenmärkten hat. Soll der „Kapitalüberschuß" profitabel verwertet werden, so stößt er auf absolute Grenzen. Sowohl die Konsumtionsfähigkeit der Massen, die sich in der Nachfragekapazität der Lohneinkommen ausdrückt, als auch – wie z. B. Lenin vermutete – die Rückständigkeit der Landwirtschaft blockieren den Fortgang der nationalen Akkumulation – und darin wurzelt letztlich das ökonomische und politische Krisenpotential des Kapitalismus, da das Elend der Massen durch den Kapitalexport fortgeschrieben wird und zugleich die Quelle für die soziale und politische Unzufriedenheit der Massen bildet.

Joan Robinson hat im Vorwort zur englischen Ausgabe von Rosa Luxemburgs „Akkumulation des Kapitals" (1951) auf zwei wesentliche Schwachpunkte ihrer Theorie hingewiesen. Sie „... vernächlässigt ... das Steigen der Reallöhne, das im Laufe der Entwicklung des Kapitalismus eintritt, und leugnet den inneren Anreiz zur Investition, der durch den technischen Fortschritt geschaffen wird, zwei Faktoren, die dazu beitragen, den Kapitalismus vor den Schwierigkeiten zu bewahren, die er sich selbst schafft" (Robinson, 1962, S. 90/91). Damit ist schon angedeutet, daß die Herausbildung der „fordistischen Formation" – zunächst in der Zwischenkriegsperiode in den USA, dann nach 1945 in Westeuropa – auf dem Boden des imperialismustheoretischen Akkumulationsbegriffs nicht angemessen erklärt werden kann. Der neue Wachstumsschub resultierte ja gerade aus der „inneren Landnahme" (Lutz), d. h. aus der Massenproduktion von Konsumgütern, der Produktivitätssteigerung in der Landwirtschaft, der Steigerung der Reallöhne und dem Ausbau des nationalen Wohlfahrtsstaates . Die Stabilität der Nachkriegsordnung beruhte auf der Trennung der internationalen Regulationsformen von Handel und Geld, die durch die US-Hegemonie bestimmt wurden, und der relativen Autonomie der Innenpolitik der kapitalistischen Industriestaaten.

- Die Imperialismustheorien analysierten die Veränderungen des Weltmarktes zu ihrer Zeit vor allem als einen Bedeutungszuwachs der Achse kapitalistische Metropolen/Peripherie. Der Kapitalüberschuß wurde exportiert, um in der Peripherie profitabel angelegt zu werden oder um Rohstoffquellen zu sichern bzw. zu erschließen, die für die heimische Produktion dringend benötigt wurden. Die Veränderungen des Weltmarktes in der zweiten Hälfte des 20. Jahrhunderts, die ihrerseits die Grundstrukturen des internationalen politischen Systems bestimmen, bestehen jedoch gerade darin, daß 1. der intraindustrielle Austausch zu Lasten der substitutiven Handelsbeziehungen (Rohstoffe gegen Fertigwaren) immer wichtiger geworden ist und sich dabei immer mehr auf die kapitalistischen Industriestaaten selbst konzentriert. Die Direktinvestitionen in der Form der Expansion der international operierenden Konzerne sind 2. zur bestimmenden Form der internationalen Kapitalbewegung geworden. Hieraus sind Strukturen der ökonomischen Verflechtung und Interdependenz entstanden, die auf die internationalen Geld- und Finanzbeziehungen zurückwirken und damit die Fähigkeit der nationalen Wirtschafts- und Finanzpolitik zur Steuerung dieser Prozesse nach Maßgabe des Wachstums und der Produktivitätsentwicklung, d. h. auch der Konkurrenzfähigkeit der Nationalökonomie auf dem Weltmarkt maßgeblich begrenzen. Zumal in der Gegenwart hat der Kampf um die Beherrschung der Hochtechnologiesektoren diese widersprüchliche Tendenz zur globalen Interdependenz auf der einen und zu erweiterten Anforderungen an die Regulationsfunktionen der nationalen Regierungspolitik erheblich verstärkt.

- Der Machtbegriff der Imperialismustheorien ist auf das engste mit der Politik des imperialistischen Machtstaates verbunden. Militarisierung und Schutzzollpolitik sind die wichtigsten Instrumente einer aggressiven Außenpolitik, die dem „Griff nach der Weltmacht" (Fischer) bei den zu spät gekommenen, aufsteigenden imperialistischen Staaten dienen. In der Innenpolitik hat der starke, autoritäre Staat die Funktion, die sozialistische Gefahr zu bändigen. Der imperialistische Krieg war daher die gesetzmäßige Konsequenz. Die Imerialismustheorien konzendierten zwar die Möglichkeit von zwischenimperialistischen Bündnissen; gleichwohl erlaubt die – der Entwicklung in der ersten Hälfte des Jahrhunderts durchaus angemessene – Koppelung der Macht von nationalem Monopolkapital und Staat als die dominante Struktur der internationalen ökonomischen und politischen Konkurrenz keinen Begriff jener Interdependenz- und Verflechtungsstrukturen, die sich nach dem zweiten Weltkrieg – im Zeichen der US-Hegemonie wie der Systemkonkurrenz – herausgebildet haben und die nunmehr auch durch die Droh- und Vernichtungspotentiale der atomaren Waffensysteme über einen langen Zeitraum stabilisiert worden sind. Es gehört ja gerade zu den neuzeitlichen Paradoxien des atomaren Zeitalters, daß die Steigerung der globalen Vernichtungskapazität insofern Sicherheit erzeugt hat, daß sie die Risiken eines atomaren Schlagabtausches zwischen den Systemen politisch zu minimieren suchte.

Selbstverständlich ist dabei die Macht- und Gewaltfunktion der Staaten (erinnert sei nur an die zahlreichen Kolonialkriege, die nach 1945 von Frankreich, Großbritannien, ja selbst den Niederlanden und Belgien geführt wurden) nicht aufgehoben oder an internationale Bündnisse – wie z. B. die NATO – übertragen worden. Dennoch tritt nunmehr – wie weiter oben gezeigt wurde – eine Vermittlungsfunktion der nationalstaatlichen Politik in den Vordergrund, die nicht mehr mit dem Mittel der Schutzzollpolitik operieren kann und die nicht mehr auf eine gewaltsame-militärische Korrektur der ökonomischen und politischen Kräftekonstellationen zwischen den führenden imperialistischen Staaten gerichtet ist. Wenn nationales Wachstum, Produktivitätssteigerung und Innovation sowie die Steigerung der Reallöhne nur noch durch die Integration der Nationalökonomie in die Weltwirtschaft möglich sind, dann ergeben sich daraus Anforderungen an die Wirtschafts- und Außenpolitik der Nationalstaaten, die über „internationale Regime" und Vereinbarungen eine relative Stabilität dieser Ordnungen zu gewährleisten haben. Mit anderen Worten: die Verhinderung eines imperialistischen Krieges entspringt nicht allein aus der Vernichtungskapazittät der atomaren Waffenarsenale, aus der hegemonialen Struktur dieser Bündnisbeziehungen bzw. aus der als Bedrohung wahrgenommenen Entwicklung eines „sozialistischen Staatensystems", sondern auch dem gemeinsamen Interesse der relevanten Akteure (Unternehmungen und Regierungen) an der Sicherung von Rahmenbedingungen der Weltmarktentwicklung, die eine relativ störungsfreie Internationalisierung des Kapitals begünstigen.

- Schließlich bestand für die Imperialismustheorien der sozialistischen Arbeiterbewegung ein selbstverständlicher Zusammenhang zwischen der imperialistischen Politik und einer Zuspitzung der objektiven wie subjektiven Bedingungen des Klassenkampfes. Wenn der Imperialismus gesetzmäßig a) die Lasten der Militarisierung auf das „Volk" (d. h. vor allem auf die Arbeiterklasse) abwälzt und auf diese Weise Verelendungstendenzen verstärkt, und b) in den Weltkrieg einmündet, dann radikalisiert sich notwendig die strategische Perspektive des revolutionären Flügels der Arbeiterbewegung. Diese definiert fortan – was sich vor allem in Deutschland zwischen 1918 und 1923 konkretisierte – den Weg zur „proletarischen Revolution" als eine Art „Zweifrontenkrieg": auf der einen Seite gegen den herrschenden Block, auf der anderen Seite gegen den sozialdemokratischen Reformismus, der zumindest zeitweilig in den herrschenden Block integriert wurde.

Für die entwickelten kapitalistischen Industriestaaten des Westens hingegen hat sich seit dem Ende des zweiten Weltkrieges eine solche strategische Perspektive, die Antonio Gramsci am Beispiel der russischen Oktoberrevolution und der revolutionären Bewegungen in Westeuropa am Ende des Krieges mit der Metapher vom „Bewegungskrieg" charakterisierte (und aus der westlichen Erfahrung des Scheiterns dieser Bewegungen kritisierte), als unrealistisch erwiesen. Das fordistische Regulationsmodell zielte ja gerade darauf, mit der Steigerung der Reallöhne und dem Ausbau des Wohlfahrtsstaates die potentiell radikalisierenden Wirkungen des Klassengegensatzes und der sozialen Ungleichheit abzuschwächen. Dazu hat sich in den modernen kapitalistischen Gesellschaften der Gegenwart eine Ausdifferenzierung der Funktionslogiken der ökonomischen, politischen wie der kulturellen und ideologischen Systeme vollzogen, die ihrerseits die Klassenerfahrung fragmentieren und politische neutralisieren. Dabei hat die Entwicklung der Kultur- und Freizeitindustrien eine relativ selbständige Bedeutung für die Auflösung eines radikalen oder gar revolutionären Bewußtseins in der Arbeiterklasse gewonnen (vgl. dazu u. a. Deppe/Dörre, 1991).

## 3. 3. Verflechtung und Macht. Funktionswandel des Nationalstaates.

Dennoch ist es keineswegs einem bornierten Dogmatismus geschuldet, wenn in Perioden eines krisenhaften weltwirtschaftlichen und -politischen Umbruchs die Frage aufgeworfen wird, ob nicht doch zentrale Erkenntnisse der Imperialismustheorien angesichts des Zerfalls bislang stabiler Hegemonialordnungen wieder aktualisiert werden. Immerhin stimmen alle Beobachter darin überein, daß mit dem Ende des Kalten Krieges und der Systemkonkurrenz zunächst einmal diejenige weltpolitische Klammer zerbrochen ist, die nach 1945 das Bündnis der kapitalistischen Industriestaaten unter der Führung der USA zusammengehalten hat.

Paul Kennedy bezieht sich am Ende seiner über fast 500 Jahre ausgreifenden Analyse des Wandels hegemonialer Ordnungen in der Weltpolitik ausdrücklich auf Lenin's Imperialismustheorie, derzufolge die ungleiche ökonomische Entwicklung zwischen den Staaten unvermeidlich die Tendenz zur Veränderung des „Kräfteverhältnisses zwischen den imperialistischen Staaten" reproduziert und damit auch – wie Kennedy hinzufügt – „früher oder später zu Verschiebungen der politischen und militärischen Machtverhältnisse führen (muß). Dies ist mit Gewißheit das Muster gewesen, das in den vier Jahrhunderten der Großmachtentwicklung vor dem gegenwärtigen Jahrhundert hervortritt. Daraus folgt, daß die ungewöhnlich schnellen Verschiebungen in den Zentren der Weltproduktion während der letzten zwei bis drei Jahrzehnte zwangsläufig Rückwirkungen haben müssen auf die großstrategische Zukunft der heute führenden Mächte" (Kennedy, 1989, S. 647).

Auf dem Weg ins 21. Jahrhundert konstatiert er das Fortwirken jener Dynamik der Veränderung von globalen Machtkonstellationen, die durch die ungleiche ökonomische Entwicklung und technologische Entwicklung vorangetrieben werden. Dabei registriert er den relativen Niedergang der USA und der UdSSR als der Führungsmächte der erodierenden bipolaren Weltordnung, den Aufstieg von Japan und China im fernen Osten, der Bundesrepublik Deutschland (noch vor der Vereinigung) und der EG (falls sie zu einer politischen Einheit findet) im Westen. Dieser Prozeß, der zunächst vermittels des Aufstiegs der „Handelsnationen“ Japan und BRD in der Weltwirtschaft in Erscheinung tritt (vgl. auch Büscher/Homann, 1990), wird unvermeidlich zu Verschiebungen in den weltpolitischen Machtverhältnissen führen; denn die Regierungen der mächtigsten Staaten müssen stets eine dreifache Leistung erbringen: „sie müssen gleichzeitig für militärische Sicherheit ... der nationalen Interessen sorgen und die sozioökonomischen Bedürfnisse der Bürger befriedigen und ein anhaltendes Wachstum gewährleisten“ (Kennedy, 1989, S. 659). Daraus folgt, daß die Rivalitäten zwischen ungleich entwickelten Staaten und deren politisch-militärischen Machtpotentialen auch in der Zukunft die strukturell, „anarchische ... Natur“ der internationalen Politik bestimmen werden (ebd., S. 790) – und daß diese Staaten auch in der Zukunft gezwungen sein werden, „mit der doppelten Herausforderung zu ringen, der auch ihre Vorgänge gegenüberstanden: zunächst mit den ungleichmäßigen Mustern wirtschaftlichen Wachstums, welche dazu führen, daß einige von ihnen reicher (und damit gewöhnlich in Relation zu anderen stärker) werden; und zweitens mit den Problemen der Konkurrenz oder der Kriegsgefahr, die sie zwingt, sich zwischen kurzfristiger militärischer Sicherheit und langfristiger ökonomischer Sicherheit zu entscheiden“ (Ebd., S. 794).

Der amerikanische Ökonom C. Fred Bergsten schließt für die Entwicklung der Weltwirtschaft nach dem Ende des Kalten Krieges, das eine allgemeine Aufwertung der ökonomischen gegenüber den militärischen Strategien in der Weltpolitik beinhalte, die Gefahr eines Rückfalls der internationalen Beziehungen zwischen den „Big Three“ (USA, Japan, Europa) auf jene Konfliktformationen nicht aus, die die weltpolitische Instabilität in der ersten Hälfte des 20. Jahrhunderts charakterisiert hatten. Weil die Japaner und die Westeuropäer nicht länger der US-amerikanischen, atomaren Sicherheitsgarantie bedürfen, wächst die Gefahr von Handelskriegen. „Es gibt einen engen Zusammenhang zwischen den grundlegenden politischen und wirtschaftlichen Veränderungen in der Welt von heute: die Beseitigung des Sicherheits-Schirms erhöht das Risiko von wirtschaftlichen Konflikten, die die Sicherheitsbindungen weiter auflösen könnten. Das letzte Paradoxon des 20. Jahrhunderts bestünde also darin, daß die marxistische Prophezeiung von einem unvermeidlichen Zusammenstoß zwischen den kapitalistischen Nationen zu einer Zeit Wirklichkeit würde, in der der von der marxistischen Ideologie angespornte politische Konflikt verschwindet. Das 'Ende der Geschichte' brauchte also überhaupt nicht langweilig zu werden. Das Risiko ökonomischer Konflikte ist bereits höchst aktuell. Der japanische Politiker Shintaro Ishihara hat vorausgesagt, daß „das 21. Jahrhundert ein Jahrhundert von Wirtschaftskriegen sein wird" (Bergsten, 1990, S. 98). Stanley Hoffmann bestätigt diese Gefahr: „Ohne die beschränkende Kraft, die durch den Kalten Krieg sowie durch das Bedürfnis der Westeuropäer und Japaner nach amerikanischem Schutz ausgeübt wurde, könnten Konflikte über die Handels- und Industriepolitik akut werden" (Hoffmann, 1990a, S. 116).

Der entscheidende Mangel von Kennedy's Rekurs auf Lenin's Gesetz der ungleichmäßigen Entwicklung besteht freilich darin, daß seine Analyse der Veränderung der hegemonialen Strukturen des gegenwärtigen internationalen Systems letztlich nur das Wirken von universellen und unveränderlichen Gesetzmäßigkeiten illustrieren soll, die seit der Herausbildung des europäischen Staatensystems die Beziehungen der Staaten untereinander, den Aufstieg und den Niedergang der großen Mächte regulieren. Die Arena der internationalen Politik kennt nur größere und kleinere, mächtigere und schwächere, aufsteigende und absteigende Staaten (und deren militärisch-politische Machtpotentiale) als Akteure. Die Machtentfaltung eines Staates, die quasi automatisch Veränderungen und Spannungen im jeweiligen internationalen System der Machtverteilung bzw. der Hegemonialordungen konditioniert bzw. auslöst, beruht stets auf der Verbindung von ökonomischer und militärischer Macht, deren Entwicklung noch durch demographische und geostrategische Faktoren beeinflußt wird. Die vorgebliche Gesetzmäßigkeit des „imperial overstretch" beruht nach Kennedy ja gerade darauf, daß mit dem Zuwachs an weltpolitischen (militärischen) Aufgaben die nationalen ökonomischen Ressourcen einer Großmacht überbelastet werden und damit – in der internationalen Politik – ein Positionsvorteil für diejenigen aufsteigenden Mächte entsteht, bei denen das Verhältnis von militärischem und ökonomischem Machtpotential noch nicht zugunsten seiner harten, macht- und außenpolitischen Komponenten verschoben ist.

Kennedy verteidigt nicht nur die Basisprämisse der realistischen Schule vom Primat der Außenpolitik, sondern operiert auch mit einem außerordentlich engen Machtbegriff, der ebenso wie sein Rekurs auf den Mythos von der ewigen Gleichförmigkeit der Geschichte (das Gesetz vom Aufstieg und Niedergang der Großmächte) Grundgedanken der politischen Philosophie Machiavelli's variiert (vgl. Deppe, 1987, S. 297 ff.). Dabei entgehen ihm zentrale Bestimmungen, die für die gegenwärtigen Veränderungen im System der internationalen Machtbeziehungen wesentlich sind und die zugleich die Beziehungen zwischen der Funktion des Nationalstaates und der relativen Eigendynamik der Verflechtung des Handels, der Produktion und der monetären Beziehungen auf dem Weltmarkt ins Zentrum rücken. Daher ist ihm z. B. von Stanley Hoffmann entgegengehalten worden, daß sich der Abstieg der USA nicht als eine Folge der „imperialen Überdehnung", sondern in der Folge der Erosion von Komponenten der Binnenstruktur der Macht vollzogen haben: „Die verschiedenen Fehlschläge der amerikanischen Politik haben ihre Wurzeln dort, wo der tatsächliche Grund für den Abstieg der USA zu lokalisieren ist: nicht bei der imperialen Überdehnung und auch nicht bei einem katastrophalen Rückgang der aggregierten ökonomischen Daten, sondern bei den inneren Komponenten der Macht – geringe Sparquoten; unzureichende produktive Investitionen, besonders in den führenden Sektoren; die Konzentration der Geschäftswelt auf kurzfristige Profite; ein gering entwickeltes System der technischen Ausbildung; und vor allem, fehlendes Vermögen, greifbare und nicht-greifbare Ressourcen zu mobilisieren, was aus dem schlechten Zustand der amerikanischen Infrastruktur (vor allem in den Städten) sowie aus dem weitverbreiteten Widerstand gegen Steuererhöhungen und einem Mangel an Führungsfähigkeit resultiert“ (Hoffmann, 1990a, S. 118).

Kennedy's Begriff der Macht ist dermaßen auf die außen- und weltpolitische Machtentfaltung von Nationalstaaten fixiert, daß er einerseits die relativ eigenständige Bedeutung von binnenwirtschaftlichen Krisenprozesse unterschätzt. Andererseits negiert er vollständig die über den Weltmarkt vermittelten Prozesse der ökonomischen Verflechtung und Interdependenz zwischen den kapitalistischen Industriestaaten. Die Frage nach der wachsenden Bedeutung der „Emanzipation gesellschaftlicher Akteure“ (Unternehmen, Medien, gesellschaftliche Gruppen und Organisationen, vgl. Czempiel, 1990b, S. 20) beschäftigt ihn ebenso wenig wie die Frage, ob die klassischen Instrumente der Macht- und Hegemonialpolitik (i. e., die militärischen und ideologischen Apparate der Großmächte) nicht durch die relative Eigenständigkeit der ökonomischen Wachstums- und Kooperationsstrategien auf dem Weltmarkt abgewertet oder umdefiniert werden. Er hält unberirrt an einem Verständnis der „alten Politik“ fest, die sich – nach Robert W. Tucker – „in letzter Instanz auf gewaltsame Methoden der Durchsetzung der Ziele der Staatsgewalt beziehen mußte. Wenn aber diese Prämisse nicht länger relevant ist ..., dann würde auch die Konzentration auf eine Gleichgewichtspolitik und das sorgfältige Ausbalancieren der Macht als ebenso irrevelant erscheinen müssen“ (Tucker, 1990, S. 98).

Die Fixierung auf den alten Politik- und Machtbegriff verhindert jedoch, daß die Spezifik der gegenwärtigen Veränderungen in den weltpolitischen Machtkonstellationen vor dem Hintergrund der funktionalen Differenzierung sowohl der wachsenden Bedeutung nationalstaatlicher Regulationsfunktionen, in denen sich die notwendige Vermittlung von den inneren und den äußeren, den ökonomischen wie den politischen Reproduktionsbedingungen der kapitalistischen Industriestaaten widerspiegelt bzw. verdichtet, und der Verselbständigung von globalen Funktionslogiken abgeleitet werden, die ihrerseits die Machtentfaltung wie die Handlungsfähigkeit der Nationalstaaten – als den nach wie vor wichtigsten Akteuren der internationalen Politik – beeinflussen und so auf die Innenpolitik (vor allem auf die Formierung von „Machtblöcken" innerhalb der Nationalstaaten) zurückwirken. Eric Hobsbawm hat diesen Prozeß der Transnationalisierung als Grund dafür benannt, daß der Nationalismus am Ende des 20. Jahrhunderts nicht mehr bruchlos an jene politische Programmatik anzuknüpfen vermag, die mit der Konstitution des bürgerlichen Nationalstaates im 19. Jahrhundert und der Konfrontation der imperialistischen Machtstaaten in der ersten Hälfte des 20. Jahrhunderts verbunden war: „Seit dem Endc dcs II. Weltkrieges, aber besonders seit den 60er Jahren, ist die Rolle der 'nationalen Wirtschaftseinheiten' durch größere Transformationen in der internationalen Arbeitsteilung ausgehöhlt oder gar in Frage gestellt worden, deren Basiseinheiten transnationale oder multinationale Unternehmen aller Größen sind. Die gleiche Wirkung hatte die entsprechende Entwicklung internationaler Zentren und Netzwerke für wirtschaftliche Transaktionen, die sich aus praktischen Gründen außerhalb der Einflußsphäre von Staatsregierungen befinden" (Hobsbawm, 1990b, S. 61).

Susan Strange hat in ihrer Arbeit „States and Markets"(1988) den Versuch unternommen, die Wechselbeziehungen von Ökonomie und Politik, von Weltmarktprozessen und nationalstaatlicher Macht für die Gegenwart zu bestimmen. Macht ist die entscheidende Dimension internationaler wirtschaftlicher und politischer Beziehungen. Durch Macht werden Regeln definiert und gesichert, nach denen die Märkte letztlich funktionieren. Die einfache Unterscheidung von wirtschaftlicher und politischer Macht ist jedoch für den Begriff der internationalen politischen Ökonomie wenig hilfreich; denn „es ist unmöglich, politische Macht zu besitzen, ohne gleichzeitig über die Macht der Nachfrage, der Verfügung über die Produktion und über die Mobilisierung von Kapital zu verfügen. Und es ist auch unmöglich, ökonomische Macht zu besitzen ohne deren Sanktionierung durch politische Autorität, ohne die gesetzliche und physische Sicherheit, die alleine von politischer Autorität zur Verfügung gestellt werden kann" (Strange, 1988, S. 25). Um aber die Bedeutung der spezifischen Kombinationen der Macht in der Weltwirtschaft und -politik zu erfassen, unterscheidet sie zwischen zwei Arten der Macht: strukturelle und direkte (relationale) Macht (vgl. dazu schon Galtung, 1973, S. 34 ff., auf den sich Strange allerdings nicht bezieht). Das zentrale Argument ihres Buches lautet nun, „daß in den Wettbewerbsspielen, die derzeit im Weltsystem zwischen Staaten und zwischen Wirtschaftsunternehmungen ausgetragen werden, die strukturelle Macht im Verhältnis zur direkten Macht immer wichtiger geworden ist" (Strange, 1988, S. 24).

Direkte Macht läßt sich mit Max Weber als die „Chance“ definieren, „innerhalb einer sozialen Beziehung den eigenen Willen auch gegen Widerstreben durchzusetzen“. In den internationalen Beziehungen handelt es sich dabei vor allem um die Macht eines Staates, gegenüber einem oder mehreren anderen Staaten den eigenen Willen durchzusetzen – und dabei ist zugleich der archimedische Punkt des Denkens der realistischen bzw. neorealistischen Schule benannt. Strukturelle Macht dagegen wird von Strange als die Fähigkeit bestimmt, jene Rahmenbedingungen – oder auch Spielregeln – zu gestalten, innerhalb derer Staaten mit Staaten, ihre politischen Institutionen, ihre Wirtschaftsunternehmungen und (nicht zuletzt) ihre Wissenschaftler und andere Berufsgruppen zu operieren haben (ebd., S. 24/25). Strukturelle Macht speist sich aus vier Quellen: der Fähigkeit, anderen Sicherheit und Schutz zu gewähren, der Fähigkeit, die Art und Weise der Güterproduktion zu bestimmen, der Verfügung über Finanzmittel und Kredit sowie aus der Verfügung über Wissen sowie über die Kommunikationskanäle, über die das Wissen fließt. Strukturelle Macht äußert sich mithin als „Kontrolle über Sicherheit, Kontrolle über die Produktion, Kontrolle über Kredit und Kontrolle über Wissen, Glauben und Ideen“ (ebd., S. 26).

Diese Strukturfelder der Macht im internationalen System, die sich gegenseitig – wie die vier Seitenflächen einer Pyramide – stützen (ebd. S. 27), beinhalten jeweils eine bestimmte Verbindung von funktionaler Autonomie der Akteure (z. B. der Regierungen ebenso wie der Wirtschaftssubjekte, der Banken, der Wissenschaftsinstitutionen, der Medien usw.) mit der Fixierung von Funktionsregeln, die sowohl durch den Nationalstaat als auch durch internationale Vereinbarungen zwischen Nationalstaaten festgelegt werden. Die Festlegung solcher Regeln ist zum einen von den Machtstrukturen – also auch von hegemonialen Ordnungen – im internationalen System abhängig. Auf der anderen Seite wird der Inhalt solcher Regeln dadurch bestimmt, daß in jeder Gesellschaft zugleich Machtentscheidungen getroffen werden, die die Grundwerte Reichtum, Sicherheit, Frieden und Gerechtigkeit in ihrer Rangfolge wie in ihrer jeweiligen Kombination definieren (so lassen sich z. B. die Differenzen zwischen „liberalen“ und „sozialistischen“ Gemeinwesen und von deren unterschiedlichen Interessen auf dem Felde der internationalen Politik typologisieren, vgl. ebd., S. 1 ff.).

Um aber ihre These von der zunehmenden Bedeutung der strukturellen gegenüber der direkten Macht zu untermauern, ergänzt Susan Strange die Analyse der primären Machtstrukturfelder um eine der „sekundären Machtstrukturfelder“ See- und Lufttransport, Handel, Energieversorgung und globale Wohlfahrts- bzw. Entwicklungshilfepolitik (ebd., S. 135 ff.). Hierbei handelt es sich also um jene Sektoren, bei denen einerseits die Staaten eine bedeutende Rolle für die Fixierung von Regeln spielen, andererseits jedoch

Abhängigkeitsverhältnisse und Verflechtungsstrukturen entstanden sind, die – so Strange – den Abschied von der „intellektuellen Obsession..., die Macht mit der Macht von territorialen Staaten zu identifizieren" (ebd., S. 236), dringend nahelegen. Es gibt also eine Eigenlogik der Markt- bzw. der Weltmarktprozesse, die zwar einen politischen Regelungsbedarf erzeugen (bei dem stets auch die internationalen Hegemonialordnungen den Inhalt solcher Regelungen beeinflussen); aber letztlich können diese nicht aus der Politik, aus dem Handeln von Staaten und internationalen Organisationen erklärt werden (so wiederholt Strange ihre Kritik am „Regime"-Ansatz, ebd., S. 199/200). Das Funktionieren der nationalen Ökonomien ist in hohem Maße von der Entwicklung und Sicherung einer globalen Infrastruktur abhängig geworden, die eine störungsfreie Bewegung von Waren, Kapital und Wissen, eine kontinuierliche Versorgung mit Energie (hier spielt natürlich nach wie vor das Erdöl eine entscheidende Rolle) und schließlich auch eine beständige Optimierung der Kommunikation, für die die modernen Informationstechnologien (unter Einschluß der Satellitentechnologie) unentbehrlich geworden sind, zur Voraussetzung hat.

Gerade auf diesen Feldern zeigt sich jedoch besonders deutlich, daß die Begriffe Macht und Sicherheit im System der internationalen Politik längst nicht mehr nach Maßgabe der traditionalen Identifikation von nationaler ökonomischer und militärischer Macht – wie z. B. bei Paul Kennedy – gefaßt werden können. Strukturelle Macht bedeutet ja gerade, daß ein Staat im Maße seiner Einbeziehung in den Weltmarkt zugleich der Macht unterworfen ist, die transnational in der Produktion, den Finanzen, den Ideen und Informationen eben auch von verschiedenen nicht-staatlichen Akteuren ausgeübt wird. Dabei sieht Strange einen besonders engen Zusammenhang zwischen der Durchsetzung der neuen Technologien (insbesondere der Informations- und Kommunikationstechnologien) und den globalen Veränderungen zugunsten struktureller Machtverhältnisse. „Der Wettbewerb zwischen Staaten wird zu einem Wettbewerb um die Führungsposition in der Wissensstruktur" (ebd., S. 132). Daraus entstehen „neue Formen der Distribution von Macht, des sozialen Status und des Einflusses sowohl in den Gesellschaften als auch über die Staatsgrenzen hinaus" (ebd., S. 133). Die Kontrolle dieser Sektoren wird mehr und mehr von einer „transnationalen Manager-Klasse" ausgeübt, die an die Stelle der nationalen Kapitalistenklassen tritt (ebd., S. 134; Strange übernimmt diese Formulierung von Cox, 1987, S. 359 f.).

Der multidimensionale Ansatz der Analyse internationaler Machtverhältnisse, der namentlich die eigenständige Bedeutung der Marktprozesse und dabei die Rolle von nicht-staatlichen Akteuren (vor allem aus dem Management der internationalen Konzerne) bei der allgemeinen Verschiebung zugunsten der strukturellen Machtbeziehungen hervorhebt, verfügt gegenüber dem harten, neorealistischen Schema der Analyse internationaler Politik über einen entscheidenden Vorteil: da hier die Macht nicht ausschließlich mit der „Macht von territorialen Staaten“ identifiziert wird, erscheint die Auflösung der bipolaren Ordnung nicht notwendig als ein Rückfall auf einen Zustand der Anarchie. John J. Maersheimer (1990) z. B., der auf extreme Weise den Hobbes'schen Grundgedanken (“Krieg aller gegen Alle!“) auf die internationale Politik und die Staatenwelt überträgt (vgl. dazu auch Fukuyama, 1990, S. 21), charakterisiert so die Transformation der durch die mächtigsten Atommächte (USA; UdSSR) gesicherten bipolaren Struktur der Weltpolitik nach 1945 (Kalter Krieg) in eine – im besten Falle – multipolare Ordnung, in der die Bindekraft des Kalten Krieges (nämlich die Angst vor der kommunistischen Bedrohung und die „Schiedsrichter“-Rolle der USA in den westlichen Bündnissen) nicht länger besteht.

Die Trauer über den Verlust dieser Ordnungen (tatsächlich wohl eher die Trauer über den Niedergang der USA) sowie die durch und durch pessimistische Prognose über die zukünftigen Stabilitätsbedingungen (die durch eine nukleare Ausrüstung des neuen Deutschland vielleicht verbessert werden könnten, Maersheimer, 1990, S. 54) basiert daher letztlich auf einem Begriff von internationaler Politik, der nur die ungleich entwickelten Staaten als Akteure anerkennt, wobei die ungleiche Macht in der Verfügung über militärische, atomare Machtpotentiale gemessen wird. So polemisiert Maersheimer gegen die liberale Interdependenzschule, die angeblich von der falschen Prämisse ausgehe, daß das Handeln der Staaten durch den Zweck der „Wohlstandsvermehrung“ motiviert werde. “Natürlich müssen sich Staaten auch um Wohlstand kümmern, und deshalb sind wirtschaftliche Überlegungen für sie keineswegs trivial. Dennoch operieren die Staaten sowohl in einem internationalen politischen Umfeld als auch in einem internationalen wirtschaftlichen Umfeld, und das erstere dominiert stets das letztere, wenn die beiden Systeme miteinander in Konflikt geraten. Der Grund dafür ist eindeutig: das internationale politische System ist anarchisch – und das heißt, daß jeder Staat immer damit beschäftigt ist, sein eigenes Überleben zu sichern. Weil aber ein Staat kein höheres Ziel als das des Überlebens haben kann, werden – wenn der Druck zum Stoß wird – im Bewußtsein derer, die die Entscheidungen treffen, stets die internationalen politischen Überlegungen an erster Stelle stehen“ (ebd., S. 44).

Die Hilflosigkeit dieser Argumentation wird gerade darin deutlich, daß sie erstens die Bedeutung der Veränderungen des kapitalistischen Weltmarktes für die Auflösung der alten, hegemonialen Ordnungen (hier die Bipolarität des Kalten Krieges) vollständig negiert. Daher reduziert sie zweitens die Perspektive von multipolaren Neuordnungen nahezu ausschließlich auf die

Frage nach der Weiterverbreitung von Atomwaffen und deren Kontrolle. Demgegenüber vermag die „internationale politische Ökonomie" nicht nur den inneren Zusammenhang zwischen den Weltmarktprozessen und der Krise der „alten Ordnung" zu bestimmen; sie kann auch nachweisen, daß und in welcher Weise die Marktprozesse Handlungsanforderungen und -spielräume für die Politik der Nationalstaaten definieren. Daraus ergibt sich weiterhin, daß die internationalen Machtverhältnisse der Gegenwart keineswegs nach dem schlichten Schema: Bipolarität plus atomare Supermächte = Sicherheit und Stabilität; Multipolarität plus atomare Diffusion = Erhöhung der Spannungen im internationalen System, zu bestimmen sind. Die komplexe Struktur internationaler Machtbeziehungen läßt vielmehr Interessenkombinationen und Handlungsketten verschiedener Akteursgruppen erkennen, die einerseits die Staaten als Hauptakteure beinhalten, andererseits jedoch durch nicht-staatliche Akteure organisiert werden, deren Interessen und Handlungszwecke nicht nur durch die Konkurrenzverhältnisse und die Ungleichgewichte im Weltmarktzusammenhang, sondern auch durch Sicherheitserwägungen bestimmt werden, die nicht durch die militärische Macht von Einzelstaaten, sondern nur durch ein gemeinschaftliches, transnationales Interesse an der Sicherung von Funktionsbedingungen des Weltmarktes (Freihandel, Währungsparitäten, ungestörter Fluß von Energie und Kommunikation etc.) realisiert werden können. „Die wirtschaftliche Leistungskraft gewinnt heute als Maßstab für die Machtposition und den Einfluß von Staaten einen höheren Stellenwert. Wirtschaftliche Leistungs- und Wettbewerbsfähigkeit hängen jedoch von der festen Einbindung in den rasch expandierenden transnationalen Prozeß des freien Flusses und Austausches von Waren und Dienstleistungen, Investitionen, elektronischer Kommunikation und menschlichem Wissen ab" (Weston, 1990, S. 28). Mit anderen Worten: in der internationalen Ordnung, die dem Kalten Krieg folgt, wird „die Bedrohung der Sicherheit in wachsendem Maße in wirtschaftlichen Begriffen definiert werden" (Tucker, 1990, S. 104).

Dennoch vermag auch die Konzeption von Susan Strange den krisenhaften Prozeß der Veränderung der internationalen ökonomischen und politischen Machtstrukturen, also die „gegenwärtige Unordnung der weltwirtschaftlichen Beziehungen" (Strange, 1988, S. 235), nicht zu erklären. Ihre zentrale These über die Verschiebung von den direkten zu den strukturellen Machtbeziehungen läßt die Frage offen, warum insbesondere die USA seit den 70er Jahren die Kontrolle über die Weltwirtschaft verloren haben und warum seitdem a) der Widerspruch „zwischen zunehmender Integration und wachsenden Ungleichgewichten ... für Spannungen und Konflikte" sorgt (Goldberg, 1990b, S. 12), sowie b) der Widerspruch zwischen ökonomischer Globalisierung und – nationaler bzw. regionaler – Segmentierung in der

Weltwirtschaft sich seitdem noch verstärkt hat. Dazu kommt, daß auch die Analysen von Susan Strange die zunehmende Konzentration des Welthandels auf die entwickelten Regionen der „Ersten Welt", d. h. die Abkoppelung von weiten Teilen der „Dritten Welt" von der Weltmarktdynamik der 80er Jahre ebensowenig beachtet wie die Herausbildung globaler, ökologischer Risikopotentiale.

So bleibt ihr zum Schluß nur der Hinweis, daß die Fehlentscheidungen der politischen Führung der USA (zusammen mit den Egoismen der Japaner und Europäer) für die gegenwärtige Unordnung verantwortlich sind. Die USA haben ihre Macht in der Weltwirtschaft nicht verloren. Deren Quelle hat sich nur verschoben: vom „Land und den Menschen zur Kontrolle über die Strukturen des Weltsystems". Das Problem besteht nun darin, daß die USA „diese strukturelle Macht im Dienste ihrer eigenen nationalen Interessen mißbraucht haben". Diese Politik enthält aber langfristig das Risiko, daß „sowohl das ganze System als auch die strukturelle Hegemonie der USA geschwächt werden könnten" (Strange, 1988, S. 235). Daraus folgt zuletzt eine doppelte Hoffnung. Zum einen wird darauf gesetzt, daß die Amerikaner angesichts der Fehlschläge und Risiken ihrer Politik – wie so oft in der Vergangenheit – erneut beweisen, „daß sie in Zeiten der Krisen eine enorme innerlich vereinende Kraft entwickeln und Herausforderungen meistern können" (Fliess, 1990, S. 26). Zum anderen hofft Strange auf den Lernprozeß politischer und wirtschaftlicher Eliten in den USA, in Japan und Westeuropa, der schließlich zur Etablierung neuer Kooperations- und Regulationsformen in der Weltwirtschaft und -politik führen könnte (Strange, 1988, S. 240).

So deuten auch die Schlußfolgerungen von Susan Strange die Möglichkeit einer Entwicklungsvariante an, die Christoph Scherrer als das neue „hegemoniale Projekt der transnationalen Konzerne" bzw. als die „Vision der Transnationalisten" (zu deren Sprechern z. B. Edzard Reuter(1990) gehört) charakterisiert. Damit werden auch die Hinweise von Strange auf die Konstitution einer transnationalen „Managerklasse" sowie auf die wachsende Bedeutung nicht-staatlicher Akteure für die Regulation der strukturellen Machtbeziehungen aufgegriffen: „Bei aller Konkurrenz untereinander hätten die führenden Konzerne der Welt Anknüpfungspunkte für eine gemeinsame Politik gefunden: freier grenzüberschreitender Verkehr von Waren, Kapital, Technologie und Arbeitskräften. Die zentralen Steuerungskapazitäten würden dabei vom Nationalstaat zum einen auf supranationale Institutionen (allgemeine Rahmenbedingungen des Marktes) und zum anderen auf die Konzerne selber übergehen. So könnten letztere die Kontrolle über wichtige infrastrukturelle Einrichtungen (z. B. Telekommunikationsnetze) direkt ausüben. Es zeichnet sich dabei auch ein neues Modell der Klassenherrschaft ab, das nunmehr nicht mehr auf den nationalstaatlich vermittelten (keynesianischen) Kompromiß setzt. Statt dessen wird die Leistungsbereitschaft der Beschäftigten durch die Drohung der Standortverlagerung erzwungen; in den Worten des Industriesoziologen Michael Burawoy durch die „rationale Tyrannei der Kapitalmobilität" (Scherrer, 1990, S. 578/9). Aus der Sicht US-amerikanischer Beobachter, die nach einer neuen Begründung für die weltpolitische Macht- und Führungsrolle der USA suchen, brauchen diese daher „wirtschaftliche Instrumente für eine Welt, in der die militärischen Instrumente zunehmend unbrauchbar werden könnten" (Kahler, 1990, S. 151).

## 3. 4. Der Streit der Schulen.

Der heftige Streit, der zwischen den verschiedenen Schulen der internationalen Politik in den USA entbrannt ist, dreht sich indessen weniger um deren – wie die Grundsatzartikel eines Glaubensbekenntnisses deduzierten und verteidigten – Basisprämissen. Ob der internationale Handel Wohlstand und Frieden erzeugt (so Rosecrance, 1987, im Anschluß an David Ricardo's Theorem von den komparativen Kostenvorteilen, vgl. u. a. Berg, 1976, S 44.), oder ob – im Anschluß an Machiavelli und Hobbes – das Selbsterhaltungsinteresse des Staates in einer anarchischen Welt immer wieder Konflikte um Macht und Hegemonie in der Weltpolitik erzeugt – solche letzten Begründungen gewinnen ihre konkrete politische bzw. strategische Relevanz überhaupt erst im Kontext der US-amerikanischen Debatte über die Ziele der amerikanischen Außenpolitik. Wie soll diese auf die Auflösung der alten hegemonialen Ordnungen im allgemeinen sowie auf den Niedergang der amerikanischen Macht im besonderen reagieren? Die „Blöcke", die um die Beantwortung dieser Frage konkurrieren, gruppieren keineswegs ausschließlich Schulen der Politikwissenschaft, sondern in ihnen konzentrieren sich die Interessen verschiedener gesellschaftlicher, ökonomischer, militärischer und politischer Gruppen, die um ein neues hegemoniales, d. h. hier zunächst auf die Innen- und Außenpolitik der USA bezogenes Projekt im Wettstreit stehen. Die Pessimisten in den jeweiligen Schulen betonen dabei, daß der Abstieg der USA bereits als fait accompli eingeleitet und angesichts des unlösbaren Dilemmas zwischen weltpolitischen Verpflichtungen und den Anforderungen einer ökonomischen Regeneration im Innern (Kennedy, 1989, S. 783) nicht mehr aufzuhalten sei.

Gleichwohl scheiden sich die Geister an der Frage, ob ein Ausbau der militärischen Machtpotentiale der USA (die dann eher die Rolle eines „Weltpolizisten" als die des Bündnishegemons übernehmen würde), oder ob gerade der drastische Abbau der US-amerikanischen Rüstung und damit die politische Reorientierung auf die Regeneration der heimischen Wirtschaft (die ihrerseits vor allem die Bearbeitung gravierender infrastruktureller und sozial- wie bildungspolitischer Defizite implizieren würde) und damit die Verbesserung ihrer Wettbewerbsposition auf dem Weltmarkt der „Königsweg“ sei, um den Machtverfall aufzuhalten. Dabei setzt sich in dieser Debatte immer mehr die Erkenntnis durch, daß sowohl der Versuch zur Manipulation der Weltwährungs- und Finanzmärkte zugunsten der US-Interessen („räuberischer Hegemon“) als auch der „schmutzige Militärkeynsianismus“, wie er in der Ära Reagan betrieben wurde, den Verfall der internationalen Macht der USA nicht aufgehalten, sondern eher noch beschleunigt hat. „Der Militarismus ist (daher) ein Symptom der Regression jener globalen Hegemonie, auf der die internationale ökonomische Ordnung beruht hatte“ (Cox, 1987, S. 289). Zugleich zeichnet sich in dieser Debatte – jenseits der mit einander wetteifernden Orthodoxien (Globalisten versus Realisten) – eine Zwischenposition ab, die den Zusammenhang von Interdependenz und Machtstrukturen anerkennt und dabei die Führungsrolle der USA in der Weltordnung nunmehr in einem System von Konsortialführungen (vor allem innerhalb der Triade Nordamerika, Japan und Europa: „Leaders in Partnership“, vgl. auch Bühl, 1986) perzipiert (Nye, 1990).

Paul H. Nitze, der Grand Old Man der politischen Klasse der USA in den Apparaten der Außen- und Sicherheitspolitik, hat diese neue strategische Orientierung in vier Sätzen programmatisch zusammengefaßt:

„- Das zentrale Thema der Politik der USA sollte die Übereinkunft und den Schutz der Vielfalt innerhalb eines allgemeinen Rahmens der Weltordnung bilden.

Unser Ziel sollte es sein, ein Weltklima zu fördern, in dem eine große Zahl von politischen Gruppen zu existieren vermag – alle mit ihren eigenen und vielleicht sogar exzentrischen Vorstellungen.

Supranationale Organisationen wie die UNO und ihre Organe, die EG, die CSEC und die OECD sollten in die Lage versetzt werden, Stabilität und Vorwärtsbewegung bei wichtigen globalen und regionalen Fragen, die über nationale und ethnische Grenzen hinausgehen, zu gewährleisten.

Die USA, mit ihrer politischen, wirtschaftlichen, kulturellen und militärischen Macht, die keine besonderen territorialen und ideologischen Ambitionen haben, können und sollen darin eine einzigartige Rolle spielen, daß sie ihre Machtpotentiale für die Sicherung von Ordnung und Vielfalt unter den verschiedenen Gruppen in der Welt einbringen“ (Nitze, 1990, S. 11).

Die amerikanische Debatte reflektiert mithin strukturelle Veränderungen der Weltordnung, die einerseits seit der Auflösung von zentralen Regulationsfunktionen der Weltökonomie durch die Pax Americana seit den 70er Jahren eine ziemlich lange Vorgeschichte haben, die aber andererseits zu

Beginn der 90er Jahre durch den Zusammenbruch der „realsozialistischen" Systeme in Mittel- und Osteuropa sowie angesichts der fundamentalen Schwächung der Sowjetunion in ein Stadium der Neuordnung eingetreten sind; denn bis zu diesem Zeitpunkt wirkte nach wie vor die Ordnungsfunktion des bipolar-militärischen Systems, auf die sich die Dominanzposition der beiden „Supermächte" in den jeweiligen Bündnissystemen gründete. Während in der ersten Phase dieser Debatte noch die Frage nach den Konsequenzen der weltwirtschaftlichen Strukturveränderungen (Verfall des Bretton-Woods-Systems, Niedergang der USA-Wirtschaft, Aufstieg der BRD und Japans etc. im Mittelpunkt stand, hat sich mit den Ereignissen der Jahre 1989/90 (Umwälzungen im Osten, deutsche Einigung) notwendig die Perspektive verschoben. Nunmehr verbindet sich nämlich die Bearbeitung der weltwirtschaftlichen Konflikt- und Konkurrenzkonstellationen mit einer weiteren Verschiebung und Öffnung des territorialen Feldes. Auf der einen Seite geht die Notwendigkeit zur Schaffung neuer europäischer Sicherheitsstrukturen notwendig mit der Abwertung jener atomaren Schlüsselrolle einher, die bislang die USA und die UdSSR eingenommen hatten. Auf der anderen Seite wird nunmehr mit der Öffnung der Länder Ost- und Mitteleuropas, deren wirtschaftliche und politische Instabilität auch nach externen Ordnungsfunktionen verlangen wird, der Kampf um die Neubildung von Hegemonialordnungen, auf eine neue Stufe gehoben. Dabei wird vor allem über die zukünftige Rolle der Großmacht Deutschland in der europäischen wie in der Welt-Politik entschieden werden.

Daß die amerikanischen Autoren der verschiedenen Schulen in letzter Instanz über Grundorientierungen und Ziele der Innen- und Außenpolitik der USA debattieren, vermittelt schon einen ersten Hinweis auf die zentrale Bedeutung, die sie dem Nationalstaat als dem nach wie vor wichtigsten Akteur in den internationalen Beziehungen zuschreiben. Selbst Richard Rosecrance, der die in den Handelswelten wirkenden Kräfte der Interdependenz als Determinanten der Aushöhlung der einzelstaatlichen Souveränität und der klassischen Machtpolitik in den Mittelpunkt seiner Analyse rückt, gelangt schließlich zu dem Ergebnis, daß der moderne Staat die grundlegende Einheit der internationalen Politik geblieben sei. „Multinationale Konzerne können niemals als Basis für ein neues System der internationalen Politik oder für eine Zusammenarbeit zwischen den Völkern dienen" (Rosecrance, 1987, S. 238/9). Insofern ist auch für den Begriff jener Veränderungen, die sich in der gegenwärtigen Transformationsperiode vollziehen, der grundlegende und klassische Dualismus bestimmend geblieben, der das Verhältnis von Politik und Ökonomie in der Weltordnung charakterisiert. „Im Unterschied zur Globalität der ökonomischen Dynamik bleibt die Reichweite von Funktionen, Medien und Institutionen des politischen Systems nationalstaatlich begrenzt. Während die raison d' être der Ökonomie Akkumulation und daher quantitative Ausdehnung, Überwindung von Grenzen ist, ist diejenige der Politik die Staatsraison, also der Balancierung von inneren und äußeren Kräften in einer auch territorial durch das Staatsgebiet begrenzten Gesellschaft ... Dieser Widerspruch von ökonomischer und politischer raison ... bewegt sich in historischen Epochen der Entwicklung des kapitalistischen Weltsystems sehr unterschiedlich ... Der kapitalistische Weltmarkt ist mithin nicht nur der Ort der ökonomischen Reproduktion, sondern auch Ort der politischen Organisation im Sinne der Regulierung der internationalen Beziehungen" (Altvater, 1987, S. 76/77; vgl. auch Cox, 1987, S. 107/108).

Dieser Dualismus und seine Funktionsweise werden freilich durch die ungleiche Entwicklung der ökonomischen und politischen Machtpotentiale der kapitalistischen Nationalstaaten strukturiert – und diese Potentiale werden nach wie vor – darin ist dem Ansatz der neorealistischen Schule zuzustimmen – durch die Verfügung über ökonomische, wissenschaftlich-technische, finanzielle, ideologische und last not least militärische Machtressourcen bestimmt. Wie immer die Schwerpunktverlagerung von der direkten zur strukturellen Macht (Strange) zu einer relativen Abwertung der klassischen Sicherheitsaspekte und zu einer Aufwertung z. B. der Fähigkeit geführt hat, Kredite zu geben, so wäre es doch gleichwohl absurd, daraus den Schluß zu ziehen, daß z. B. die Schweiz, als ein bedeutendes Zentrum des internationalen Finanzkapitals, in die Rolle einer weltpolitischen Großmacht hineinwachsen könnte. Aus dieser ungleichen Machtverteilung, bei der der Stärkere dem Schwächeren sein Gesetz aufzuerlegen vermag, entstehen die Regel- und Normsysteme (sowie deren Institutionalisierung), die die Stabilität sowohl der weltwirtschaftlichen Ordnungen (aus der Interessenlage der entwickelsten kapitalistischen Staaten an einer bestimmten Struktur der internationalen Arbeitsteilung) als auch der weltpolitischen Bündnis- und Hegemonialordnungen gewährleisten sollen. In der Geschichte des Kapitalismus seit dem 19. Jahrhundert fand jeweils ein Wechsel zwischen Perioden mit stabilen hegemonialen Strukturen (Pax Britannica; Pax Americana) und Perioden mit „nicht-hegemonialen" Strukturen (Zeitalter der imperialistischen Rivalität, 1873-1945) statt, in denen der Druck der Weltmarktkonkurrenz zugleich das System der zwischenstaatlichen Beziehungen sowie die Funktionen des nationalen Machtstaates neu definiert hat (Cox, 1987, S. 108/9).

Die gegenwärtige Periode ist eine des Übergangs, die durch die Auflösung der hegemonialen Strukturen der Nachkriegsperiode geprägt ist. Welches aber sind die Bewegungsformen des Dualismus von Weltwirtschaft und Nationalstaatlichkeit in dieser Periode? Die Überprüfung der historischen Imperialismustheorien hatte ergeben, daß diese – den Bedingungen ihrer Zeit entsprechend – den Kampf zwischen den großen imperialistischen Mächten um die Neuaufteilung der weltwirtschaftlichen und -politischen Einflußsphären wesentlich in der Perspektive eines unvermeidlichen Zusammenstoßes der Machtstaaten im imperialistischen Krieg betrachteten. Heute gibt es natürlich in der Entwicklung der zwischenimperialistischen Beziehungen mannigfache Prozesse, die einen Rekurs auf die imperialistischen Debatten zu Beginn des 20. Jahrhunderts nahelegen. Die Auflösung der alten hegemonialen Ordnung geht in eine Periode zunächst des „hegemonialen Patts", dann der Auseinandersetzung um neue hegemoniale Ordnungen mit regionalen Schwerpunktverlagerungen über. Dieser Prozeß vollzieht sich – wie wir gesehen haben – in zwei Etappen: die erste beginnt mit den Weltwirtschaftskrisen der 70er und der frühen 80er Jahre und konzentriert sich um die Erosion der „Pax Americana" (bzw. ihrer Bretton-Woods-Dimension), zugleich um die Herausbildung von Elementen einer neuen, multipolaren Machtstruktur des internationalen kapitalistischen Systems. Die zweite Etappe wurde nunmehr mit dem Zusammenbruch der „realsozialistischen" Systeme in Ost- und Mitteleuropa eingeleitet. In ihr steht die Reformulierung der Sicherheitsproblematik (mit einer weiteren Abwertung der politischen Funktionen der atomar-militärischen Potentiale der USA und der UdSSR) und die Neustrukturierung der Hegemonialordnung in Europa (in der Folge der deutschen Einigung und der politischen und ökonomischen Öffnung Ost- und Mitteleuropas) im Mittelpunkt.

Diese Neuordnung wird wesentlich durch die Dynamik der ungleichen Entwicklung der ökonomischen und politischen Machtpotentiale der führenden imperialistischen Staaten angetrieben, die schon W. I. Lenin als innere Gesetzmäßigkeit der imperialistischen Entwicklung beschrieben hatte. Diese ungleiche Entwicklung wiederum wirft im internationalen System sowohl die Frage der Anpassung der einzelnen Nationen als auch die Frage der „politischen Führung und der internationalen Kooperation" auf, die die Staaten zwingen, das Verhältnis zwischen der inneren Entwicklung und der Weltwirtschaft und -politik neu zu bestimmen (Gilpin, 1987, S. 116/7). Gleichwohl besteht die geschichtliche Spezifik dieses konfliktreichen Übergangs darin, daß er sich in denjenigen Strukturen vollzieht, die sich in der Nachkriegsepoche des kapitalistischen Weltsystems herausgebildet haben und die – insbesondere im Vergleich zum frühen 20. Jahrhunderts – heute vermittels der Integration und Verflechtung der weltwirtschaftlichen Beziehungen zwischen den Zentren des Kapitalismus wirken. Daher ist auch „...die Weltkonkurrenz des Kapitals, von der in den Imperialismustheorien als einer der Besonderheiten gesprochen wurde, ... heute weiter und neuartig fortgeschritten ... Es geht heute nicht vornehmlich um den 'Kampf um das Wirtschaftsgebiet', sondern um mehr oder weniger große Anteile an Märkten für Waren, Ressourcen, Dienstleistungen und Kapital in allen zur Verfügung stehenden Wirtschaftsgebieten" (Hess, 1990, S. 77/78).

Es ist also diese Globalisierung, d. h. zugleich Entnationalisierung der „Räume", die die Frage nach den spezifischen Formen und Mechanismen des Zusammenwirkens nicht-indentischer ökonomischer (mit dem Weltmarkt verbundener) und politischer (mit dem Handeln von Nationalstaaten verbundener) Funktionslogiken neu gestellt hat. Die These vom Verfall der nationalstaatlichen Souveränität bezieht sich wesentlich auf die Entkoppelung zwischen der Internationalisierung der Finanzmärkte und der Produktion (Globalstrategien der internationalen Konzerne und Banken) von der Reichweite und Effizienz der Politik selbst der großen kapitalistischen Staaten. Diese wird in einer zweifachen Wirkungsdimension unterminiert: Auf der einen Seite wird die Geld- und Fiskalpolitik der nationalen Regierungen in wachsendem Maße durch die Bewegungen auf den internationalen Finanzmärkten dominiert (Dollarkurs, Zinsraten, Börsenkurse usw.). Auf der anderen Seite wirkt der „Sachzwang Weltmarkt" auf die grundlegenden, strategischen Optionen der nationalen Regierungen zurück. Unter den Bedingungen von sozialökonomischen und politischen Krisenprozessen (Massenarbeitslosigkeit, Inflation, Staatsverschuldung) müssen diese sich zwischen dem Ausbalancieren von „Wohlfahrtsansprüchen" (Ausbau der sozialen Leistungen, Beschäftigungspolitik) und einer weltmarktorientierten Modernisierungspolitik entscheiden. Diese „Kombination von innerem Druck, der von den inneren sozialen Kräften ausgeht, und äußeren Zwängen, die über die Finanzmärkte und die Institutionen der Weltwirtschaft wirken, setzt den Optionen der Regierungen praktische Grenzen" (Cox, 1987, S. 306, der in diesem Zusammenhang u. a. auf das Scheitern der sozialistischen Regierungspolitik in Frankreich nach 1981 verweist).

Welche Optionen letztlich auch immer gewählt werden bzw. sich durchsetzen – dies ist freilich niemals ausschließlich der bloße Nachvollzug von äußeren Determinanten, sondern stets auch Resultat von inneren sozialen, politischen und ideologischen Auseinandersetzungen, bei denen sich Blöcke von Klassenfraktionen sowie von Interessengruppen formieren, die mit den bürokratisch-politischen sowie mit den ideologischen Staatsapparaten verbunden sind. So ist z. B. die Auflösung des für die Nachkriegsperiode dominanten „fordistischen Blocks", der durch tripartistische Abkommen zwischen Staat, Kapital und Arbeit (Gewerkschaften) zusammengehalten wurde, nicht allein ein Resultat der Krise des Keynsianismus in den 70er Jahren und der Auflösung des sozialstaatlichen „Klassenkompromisses" gewesen (zur Konzeption der „hegemonialen Blöcke" vgl. Cox, 1987, bes. S. 355 ff.). Die unterschiedlichen Formen dieser Auflösung sowie die Bedingungen der Neuformierung des neokonservativen bzw. -liberalen „Blocks an der Macht" haben vielmehr auch die Niederlagen der Arbeiterbewegung (vor allem der Gewerkschaften) in den 70er Jahren zur Voraussetzung (Deppe, 1985, S. 79 ff.). Dazu kommt, daß mit der Strategie der weltmarktorientierten Modernisierung nicht nur Bestandteile des Sozialstaates und von Rechtspositionen der Gewerkschaften durch die neokonservativen Regierungen demontiert wurden, sondern daß im Zuge der Strukturveränderungen im Produktionssystem selbst (weltmarktorientierte Rationalisierungsprozesse) neue Spaltungslinien in der Arbeiterklasse reproduziert werden (Rationalisierungsgewinner und -verlierer, neue Armut, Feminisierung und Präkarisierung der Erwerbsarbeit, Zunahme der tertiären Tätigkeiten, Immigration usw.), die ihrerseits das traditionelle Modell einer einheitlichen Interessenvertretung aufbrechen und so die Macht der Gewerkschaften weiter schwächen (vgl. u. a. Deppe u. a., 1989a).

Stuart Hall hat – am Beispiel des Thatcherismus – die ideologische und politische Funktion des Neokonservativismus folgendermaßen zusammengefaßt: Seine erste historische Mission bestand darin, „den sozialdemokratischen, korporatistischen Konsens zu bekämpfen und aufzulösen, der die politische Szene seit Kriegsende bestimmt hatte, sowie das Alltagsbewußtsein zu desintegrieren und die Selbstverständlichkeit der britischen Nachkriegsübereinkunft in Frage zu stellen. Seine zweite Mission bestand darin, die in der britischen Gesellschaft vorherrschenden Trends an allen Fronten umzukehren. Politisch gesehen hieß das, den Trend zu staatlich subventionierter Wohlfahrt aufzuheben, die öffentlichen Ausgaben zu senken, den staatlichen Sektor zugunsten privater Unternehmen zu beschneiden, die Gesetze des freien Marktes und die marktwirtschaftlichen Kräfte wieder herzustellen, die Flut staatlicher Interventionen zurückzudrängen, die Profitabilität zu untermauern, Löhne und Gehälter unter Kontrolle zu halten und die Macht, die die Arbeiterklasse mittels der Gewerkschaften im ökonomischen und politischen Leben gewonnen hatte, zu brechen“ (Hall, 1989, S. 178).

Es ist also zunächst einmal richtig, im Kontext der neuen Formen der Globalisierung der Weltwirtschaftsbeziehungen von einem Funktionswandel der nationalstaatlichen Souveränität auszugehen und dabei auch auf die Defizite aller staatszentrierten Ansätze zur Analyse des internationalen Systems aufmerksam zu machen. „Das Handeln der Staaten in einem stets komplexeren internationalen System begrenzt deren Autonomie und überschreitet noch mehr deren Souveränität. Jede Konzeption von Souveränität, die diese als eine unbegrenzte und unteilbare Form der öffentlichen Macht interpretiert, wird so unterminiert. Souveränität muß heute schon als geteilt zwischen mehreren – nationalen, internationalen und transnationalen – Agenturen konzipiert werden; und sie wird gerade durch das Wesen dieser

Pluralität begrenzt“ (Held, 1989, S. 202). Diese Ausdifferenzierung von Souveränität ist auch der wesentliche Grund dafür, daß der Streit zwischen den Schulen der internationalen Politik (Realisten versus Globalisten) tendenziell als Scheingefecht ausgetragen wird, sofern nicht die harten Interessenkonflikte über die Reformulierung der US-amerikanischen Außenpolitik benannt werden. Wer sich auf den Streit über die Basisprämissen dieser Schulen und sich dabei noch auf den Disput über die Frage einläßt, ob denn nun eher die Handelsverflechtung oder die militärischen Machtpotentiale einer bzw. zweier Hegemonialmächte Frieden und Sicherheit in der Welt gewährleisten, der akzeptiert stillschweigend den normativen Idealismus, der diesen Prämissen eignet. Dieser resultiert letztlich aus einem gemeinsamen Mangel beider Ansätze, die internationale Macht- und Hegemonialordnungen analysieren, ohne die Beziehungen von Staat und Gesellschaft in ihrer Bedeutung für die Hegemonieproblematik zu reflektieren (Rupert, 1990).

Geteilte Souveränität bedeutet statt dessen, daß in der gegenwärtigen Epoche der hegemonialen Neuordnung einerseits das Niveau der internationalen Vergesellschaftung geschichtlich neue Formen der Interdependenz erzeugt hat, die – im Interesse der Kapitalverwertung und des Fortgangs der Akkumulation – nicht nur traditionelle Instrumentarien nationalstaatlicher Regulierung tendenziell entwertet, sondern auch traditionelle (von den klassischen Imperialismustheorien hypostasierte) Formen der Austragung der ökonomischen und politischen Konkurrenz zwischen den entwickelten kapitalistischen Staaten außer Kraft gesetzt haben. Andererseits folgt daraus nicht, daß der Nationalstaat zu einer historisch anachronistischen Form degradiert worden ist. Es ist gerade die widersprüchliche Anpassung der Produktionsverhältnisse als auch des Regulierungstyps der Klassenbeziehungen in den kapitalistischen Nationen selbst, die – im Ergebnis von politischen, sozialen und ideologischen Auseinandersetzungen – den je konkreten Typus der staatlichen Intervention fixiert. Insofern hat sich trotz der tendenziellen Abwertung von bestimmten Funktionen staatlicher Souveränität infolge der Globalisierungsprozesse nichts an der Vermittlungsfunktion des Staates zwischen der Nation (als dem territorial begrenzten Raum, in dem die Produktionsverhältnisse wie das System der Klassenbeziehungen stets schon politisch reguliert sind) und dem Weltmarkt wie dem Machtsystem der internationalen Politik verändert.

Wenn wir einige der zentralen Bereiche rekapitulieren, in denen sich seit der Mitte der 70er Jahre die wichtigsten Veränderungen der weltwirtschaftlichen und -politischen Strukturen manifestieren, so läßt sich diese These über die veränderte, gleichwohl nicht aufgehobene Vermittlungsfunktion des Nationalstaates empirisch illustrieren:

- Die Verschuldungskrise – vor allem in Lateinamerika – ist einerseits ein Ergebnis der Globalisierung der Finanzmärkte sowie – auf Seiten der Entwicklungsländer – eines steigenden Kreditbedarfes für die Finanzierung der Strategien der importsubstituierenden Industrialisierung. In dem Maße freilich, wie diese Strategien scheiterten und diese Länder mehr und mehr unter dem – über den IWF exekutierten – Druck des Schuldenmanagements gerieten, mußten die nationalen Regierungen sich der nachgerade hoffnungslosen Aufgabe widmen, diesen Druck zum einen zu erleichtern (durch Umschuldungsmaßnahmen bzw. durch partielle Entschuldung) und zum anderen durch eine rigorose Austeritätspolitik nach innen die Inflation sowie die Staatsverschuldung zu bremsen bzw. abzubauen und dabei eine weitere Einschränkung der sozialpolitischen Regulationsfunktionen des Nationalstaates angesichts von zunehmendem Massenelend, Kriminalität und Marginalisierung in Kauf zu nehmen.
- Vollends offenkundig wird die herausragende Rolle des Staates in den sog. „neu industrialisierten Ländern" Ostasiens, die erfolgreich (wie es scheint) eine Strategie der weltmarktorientierten Industrialisierung verfolgen. Zumal am Beispiel Südkoreas ließe sich zeigen, daß die autoritäre Diktatur, die sich auf die Gewaltpotentiale von Armee und Polizei sowie auf die politische und militärische Abhängigkeit von den USA stützt, mit dem Aufbau moderner Produktionsstrukturen Hand in Hand gehen. Orthodoxe Neoliberale im Westen haben daher – im Vergleich zwischen der Bedeutung des europäischen Absolutismus für die Entwicklung des Kapitalismus und dem Sprung der ostasiatischen „Tiger" – schon als allgemeine Wahrheit verkündet, daß letztlich nur der starke, autoritäre Staat die politischen Rahmenbedingungen für die kapitalistische Entwicklung und deren Integration in den Weltmarkt schaffen könne.
- Für die „realsozialistischen" Systeme gilt natürlich in besonderem Maße, daß der Staat gleichsam zum Schnittpunkt aller ökonomischen und politischen Prozesse, dann auch der Krise und des Verfalls geworden war. Die These von der Erosion des staatlichen Machtpotentials könnte also gerade hier eine Bestätigung erfahren. Gleichwohl zeigt die bisherige Entwicklung in Ost- und Mitteleuropa, daß der Aufbau eines neuen Staates, der mit einem Aufleben des Nationalismus – als einer Art Befreiungsideologie, die den Verfall der sowjetischen bzw. der russischen Vorherrschaft feiert – verbunden ist, zum beherrschenden Thema der kommenden Jahre werden wird. Dabei geht es nicht allein um das System der demokratischen Institutionen und deren Funktionsfähigkeit. Diese wird vielmehr in wachsendem Maße daran gemessen werden, wie der neue, demokratische Nationalstaat auf die durch den Übergang zur Marktwirtschaft sowie durch die Öffnung zum Weltmarkt zunächst noch verschärften sozialen Probleme reagieren wird.

• Innerhalb der Triade der entwickelten kapitalistischen Länder ist die Reaktion auf die Krisenprozesse der 70er und der frühen 80er Jahre keineswegs nach einem einheitlichen Muster verlaufen. Robert W. Cox unterscheidet dabei zwei Entwicklungsvarianten (vgl. dazu auch Huffschmid, 1986, und Jung, 1986), die ihrerseits die Staatstätigkeit mit den jeweiligen hegemonialen Block-Formationen verbinden. „Die eine wird durch die konfrontative Taktik des Thatcherismus in Großbritannien und des Reaganismus in den USA exemplifiziert, die darauf gerichtet ist, die innereren Hindernisse des ökonomischen Liberalismus zu beseitigen; die andere durch einen eher auf einem Konsensus basierenden Anpassungsprozeß wie in Japan, Westdeutschland und in einigen kleineren europäischen Ländern" (Cox, 1987, S. 285/6). Andere Autoren haben die Veränderungen in der Gesamtposition konkurrierender imperialistischer Länder in der Weltwirtschaft auf die ungleiche Entwicklung und Betonung der inneren Komponenten des „imperialistischen Staates" zurückgeführt. Während in den USA seit den späten 70er Jahren dessen militärische und ideologische Komponenten ausgebaut wurden, haben Japan und die BRD dessen „ökonomische Agenturen" gestärkt (Petras/Morley, 1989).

Daraus ergeben sich wiederum unterschiedliche Konstellationen in den Klassenbeziehungen. Während die „hyperliberale" Strategie auf die Zerschlagung des wohlfahrtsstaatlichen Klassenkompromisses der Nachkriegsepoche zielt, hat die „staatskapitalistische" Strategie (Cox) weiterhin auf der Linie eines Staatsinterventionismus operiert, der einerseits die inneren ökonomischen und wissenschaftlich-technischen Voraussetzungen für die Weltmarktexpansion des Kapitals verbessern soll, andererseits Elemente dieses Klassenkompromisses bewahrt, d. h. vor allem auf einen staatlichen Frontalangriff auf die Gewerkschaften verzichtet. So wird auch der neue „Modernisierungskompromiß" zwischen Kapital und Arbeit, der sich in den 80er Jahren in den meisten Mitgliedstaaten der EG (mit Ausnahme Großbritanniens) gefestigt hat, durch den Staat als dem Vermittler des „politischen Tausches" organisiert. Die Gewerkschaften – auch deren linker Flügel – akzeptieren den „Sachzwang Weltmarkt", demzufolge die nationale bzw. sektorale Wettbewerbsfähigkeit durch die Einführung neuer Technologien bei gleichzeitiger Flexibilisierung der Arbeitsorganisation und -zeit verbessert werden muß. Zugleich sind sie bereit, auf „übermäßige" Lohnforderungen zu verzichten und zur „Zähmung" der Streikaktivität beizutragen. Auf der anderen Seite erwarten sie von Unternehmern und Staat Gegenleistungen – zumindest für die in „Normalarbeitsverhältnissen" Beschäftigten – z. B. in der Form von Arbeitszeitverkürzungen und/oder staatlichen Reformmaßnahmen auf dem Felde der Beschäftigungs- und Arbeitsmarktpolitik, der Bildungs- und der Steuerpolitik (vgl. Deppe, 1990b, S. 42).

• Schließlich bedeutet die deutsche Einigung im Gefolge des Zusammenbruchs der DDR einen für die europäische Nachkriegsgeschichte geradezu beispiellosen Vorgang der staatlichen Neubildung und des nationalen Machtzuwachses, den dieser mit sich bringt. Das geeinte Deutschland hat im Jahre 1990 alle Beschränkungen seiner Souveränität abgeschüttelt, die ihm nach 1945 auferlegt wurden. Die Politik des Anschlusses, die die Regierung der BRD seit Anfang 1990 betrieb, mag – im Blick auf die Rolle des Bundeskanzlers Helmut Kohl – als „staatsmännische Meisterleistung" à la Bismarck bewundert oder als eine moderne Variante imperialistischer Annexionspolitik kritisiert werden. Auf jeden Fall offenbarte sie einen weiten Handlungsspielraum der Bonner Regierungspolitik, die Machtentscheidungen autonom vollzog und ihren Verbündeten in der EG und in der NATO, vor allem auch der sowjetischen Führung den Zwang zum Nachvollzug dieser Entscheidungen vorgab. Ralf Dahrendorf hat diese Dimension der Vereinigung treffend zusammengefaßt: „Das Deutschland, das 1990 entsteht, ist kein Provisorium mehr, sondern ein richtiger Nationalstaat" (Dahrendorf, 1990, S. 824).

Daß die „rasend schnellen Umwälzungen der letzten Zeit" in Europa für die internationalen Machtverhältnisse die Bedeutung der Fähigkeit des Staates, die Ressourcen des kollektiven Handelns für außenpolitische Zwecke zum rechten Zeitpunkt zu mobilisieren und geschickt einzusetzen, aufgewertet haben, illustriert Stanley Hoffmann am Beispiel der Politik des deutschen Bundeskanzlers Helmut Kohls. „Was bei der Führung Kohls besonders auffällt, ist sein Entschluß, aus der deutschen Einheit eine Frage allein für die Deutschen zu machen und dementsprechend zu handeln. Alle entscheidenden Initativen sind von Bonn ausgegangen. Die Europäische Gemeinschaft (EG) war nicht konsultiert worden, obwohl die Aufnahme der DDR auf den Eintritt eines 13. Mitglieds in die Gemeinschaft hinausläuft; Brüssel wurde nicht einmal immer auf dem laufenden gehalten". Kohl hat auch bei seinen Zugeständnissen an die Sowjetunion und die westlichen Partner in der EG und der NATO stets „derart ... gehandelt, diese Richtungen als eine souveräne deutsche Entscheidung hinzustellen, nicht als einen von einer Koalition verschiedener Nationen auferlegten Zwang, nicht einmal als eine kollektive Option dieser Nationen" (Hoffmann, 1990b, S. 596).

Robert W. Tucker hat aus amerikanischer Sicht die Erweiterung der Macht und des außenpolitischen Handlungsspielraumes des neuen, deutschen Staates als den bedeutsamsten Faktor in der Auflösung der Machtbalance des Kalten Krieges bezeichnet: „Die Einzigartigkeit der veränderten Position Deutschlands besteht gerade darin, daß sie nicht allein die Perspektive einer erheblich größeren Handlungsfreiheit enthält, sondern zugleich die Freiheit bedeutet, nunmehr eine expansionistische Außenpolitik im Namen jener grundlegenden Prinzipien der Legitimität zu betreiben, auf denen die Nachkriegsordnung begründet war. Dies ist eindeutig gewiß im Fall der Wiedervereinigung selbst; denn diese bedeutet ja nichts anderes als die Verwirklichung der jahrzehntelangen westlichen Verpflichtung auf das Selbstbestimmungsrecht der Deutschen. Dies trifft jedoch ebenso auf eine Politik zu, die mit großer Wahrscheinlichkeit zu einer ökonomischen Vormachtstellung Deutschlands über die Staaten Ost- und Mitteleuropas führen wird. Die Instrumente, mit denen diese Vorherrschaft erreicht werden wird, sind seit langem als völlig legitim anerkannt. Sie würden nämlich angewandt, um Ziele zu erreichen – ökonomisches Wachstum und Entwicklung –, die von diesen Staaten gierig angestrebt werden" (Tucker, 1990, S. 97/98). Die – von Dahrendorf so genannte – „Schlüsselfrage", ob dieser europäische Prozeß der Restituierung von nationalstaatlicher Macht und Autonomie in einen übergreifenden Prozeß a) der Beschleunigung der westeuropäischen, politischen Union im Rahmen des EG und damit des Souveränitätsverzichtes der beteiligten Staaten, und b) der Wiedervereinigung Europas eingebunden werden kann, muß zum Beginn der 90er Jahre als eine „offene Frage" angesehen werden (Dahrendorf, 1990, S. 832).

Die gegenwärtige Epoche des Übergangs zeichnet sich also dadurch aus, daß einerseits Strukturen der internationalen Vergesellschaftung entstanden sind, die die relevanten Akteure auf dem Felde der internationalen Politik und Wirtschaft (Staaten, Unternehmen, internationale Organisationen) dazu zwingen, ihre Interessen nicht nach dem Vorbild der klassischen, imperialistischen Gewaltpolitik (wohlgemerkt: in bezug auf die Beziehungen zwischen den entwickelten kapitalistischen Staaten), sondern eher unter Berücksichtigung von transnationalen Interdependenzverhältnissen zu definieren. Diese haben ihrerseits gemeinsame „Sicherheitsinteressen" (freier Welthandel, Sicherheit der monetären Beziehungen und der internationalen Finanzmärkte, Sicherung der Rohstoffquellen, möglichst störungsfreies Funktionieren globaler Kommunikationsnetze sowie der Transportsysteme, Transfer wissenschaftlicher Erkenntnisse u. a. m.) und damit auch eine Entwertung von klassischen Funktionsbereichen nationalstaatlicher Souveränität hervorgebracht. Diese Sicherheitsinteressen, die vor allem von den internationalen Konzernen reklamiert werden, haben sich tendenziell von den militärischen Sicherungsfunktionen internationaler Machtverhältnisse abgelöst. Gleichwohl haben sie sich im Kontext von Machtstrukturen des internationalen Systems entwickelt, die durch die als „Sicherheitsschirm" wirkenden atomaren Potentiale der „Supermächte" charakterisiert waren. In diesen Konstellationen wirkte jene – vor allem in den USA als paradox beklagte – Logik der ungleichen Entwicklung, die den Abstieg der USA als hegemoniale Wirtschaftsmacht und den Aufstieg von Japan und Deutschland eingeleitet hat. „Japan erobert Amerika nicht mit Waffen, sondern mit Geld“ (Büscher/Homann, 1990, S. 7).

Auf der anderen Seite versagen alle diejenigen Theorien im Begriff der Realität, die die neuen Sicherheitsstrukturen in der Perspektive einer Entnationalisierung oder gar der Ent-Machtung der internationalen Politik deuten wollen. Die Rede von den allgemeinen „Menschheitsinteressen“, die nunmehr an die Stelle der antagonistischen Klassen- bzw. Systeminteressen getreten seien, verhüllt nur dürftig das Interesse der derzeitigen Führung der UdSSR an einem innen- und außenpolitischen Systemwandel, der mit dem Zusammenbruch des sozialistischen Wirtschafts- und Gesellschaftssystems im Innern die Sowjetunion nicht länger als den Gegner, sondern als den Partner der „Ersten Welt“ anerkannt wissen will. Dabei läßt gerade die tiefe Staatskrise in der Sowjetunion erkennen, in welch hohem Maße die außenpolitische Handlungsfähigkeit eines Staates verfällt, wenn gleichzeitig die Verfügung über die inneren Machtressourcen zerbricht. Selbst am Beispiel der Krise der „realsozialistischen“ Systeme läßt sich also die Erkenntnis gewinnen, daß der Nationalstaat nach wie vor der entscheidende Akteur im System der internationalen Machtbeziehungen geblieben ist. Zwar ist es nach der Auflösung der relativ klaren Strukturen der Nachkriegsordnung („Keynes zu Hause, Adam Smith draußen“) schwieriger geworden, die Beziehungen zwischen Nationalstaat und Weltmarkt präzise zu bestimmen (Strange, 1988, S. 233). Dennoch hat unsere Analyse ergeben, daß sich die Anpassung der ökonomischen Strukturen an die Zwänge der Weltmarktkonkurrenz jeweils über die Staatstätigkeit vermittelt, die ihrerseits auf die Produktionsverhältnisse sowie auf den jeweiligen Typus der Regulierung der Klassenbeziehungen in den Staaten (“hegemoniale Blockbildung“) bezogen ist.

Der Nationalstaat übt nicht nur auf dem Gebiet der Sicherheits- und Militärpolitik, sondern auch im Bereich der Wirtschafts- und Finanzpolitik – bis hin zur Außenwirtschafts- und Währungspolitik – zentrale Funktionen aus. Diese haben zwischen der Entwicklung der Wettbewerbsfähigkeit der Nationalökonomie und dem „Sachzwang“ des Weltmarktes zu vermitteln . Dabei sind gerade im Hinblick auf die Bedeutung der Hochtechnologie-Sektoren für die internationale Konkurrenzfähigkeit im vergangenen Jahrzehnt Entscheidungen und Investitionen in den Bereichen der Wissenschafts- und Bildungspolitik, der Infrastrukturpolitik und selbst der Kulturpolitik immer wichtiger geworden. Schließlich ist der Nationalstaat auch die Arena für den Abschluß der „Sozialkontrakte“ geblieben. In allen kapitalistischen Industriestaaten spielt bei Wahlentscheidungen die tatsächliche oder vermeintliche Verantwortung der jeweiligen Regierungen – bzw. des „Blocks an der Macht“ – für Wirtschaftswachstum, soziale Sicherheit und Wohlstand nach wie vor eine entscheidende Rolle.

Daher ist der Nationalstaat nicht nur „einstweilen ... Garant der Bürgerrechte“ (Dahrendorf, 1990, S. 833), sondern zugleich Arena der gesellschaftspolitischen Auseinandersetzungen um die verschiedenen Entwicklungsvarianten (Deregulierung-Reregulierung), die auch unter den Bedingungen zunehmender internationaler Verflechtung möglich sind und in denen sich letztlich gegensätzliche, gesellschaftliche Interessen manifestieren. Zweifellos geht vom „Sachzwang Weltmarkt“ ein Modernisierungsdruck aus, der sowohl durch die Investitionsstrategien des Kapitals als auch durch die Regierungspolitik und das Handeln der relevanten gesellschaftlichen Gruppen und Organisationen umgesetzt wird. Dennoch wird letztlich im Resultat von gesellschaftlichen und politischen Kämpfen darüber entschieden, wie die nationale Politik auf diesen externen Druck reagiert. Welche Maßnahmen ergriffen werden, um das Lebensniveau der Lohnabhängigen zu sichern und zu verbessern, um die Massenarbeitslosigkeit und die Armut zu bekämpfen, um wesentliche Elemente des Sozialstaates zu bewahren, um die gesellschaftliche Infrastruktur zu entwickeln und Programme des ökologischen Umbaus anzugehen; ob demokratische Rechte und Partizpationsformen in Wirtschaft und Gesellschaft ausgebaut werden; ob die Außen- und Außenwirtschaftspolitik auf friedliche Kooperation, Abrüstung und Solidarität mit der „Dritten Welt“ gerichtet ist – alle diese Entscheidungen sind letztlich nicht allein der externen Sachgesetzlichkeit des Weltmarktes unterworfen, sondern an die Auseinandersetzungen zwischen dem neoliberalen bzw. neokonservativen Block und einem neuen, progressiven „historischen Block“ (Cox, 1987, S. 390) gebunden.

Mit dem Hinweis auf die politische Bedeutung der Arena des Nationalstaates im internationalen System wird zwar die Relevanz von Akteuren und Institutionen thematisiert; gleichwohl vermag eine solche handlungstheoretisch orientierte Perspektive noch keinen Aufschluß darüber zu vermitteln, welche Strukturen und Prozesse in ihrem Wandel die Handlungsbedingungen und -ziele dieser Akteure determinieren. Für diese Handlungsbezüge ist die Dynamik der ungleichen Entwicklung entscheidend geblieben. Die Antriebskräfte für die Veränderung von Machtstrukturen des internationalen Systems resultieren zum einen aus der über den Weltmarkt vermittelten ungleichen Entwicklung der ökonomischen, technischen, wissenschaftlichen Machtpotentiale, die ihrerseits den Gesetzmäßigkeiten der Kapitalakkumulation folgt. Die Dynamik der ungleichen Entwicklung entscheidet letztlich darüber, wie in weltwirtschaftlichen Krisen- und Stagnationsperioden die Anpassungsstrategien des international operierenden Kapitals und die politischen Strategien der Nationalstaaten eingesetzt werden, um die „Kosten“ solcher Krisen (Kapitalentwertung, Verlust von Marktanteilen, soziale Probleme im eigenen Lande) möglichst gering zu halten. In weltwirtschaftlichen

Wachstumsperioden hingegen bewegt sich die internationale Konkurrenz (als die Bewegungsform der ungleichen Entwicklung) wesentlich um die Festigung bzw. den Ausbau von Machtpositionen der „dominanten Ökonomien“. Dabei haben in den 80er Jahren vor allem die Dienstleistungsinvestitionen sowie das internationale Geld- und Kreditgeschäft erheblich an Bedeutung gewonnen. Die dominante Ökonomie erobert nicht nur ausländische Märkte, sondern stellt als „Gläubigernation“ zugleich Kreditgeld für die schwächeren Ökonomien zur Verfügung. Diese Strategien sind – wie wir gesehen haben – allerdings nur unter der Voraussetzung möglich und effektiv, daß sie durch eine nationalstaatliche Politik der weltmarktorientierten Modernisierung unterstützt werden, die zugleich in das System der Regulierung der Klassenbeziehungen in den Staaten selbst eingreift.

Da aber diese Dynamik von Machtveränderungen in den Beziehungen von dominanten und abhängigen Ökonomien durch die Gesetze der Profitproduktion abgetrieben wird, ist es unvermeidlich, daß der politische Konflikt um diese Machtveränderungen immer wieder in den Zyklus von Wachstums- und Stagnations- bzw. Krisenperioden in der Weltökonomie einbezogen wird und daß in letzter Instanz in Krisenperioden – schließlich auch mit dem Mittel der direkten politischen Gewalt – über den Aufbau bzw. die Sicherung neuer Hegemonialordnungen entschieden wird. Wenn aber die Verselbständigung der internationalen Finanzmärkte (und darin eingeschlossen: die Verselbständigung der spekulativen Geldvermehrung als Wachstumsquelle) als ein wesentliches Merkmal des internationalen Kapitalismus der 80er Jahre gelten kann („Kasinokapitalismus“), so würden denn auch die Krisen, die seit der Schuldenkrise der „Dritten Welt“ die internationalen Finanzmärkte erfaßt haben, als die „Sturmvögel“ der allgemeinen Weltmarktkrise zu betrachten sein – vor allem dann, wenn der Zusammenbruch der spekulativen Finanzgeschäfte (Aktienkurse, Immobilienpreise, Geldgeschäfte usw.) mit einer rezessiven Tendenz im Zyklus der Weltmarktproduktion zusammenfiele und dabei die ungleiche Entwicklung dieser Prozesse – etwa im Vergleich zwischen den USA und Grobritannien auf der einen und Japan und Deutschland auf der anderen Seite – zugleich den Übergang in eine Periode offener hegemonialer Konkurrenz einleiten würde.

Die neoliberale, angebotsorientierte Wirtschaftspolitik, die in erster Linie auf eine Liberalisierung der Finanzmärkte setze, würde so – wie K. G. Zinn bemerkt hat – selbst noch als Beförderer dieser Krise gewirkt haben. „Die Umschichtung von den Sachanlage- in die Finanzanlageinvestitionen seit den 70er Jahren wurde weltweit kritisch registriert, aber die angebotsorientierte Wirtschaftspolitik hat – mit länderspezifischen Unterschieden – diesen Trend noch verstärkt; nicht zuletzt gilt dies etwa für Deregulierungsmaßnahmen auf den Finanzmärkten und die daraus resultierenden 'Finanzinnovationen'. Von den Kritikern wurde diese Expansion des unproduktiven 'Kasinokapitalismus' als eine Folge antikeynesianischer Strömungen in der Wirtschaftspolitik gedeutet; die Vernachlässigung der Nachfrageaspekte schwächte die Anreize für Investitionen in neues Sachkapital, so daß häufig keine andere Alternative blieb, als Liquidität in Finanzanlagen zu lenken" (Zinn, 1990, S. 752).

Die Dynamik der ungleichen Entwicklung wirkt freilich keineswegs ausschließlich in der Veränderung von Machtbeziehungen zwischen den Entwicklungszentren der kapitalistischen Weltökonomie. Diese Achse ist im Blick auf die Entwicklungsperspektiven der Weltpolitik in der Periode des Zusammenbruchs des „realen Sozialismus" und des Endes des Kalten Krieges zweifellos dominant; denn die Bildung neuer hegemonialer Ordnungen wird nicht zwischen den schwachen, sondern zwischen den starken Akteuren in der Weltwirtschaft und -politik ausgetragen und entschieden. Gleichwohl wirkt die ungleiche (disporportionale) Entwicklung auch in den sozialökonomischen Binnenstrukturen der entwickelten kapitalistischen Staaten selbst (sektorale und regionale Disproportionen, soziale Ungleichheit, Arbeitslosigkeit, Marginalisierung, Spaltung und Segmentierung der Arbeiterklasse) und reproduziert auf diese Weise stets Voraussetzungen für die Fähigkeit zur Kontrolle stabiler hegemonialer Ordnungen im internationalen System. Schließlich manifestiert sich die ungleiche Entwicklung auch in der Spaltung zwischen kapitalistischen Zentren und Peripherie, zwischen armen und reichen Nationen sowie in der Erzeugung globaler, ökologischer Risikolagen, deren Bearbeitung und Lösung gleichsam quer zu den traditionellen Formen und Instrumenten nationaler und internationaler Politik liegen.

Es ist letztlich diese Komplexität von Widerspruchs- und Konfliktformationen, die – eingebettet in den Wirkungszusammenhang des weltwirtschaftlichen Konjunkturzyklus – die Auseinandersetzungen um die neuen hegemonialen Ordnungen bestimmen wird. Zugleich wird sie darüber entscheiden, ob aufgrund der Interdependenzverhältnisse gemeinsame Interessen und Ziele an der Stabilisierung einer „multipolaren Ordnung" obsiegen werden, oder ob aufgrund einer krisenhaften Zuspitzung der internationalen Konkurrenzverhältnisse auf die Instrumente der klassischen Machtsicherung, auf die militärische Gewalt- und Drohpotentiale, zurückgegriffen wird, um der drohenden „Anarchie" in den internationalen Beziehungen ein Ende zu bereiten. Bis zum Jahre 1989 wurde noch unterstellt, daß das Fortbestehen der Systemkonkurrenz eine disziplinierende Wirkung auf die Beziehungen zwischen den führenden kapitalistischen Mächten ausübte. Diese Bedingung ist inzwischen entfallen. Die externen Determinanten der ungleichen Entwicklung, die mit der Existenz und dem militärischen Machtpotential des sozialistischen Staatensystems verbunden waren und die das Fundament für die militärische Vorherrschaft der USA im westlichen Bündnissystem bildeten, haben sich demzufolge aufgelöst; und dieser Prozeß hat zugleich den inneren Triebkräften der ungleichen Entwicklung für die Zukunft eine höhere Wirkungsmacht verliehen.

## 3. 5. Exkurs: Die Dynamik des kapitalistischen Weltsystems und die Krise des „Realsozialismus".

Die historische und sozialwissenschaftliche Forschung wird sich in den kommenden Jahren noch gründlich und kontrovers mit den Ursachen des Scheiterns des mit der russischen Oktoberrevolution des Jahres 1917 praktisch gewordenen sozialistischen Experiments zu beschäftigen haben. Hier soll nun nicht der Versuch unternommen werden, die verschiedenen „Anstrengungen, den vorläufigen Endsieg des Kapitalismus zu begreifen" (Fülberth, 1991), oder auch die vielfältigen Deutungsmuster für den Zusammenbruch des Sozialismus des sowjetischen Typs (Habermas, 1990, S. 181 ff.) zu rekapitulieren. Vielmehr geht es an dieser Stelle in erster Linie darum, einige Aspekte des inneren Zusammenhangs zwischen der krisenhaften Dynamik des kapitalistischen Weltsystems und der Stagnation, der Krise und schließlich dem Zusammenbruch der realsozialistischen Systeme zu beleuchten.

Dabei gibt es – oberflächlich betrachtet – in den 7oer Jahren eine durchaus paradoxe Beziehungskonstellation. Bis etwa Mitte der 70er Jahre hatte es den Anschein, daß über die Weltmarktkrisen, die tiefe Krise der USA, die Klassenkämpfe in Europa sowie die Erfolge der antiimperialistischen Befreiungsbewegungen in der Dritten Welt (vgl. Abschnitt 2. 3.) die historischen Grenzen kapitalistischer Herrschafts- und Machtverhältnisse konkret werden. Demgegenüber schien das sozialistische Staatensystem in eine Entwicklungsphase der inneren Konsolidierung und der internationalen Machtexpansion eingetreten zu sein. Die Sowjetunion war zur international anerkannten, zweiten Weltmacht aufgestiegen; die Entspannungspolitik signalisierte, daß diese gesteigerte Macht zum Abbau der Spannungen zwischen den Supermächten und der Blöcke eingesetzt wurde; der KSZE-Prozeß konkretisierte diese Entwicklung (auch im Gefolge der „neuen Ostpolitik" der Regierung der BRD) für Europa und deutete die zunehmende Bereitschaft zu inneren politischen und ökonomischen Reformen in den realsozialistischen Staaten an. Die wirtschafts- und politikwissenschaftliche Literatur dieser Jahre hob die wirtschaftlichen Entwicklungserfolge der planwirtschaftlichen Systeme hervor und prognostizierte – unter dem Einfluß der Modernisierungs- bzw. Konvergenztheorien – „eine derart tiefgehende Annäherung von kapitalistisch und sozialistisch organisierten hoch-industrialisierten Gesellschaften, daß deren Antagonismus mehr und mehr verschwindet" (von Bredow, 1974, S. 147).

Während aber seit der zweiten Hälfte der 70er Jahre innerhalb der Zentren der kapitalistischen Welt eine Reorganisation der Produktionsverhältnisse, also eine durch die Krise der Kapitalverwertung und durch den sozialen und politischen Druck der Klassenauseinandersetzungen erzwungene „Reinigung" sich vollzog, verdichteten sich innerhalb des realsozialistischen Systems Erscheinungen der Stagnation, der Krise und der „Machtüberdehnung" (vor allem der Sowjetunion). In den Zentren des Kapitalismus wurde die Bewältigung der informationellen (auf der Mikroelektronik beruhenden) Produktivkraftrevolution im Kontext des Weltmarktes, aber auch die Krise der politischen und gewerkschaftlichen Arbeiterbewegung zur entscheidenden Bedingung (dann auch zum Resultat) der neokonservativen Hegemonie sowie des Wachstumszyklus der 80er Jahre. In den RGW-Staaten hingegen fiel das Wirtschaftswachstum dramatisch ab, die Versorgungsprobleme mit landwirtschaftlichen und industriellen Erzeugnissen sowie mit Dienstleistungen nahmen zu, das Zurückbleiben der Produktivität – vor allem in der Industrie – deutete zusammen mit dem sinkenden Anteil der Erneuerungsinvestitionen auf einen wachsenden Modernisierungsrückstand hin (vgl. Segbers, 1989; Mandel, 1989; Saslawskaja, 1989; Höhmann, 1990; Conert, 1990).

Mit dem Beginn der polnischen Krise und der abenteuerlichen Afghanistan-Intervention der sowjetischen Armee wurden zugleich die Symptome des politischen Machtverfalls erkennbar. In Polen gelang es auch nicht mehr durch eine Militärdiktatur, den Sieg der antikommunistischen, katholischen Solidarnocs-Bewegung und damit die Einleitung des Wandels in anderen RGW-Staaten zu blockieren; das Afghanistan-Abenteuer schadete nicht nur dem internationalen Ansehen der Sowjetunion (vor allem in der Dritten Welt), sondern erzwang auch die für die politische und militärische Führung der Sowjetunion bittere und teure Erkenntnis, daß der Krieg gegen die vom Westen, aber auch von den islamischen Fundamentalisten (im Iran und in Pakistan) unterstützen antikommunistischen Widerstandskämpfer nicht zu gewinnen war. Ab 1985 wurde unter der Führung von Gorbatschow die tiefe ökonomische, politische und moralische Krise des Sozialismus, die Erschöpfung des alten sowjetischen Modells und seiner Deformationen, zum zentralen Gegenstand der innen- und außenpolitischen Reformdiskurse, die zunächst weltweit große Hoffnungen auf eine Erneuerung des Sozialismus auslösten (Haug, 1989; Klein 1988; Huffschmid/Jung 1988).

Seit der Oktoberrevolution des Jahres 1917 stand der zum Staat gewordene Sozialismus – zunächst in der großen, aber isolierten Sowjetunion – unter einem doppelten Druck des kapitalistischen Weltsystems. Von den Interventionskriegen im Gefolge der Oktoberrevolution über die deutsch-japanische Aggression im zweiten Weltkrieg bis zur US-amerikanischen Roll-Back-Strategie seit 1947 bildete die militärisch-politische Bedrohung gleichsam eine geschichtliche Konstante, die den Primat des militärischen Sicherheits- und Überlebensdenkens in der Sowjetunion (allgemeiner: bei den regierenden, kommunistischen Führungsgruppen) gestützt hatte. Dazu kam, daß auch in Ländern der Dritten Welt Erfolge von sozialistischen Kräften und Bewegungen in der Regel nur nach langen und entbehrungsreichen Kriegen und Bürgerkriegen errungen wurden, bei denen in der Periode des Kalten Krieges nicht allein Interventionen der alten Kolonialmächte Europas, später mehr und mehr der USA, abgewehrt werden mußten, sondern auch militärische und andere materielle Hilfeleistungen aus der Sowjetunion und anderen sozialistischen Staaten zur Bedingung für solche Erfolge geworden waren. Zum anderen bedeutete diese erzwungene Isolation der „belagerten Festung“, daß – wiederum zuerst in der Sowjetunion – aus eigener Kraft ein Industrialisierungsprozeß sowie ein Aufbau von Infrastrukturen (Kommunikation und Verkehr, Bildungs- und Gesundheitswesen, Kultur) in Gang gesetzt werden mußte, der einerseits der von der politischen Führung definierten Priorität der militärischen Verteidigungs- und Sicherheitspolitik zu folgen hatte, andererseits dem langfristigen Ziel einer grundlegenden Verbesserung der materiellen Lebensbedingungen der Bevölkerung dieser Länder dienen sollte.

Ob in der sowjetischen Geschichte – namentlich der 20er Jahre – andere Optionen als die des Weges zum Stalinismus möglich waren, oder ob schon mit dem Versuch des Aufbaus des „Sozialismus in einem Lande“, dazu noch in einem Land der Peripherie des kapitalistischen Weltsystems, ein irreparabler „Geburtsfehler“ eingetreten ist, der nicht nur folgenreiche Deformationen, sondern auch letztlich die geringe Lebensdauer dieses Geschöpfes gleichsam vorprogrammiert habe, kann hier nicht extensiv überprüft werden. Immanuel Wallerstein hat sicher recht, wenn er einen unmittelbaren Zusammenhang zwischen dem Versuch eines rückständigen Landes, durch Autarkisierung aus der kapitalistischen Weltwirtschaft auszusteigen, und dem „Trend zum Einparteienstaat, zu einer merkantilistischen Politik des 'Sozialismus in einem Lande' und zur Umwandlung der Dritten Internationale zu einem weltweiten Unterstützungssystem für den belagerten 'ersten sozialistischen Staat'“ behauptet (Wallerstein, 1990, S. 130; vgl. auch Grieger, 1990; Imbusch, 1990). Santiago Carillo hat – als er noch Generalsekretär der Kommunistischen Partei Spaniens war und den „eurokommunistischen“ Weg seiner Partei begründete – im Rückblick auf die eigene Biographie erläutert, warum es für die Kommunisten im Westen – sogar während des spanischen Bürgerkrieges nach 1936 – selbstverständlich war, diese belagerte

„Festung“ zu verteidigen: „In Rußland hatte die erste sozialistische Revolution der Welt stattgefunden. Die wichtigste und für die Revolutionäre der anderen Länder entscheidende Frage war lange die, daß diese Revolution nicht zerschlagen wird. Die erste Aufgabe aller Revolutionäre bestand also darin, die russische Revolution zu verteidigen. Wenn man jetzt sagt: 'Die Kommunistische Internationale war das Instrument der Sowjetunion', antworte ich: 'Was ist daran so erstaunlich? War euch nicht klar, daß es unsere erste Aufgabe war, den ersten Arbeiterstaat zu verteidigen?“(Carillo, 1975, S. 75).

Nach 1945 – mit der Ausbildung des Systemgegensatzes im Zeichen des Kalten Krieges – war die Sowjetunion enorm gestärkt. Jetzt etablierte sich zwischen den Blöcken freilich eine Beziehungskonstellation, die Mary Kaldor als „imaginären Krieg“ charakterisiert hat. Es ging dabei nicht allein um die Bedeutung der Rüstungsapparate für den Selbstlauf der Abschreckungslogik, sondern auch um die Durchdringung von Staat, Gesellschaft und politischer Kultur durch die Regeln und Sanktionsnormen dieses „imaginären Krieges“. Beide Seiten führten tagtäglich diesen Krieg: „in militärischen Übungen, Szenarios, Spionagespielen und einer feindseligen Rhetorik; beide Seiten verhielten sich so, als ob der zweite Weltkrieg nie zu Ende gegangen sei. Und das hatte tiefgreifende Konsequenzen für das Funktionieren eines jeden Systems ... Der imaginäre Krieg erzeugte eine Kriegsatmosphäre, die dazu benutzt werden konnte, die Ökonomie zu führen und soziale Kohäsion zu erzeugen“ (Kaldor, 1991, S. 19).

Für die sozialistischen Staaten – und insbesondere für die Sowjetunion – sind die Konsequenzen des Kalten Krieges oftmals beschrieben worden. Paul Kennedy (1989, S. 758) spricht von einem „grimmigen Dilemma . . . Ohne ihre massive militärische Stärke zählt die UdSSR nicht viel in der Welt, *durch* ihre massive militärische Macht verunsichert sie die anderen und schadet ihren wirtschaftlichen Aussichten“. Die Systemkonkurrenz und der „imaginäre Krieg“ bedeuteten:

- Absorbtion eines – im Vergleich mit den kapitalistischen Industriestaaten – überproportionalen Anteils an der gesellschaftlichen Wertschöpfung für militärische Zwecke. Dieser geht der Modernisierung der Industrie und Landwirtschaft verloren und bremst daher langfristig die Anhebung des Lebensstandards der Bevölkerung. Angesichts der zunehmenden Bedeutung der Elektronik und der Hochtechnologiesektoren zwang der Rüstungswettlauf vor allem in den frühen 80er Jahren der Sowjetunion eine weitere Konzentration von Ressourcen im militärischen Bereich auf, was dessen Besonderung bzw. Abschottung (politisch und ökonomisch) gegenüber dem zivilen Bereich noch verstärken mußte. Die innerhalb der Reagan-Administration (vor allem bei den Planungen für das SDI-Projekt) einflußreiche

These, „daß ein beschleunigtes technologisches Wettrüsten das sowjetische System bis zum Zusammenbruch belasten würde“ (Calleo, 1989, S. 119), also die Strategie des „Totrüstens“, war daher keineswegs unrealistisch.

- Primat eines außen- und innenpolitischen Sicherheitsdenkens, das von der politischen Führung mit der „Bedrohung durch den Imperialismus“ begründet wurde. Die „Wachsamkeitskampagnen“ der stalinistischen Ära wurden in der Regel durch diese Beschwörung von Gefahren, die durch äußere und innere Feinde drohen, legitimiert. Der „imaginäre Krieg“ war insofern notwendige Bedingung für die autoritäre Form des politischen Systems und das starke Gewicht der Militär- und Sicherheitsapparate in diesem System.

Das Sicherheitssystem fungierte aber vor allem als Bremsmechanismus für die Entwicklung der individuellen und gesellschaftlichen Produktivkräfte und wirkte daher als mächtige Schranke gegen die dringend erforderliche ökonomische und politische Modernisierung. Paul Kennedy hat an einem Beispiel verdeutlicht, in welchem Ausmaß diese Modernisierung durch die rigide politische Kontrolle des Informationssektors behindert wurde. „Wenn heutzutage selbst dienstältesten Wissenschaftlern und Gelehrten in der Sowjetunion verboten wird, persönlich ein Kopiergerät zu benutzen (die Kopierabteilungen werden vom KGB besetzt), dann kann man sich kaum vorstellen, wie sich dieses Land ohne beträchtliche Lockerung der Polizeikontrolle und Zensur auf den weitverbreiteten Einsatz von Textverarbeitungsgeräten, vernetzten Computern und elektronischer Informationsübermittlung zubewegen soll“ (Kennedy, 1989, S. 731).

Diese – über die Militär- und Sicherheitsapparate internalisierten und verfestigten – Zwänge mußten jedoch mehr und mehr mit dem seit Chruschtschow (Ende der 50er Jahre erhobenen) Anspruch in Widerspruch geraten, für die breiten Volksmassen das Lebensniveau in den entwickelten kapitalistischen Staaten einzuholen oder sogar zu überholen. Die – wenn auch stets unzureichende – Kopie des fordistischen Konsumtionsmodells geriet nicht nur mit der partiellen Öffnung der sozialistischen Staaten Ost- und Mitteleuropas im Gefolge der Entspannungspolitik der 70er Jahre, sondern auch aufgrund der zunehmenden Transnationalisierung der Informationsübermittlung und der Medienkulturen in die Defensive. Außerdem mußte der Konsumismus, der aufgrund der Versorgungslücken sowie der Devisenkorruption eine beständige Quelle der Unzufriedenheit, des Neides sowie des persönlichen Bereicherungstriebes (im Rahmen des Mangels) geworden war, immer mehr in Widerspruch geraten zu den politisch-moralischen Normen, mit denen die politische Führung die Spezifik einer kommunistischen Lebensweise und Moral zu begründen suchte.

Klaus Segbers hat für die sowjetische Gesellschaft der 70er Jahre diese Such- und Fluchtbewegungen folgendermaßen zusammengefaßt: „Alkoholismus, Rauschgiftkonsum, Jugendbanden und -sekten wurden alltäglich. Auch die erwachsene Welt zog sich weiter zurück. Sie gab am Arbeitsplatz und in der Öffentlichkeit dem Staat, was ihm unbedingt zu geben war, suchte aber diese Sphären zu meiden und dehnte die privaten Räume aus. 'Doppeldenken' und 'Doppelsprache' wurden zum Massenverhalten. Die Soziologin Zaslavskaja spricht für diese Zeit von einer 'Entfremdung der Werktätigen von den gesellschaftlichen Zielen und Werten', was sie auf die ständigen Abweichungen vom Gerechtigkeitsempfinden der Bevölkerung zurückführt" (Segbers, 1989, S. 184).

So hatte sich bis zur Mitte der 70er Jahre eine Konstellation herausgebildet, in der zunächst noch – vor dem Hintergrund der Aufbauerfolge nach 1945 – eine gewisse Kohärenz zwischen den außenpolitischen Erfolgen des Realsozialismus und seiner inneren sozialökonomischen Entwicklung bestand. Diese Kohärenz wurde jedoch aufgebrochen, als diese Systeme mit der Herausforderung konfrontiert wurden, sowohl die Erwartungen der Bevölkerungen als auch die eigene Propaganda über eine qualitative Verbesserung der gesamtwirtschaftlichen Leistungsfähigkeit einzulösen. Der Übergang von der extensiv zur intensiv erweiterten Reproduktion erforderte einen Produktivitätssprung, der sowohl die Anwendung der neuen Technologien (also umfassende technologische Rationalisierungsmaßnahmen) als auch eine höhere Arbeitsproduktivität und -motivation zur Voraussetzung haben mußte. Der Versuch, dieses Problem durch die Öffnung zum kapitalistischen Weltmarkt zu lösen, verschärfte nur die Krise der realsozialistischen Systeme (und erzeugte vor allem über das Anwachsen der Verschuldung bei westlichen Staaten und Banken neue Abhängigkeiten). „Im Gefolge ihrer eigenen wirtschaftlichen und damit zusammenhängenden politischen Probleme betreiben die 'sozialistischen' Ökonomien der Sowjetunion und Osteuropas eine Detente mit dem Westen ..., um westliche Technologie zu importieren, wofür sie mit Exportgütern bezahlen, die sie mit billiger Arbeitskraft produzieren ... Trotz alledem wächst die osteuropäische und sowjetische Nachfrage nach westlicher Technologie so schnell, daß das Zahlungsbilanzdefizit und die Verschuldung gegenüber dem Westen von 8 Milliarden US-Dollar im Jahre 1972 auf über 50 Milliarden US-Dollar im Jahre 1978 angewachsen ist" (Frank, 1981, S. 25).

Ernest Mandel hat darauf aufmerksam gemacht, daß durch diesen Austausch die Wirtschaftssysteme Ost- und Mitteleuropas selbst noch massiv in den Wirkungszusammenhang der weltwirtschaftlichen Krisenprozesse der 70er und der frühen 80er Jahren einbezogen wurden. „Die lange Rezession in den kapitalistischen Ländern hatte auch starke Rückwirkungen auf die sowjetische Wirtschaft. Ihre Exportartikel (vor allem Erdöl, Gas, Holz und Gold) waren heftigen Preisschwankungen unterworfen, so daß es oft an den notwendigen Mitteln für den Import von High-Tech-Produkten fehlte. Die Rezession zwang den Imperialismus zu gesteigerter Aufrüstung, was wiederum den Druck auf die UdSSR verstärkte, viele für die wirtschaftliche Entwicklung verfügbaren Mittel bei Militärprojekten einzusetzen. Hier zeigt sich eine gemeinsame, verschränkte Krise des Kapitalismus und des bürokratischen Machtsystems" (Mandel, 1989, S. 29/30).

Wie immer auch die Geschichte des Realsozialismus seit 1917 – seine „heroischen" Perioden und gewaltigen Aufbauleistungen und sein schließlicher Niedergang – im Kontext der globalen Systemkonkurrenz, also auch des direkten und indirekten Drucks von seiten der imperialistischen Zentren zu begreifen ist, so wäre es doch eine schlechte Apologie, die letztlich entscheidenden Determinanten für seinen Zusammenmbruch in solchen exogenen Wirkungskonstellationen festzumachen. Der Krisenzyklus der „staatssozialistischen Gesellschaften" wird in letztlich entscheidender Weise durch die – wie Michael Brie hervorhebt – „staatszentralistische Monopolisierung der gesellschaftlichen Produktiv-Kräfte" bestimmt. Vielleicht könnte – in einer historischen Betrachtung – diese These dahingehend präzisiert werden, daß die Krise und der schließliche Verfall dieser Systeme darin seine Ursache hat, daß es in ihnen nicht gelang, die in der Periode der Revolution und der frühen Aufbauphasen – von vielen anerkannte – notwendige Zentralisierung der politischen Macht aufzulösen, in die Gesellschaft zurückzunehmen, d. h. in eine neue Form der sozialistischen Demokratie zu überführen. „Das den Staatssozialismus buchstäblich zersetzende Potential ihm eigentlich fremder Verhältnisse, Lebens- und Denkweisen, Bedürfnisse und Empfindungsweisen entstand m. E aus der Tatsache, daß die Versuche der dauerhaften Dynamisierung des staatssozialistischen Systems dieses entweder in einer *Krise der Stagnation* oder in eine *Krise der Reform* führen. Einerseits macht der Enthusiasmus der Großen Revolutionen in Rußland und China und zugleich das aus diesen Revolutionen hervorgegangene System der Konzentration und Zentralisation aller gesellschaftlichen Ressourcen einen gigantischen Schub der extensiven Aneignung der Errungenschaften des modernen Industriesytems, eines entwickelten Bildungssystems, der Urbanisierung usw. möglich. Im gleichen Maße aber wird der Motor dieser Entwicklung zerstört, sobald zutage tritt, daß diese Entwicklung eben gerade nicht zur sozialen Entwicklung der sie tragenden Individuen, Betriebe und Regionen wird. Anstelle der Entstehung einer entfalteten Struktur interessierter ökonomischer, politischer und geistiger Subjekte werden diese durch eben dieses bürokratische System in 'Schräubchen' der Großen Maschine des sozialistischen Aufbaus verwandelt. Passivität, Verantwortungslosigkeit, Konformismus, Schlamperei, Korruption sind unvermeidlich. Das System fängt an zu faulen und zu stinken" (Brie, 1991, S. 69).

Heinz Jung hat diesen grundlegenden Widerspruch der Fesselung der gesellschaftlichen und individuellen Produktivkräfte und Bedürfnisse durch das politische System als die wesentliche Ursache für die immer schwerer zu lösenden sozialökonomischen Entwicklungsprobleme, aber auch der Legitimation der politischen Führungen bezeichnet. „Kommt es zur Übermacht der politischen Zentrale, wie im Staatssozialismus oder auch in Entwicklungsländern, dann können auf lange Dauer hohe Akkumulationsraten auf Kosten der Löhne bzw. des Konsums durchgesetzt werden. Auf die Dauer wird dadurch jedoch die individuelle Entwicklungsmöglichkeit, die wichtigste Produktivkraft, untergraben. Dies verschärft sich dann, wenn die Lohn- und Konsumquote noch durch die Rüstung, durch Militär- und Sicherheitsapparate zusätzlich eingeschränkt wird ... Führt im Staatssozialismus also in der Konsequenz der starke Staat zur Untergrabung von Eigeninitiative und Arbeitsmotivation und damit der Arbeitsintensität und -produktivität wegen zu niedriger Lohnquoten, dann folgt aus einer Schwächeperiode des Staates umgekehrt eine Destabilisierung des ökonomischen Systems, weil den Lohnforderungen der Arbeiter voll nachgegeben werden muß, was zur rapiden Reduzierung der Mehrarbeits- und Akkumulationsraten, in der unmittelbaren Reaktion aber zuerst zu Inflation und leeren Läden führt ... Die Erörterung dieser Aspekte zeigt eindeutig, daß eine Optimierung der ökonomischen Proportionen und Parameter im Sozialismus nicht nur die planerische Fixierung verlangt, sondern die Verbindung von Zentralplanung und Demokratisierung. Gegenüber der bürokratisch-administrativen Vermittlung müßte die demokratisch-administrative Vermittlung ökonomischer und sozialer Gesetze zur Geltung kommen“ (Jung, 1990, S. 256).

# 4. Neue Weltordnungen

## 4. 1. Der kurze Traum vom „Neuen Denken“

Paul Kennedy gründet seine These über die geschichtliche Dynamik des Aufstiegs und des Niedergangs der großen Mächte, damit der Auflösung und Neubildung von weltpolitischen Hegemonialordnungen u. a. auf die „Tatsache ..., daß Aufstieg und Fall der verschiedenen Reiche und Staaten im internationalen System durch den Ausgang der bedeutendsten Kriege der großen Mächte bestätigt wurden, in denen der Sieg immer der Seite mit den größeren Ressourcen zufiel“. Das internationale System ist unabhängig von seiner historisch je spezifischen Machtstruktur bis in die Gegenwart „anarchisch“ geblieben – „das heißt, es gibt keine größere Autorität als den souveränen, egoistischen Nationalstaat“ (Kennedy, 1989, S. 650). Entgegen solchen realistisch-pessimistischen Bewertungen internationaler Politik hatte in den letzten Jahren die Hoffnung auf einen grundlegenden Wandel in den internationalen Beziehungen zugenommen. So hatte Richard Rosecrance das Potential dieses Wandels darin gesehen, „daß der Nutzen von Handel und internationaler Zusammenarbeit schon heute den Nutzen militärischer Konkurrenz und territorialer Ausdehnung bei weitem übersteigt“ (Rosecrance, 1987, S. 7). In der Tradition der klassischen Freihandelslehren des 18. und 19. Jahrhunderts (A. Smith. D. Ricardo, R. Cobden u. a., vgl. Bärtschi/ Jacobsen, 1976, S. 102 ff.) wird hier – auf die Gegenwart bezogen – die These erneuert, daß durch Freihandel der allgemeine Wohlstand und die ökonomische Verflechtung der Staaten soweit vorangetrieben wird, daß schließlich dem Krieg als dem politischen Instrument der zwischenstaatlichen Konfliktbearbeitung und Konkurrrenz der Boden entzogen werde.

Der Systemwandel, der sich mit der Auflösung des Ost-West-Gegensatzes und der Systemkonkurrenz als der bestimmenden Konfliktformation der Weltpolitik nach 1945 vollzog, schien solche Hoffnungen zu bestätigen, ja zu beflügeln. Wie immer auch der Zusammenbruch der kommunistischen Herrschaftssysteme in Mittel- und Osteuropa durch Massenbewegungen vollendet wurde, deren Gewalt letztlich die alten Machtordnungen zum Einsturz brachte, so haben die Umwälzungen der Jahre 1989/1990 doch niemals zu einer Verschärfung der internationalen Spannungen bis an den Rand militärischer, internationaler Konflikte herangeführt. Der wesentliche Grund dafür liegt zum einen darin, daß die herrschenden Apparate in diesen Ländern (natürlich in unterschiedlichem Ausmaß) entweder aktiv den Abschied vom Kommunismus betrieben oder den Forderungen der Massenbewegungen keinen gewaltsamen Widerstand mehr entgegengesetzt haben. Die „chinesische Karte“, d. h. der gewaltsame Einsatz der Sicherheitskräfte gegen die Demokratiebwegungen, wurde nicht gespielt; denn sie hätte in Europa sofort auch die Gefahr internationaler militärischer Konflikte heraufbeschworen.

Zum anderen resultiert der relativ friedliche Charakter der Auflösung der Systemkonkurrenz in Europa aus dem Konsensus zwischen den mächtigsten Akteuren in der internationalen Politik. Die beiden Führungsmächte der alten, bipolaren Ordnung, die USA und die Sowjetunion, akzeptierten und förderten (direkt und indirekt) diesen Wandel ebenso wie die Staaten der EG. Der schnelle Prozeß der deutschen Einigung im Jahre 1990 war ebenfalls ein in der neueren Geschichte beispielloser Vorgang der territorialen Expansion und der Machterweiterung einer zentraleuropäischen Führungsmacht, der BRD, der seinerseits die nach dem Ende des zweiten Weltkrieges verfestigten Machtverhältnisse zwischen den großen europäischen Staaten (Frankreich, Großbritannien, BRD und Sowjetunion) nachhaltig verändert. Auch dieser Vorgang wurde zuerst durch die innere Krise und die daraus resultierende außenpolitische Schwäche des ehemals sozialistischen Staatensystems in Europa, danach durch den Konsensus zwischen den mächtigsten Akteuren ermöglicht, der die deutsche Frage nicht auf dem Wege eines internationalen Machtkampfes, sondern in der Perspektive der Erweiterung und Vertiefung der europäischen Integration sowie des Aufbaus eines neuen, europäischen Sicherheitssystems (unter Beteiligung der USA und der Sowjetunion) bearbeitet wissen wollte.

Das „neue Denken“, das nunmehr die Hoffnungen auf eine friedliche und kooperative Bewältigung „globaler Probleme“ inspirierte, wurde seit 1985 am entschiedensten von der neuen sowjetischen Führung um Michail Gorbatschow propagiert (vgl. Gorbatschow, 1987, S. 169 ff.; Haug 1989, S. 49 ff.). Juri Krassin faßte die Grundgedanken dieser radikalen Neuorientierung der sowjetischen Außen- und Weltpolitik folgendermaßen zusammen: „Die Menschheit wird nur dann überleben können, wenn sie es schaffen wird, von einem Sicherheitssystem, das in einer unstabilen, sich ständig verändernden und dadurch konfliktreichen Welt auf dem Gleichgewicht der Kräfte aufgebaut ist, zu einem System der allgemeinen Sicherheit überzugehen, das auf dem Prinzip der Berücksichtigung und der Würdigung der Sicherheitsinteressen aller Staaten basiert ... Das traditionelle System der internationalen Sicherheit basierte auf dem Prinzip des Anwachsens von militärischer Gewalt. Dies fand seinen Ausdruck in dem bekannten Aphorismus: Wenn du Frieden willst, bereite dich auf den Krieg vor ... Das neue Denken verändert die Vorstellungen über die internationale Sicherheit. Für die Gewährleistung einer stabilen Friedensgarantie ist es heute nicht mehr ausreichend, sich von den nationalstaatlichen Interessen nur eines Landes oder einer Gruppe von

Ländern leiten zu lassen ... Die Festigung der eigenen Sicherheit heute regt an, über die Sicherheit des potentiellen Gegners im gleichen Maße wie auch über die eigene nachzudenken ... Der kategorische Imperativ von Kant: Behandle andere so, wie Du von ihnen selbst behandelt werden willst, – gewinnt heute zum ersten Mal im Bereich der internationalen Beziehungen an realer Bedeutung“ (Krassin, 1989, S. 58/59).

„Neues Denken“ war ein Programm für die Neugestaltung der internationalen Beziehungen. Diese sollte sich vor allem auf die Lösung der gattungsbedrohenden, globalen Risiken (Umweltzerstörung, Hochrüstung, Unterentwicklung/Armut) konzentrieren. Es zielte darauf, Strukturen der Interdependenz (Sicherheitspartnerschaft) und der ökonomischen Kooperation zu etablieren, die wechselseitige Sicherheit erzeugen und damit die Konflikt- und Kriegsrisiken minimieren. Allerdings wurde das Programm des „neuen Denkens“ auch als eine Strategie konzipiert, die auf tiefgreifende ökonomische, politische und gesellschaftliche Reformen in der Sowjetunion (Perestroika) – dann auch innerhalb des gesamten sozialistischen Staatensystems – gerichtet war. „Neues Denken“ war insofern eine Antwort auf die neuen globalen Risikolagen *und* auf die – von den politischen Führungsgruppen zunächst erheblich unterschätzte – Existenzkrise des Sozialismus, der im Gefolge der Oktoberrevolution entstanden war.

Die neue Weltordnung, die mit der Anerkennung der wechselseitigen Sicherheitsinteressen vorbereitet werden sollte, würde nicht länger aus der Zuspitzung des systematischen Antagonismus, sondern aus dessen bewußter, kooperativer Überwindung auf dem Felde der internationalen Politik hervorgehen (exemplarisch durchgeführt in den Konfliktregionen: Afghanistan/Pakistan; Mittelamerika/ Nicaragua; Südafrika/Angola/Namibia). Indem sie die Menschheits- bzw. die Gattungsinteressen als Bezugspunkt des außenpolitischen Handelns definierte, verabschiedete die sowjetische Politik sich von der seit Lenin gültigen imperialismustheoretischen Begründung internationaler Politik. Diese hatte die Perspektive der Bearbeitung von internationalen Konflikten und weltpolitischen Veränderungen stets – in letzter Instanz – auf die vom Imperialismus ausgehenden Tendenzen der sozialen Polarisierung sowie der politisch-militärischen Konfrontation zurückgeführt. Dennoch war mit diesem Paradigmenwechsel keineswegs die Vorstellung von einer Kapitulation sozialistischer Außenpolitik verbunden. Im Gegenteil – da die kombinierte Reform der Innen- wie der Außenpolitik der Sowjetunion zu ihrer Stärkung und zu einer erhöhten Attraktivität des Sozialismus in der Welt führen sollte, würden in der Konsequenz des „neuen Denkens“ zugleich die „zugespitztesten Formen außerökonomischer Gewalt“ im imperialistischen System weiter beschränkt und diejenigen politischen Kräfte gestärkt, „die dem Kapital Korrektive und Schranken der ihm immanenten Tendenz zur Ausbeutung und Zerstörung an Mensch und Natur setzen können" (Klein, 1988, S. 208).

Solche strategischen Überlegungen, die letztlich auf ein neues Modell der globalen Kooperation der Führungsmächte von kapitalistischen und sozialistischen Staatensystemen orientiert waren, hatten jedoch keinen Bestand. Der Verfall der früher so genannten „sozialistischen Staatengemeinschaft" (Warschauer Pakt, RGW), die deutsche Einigung und die Kumulation von inneren Krisen- und Verfallsprozessen in der Sowjetunion selbst haben schließlich dieses Propjekt einer neuen Weltordnung als illusionär erwiesen und zum Scheitern verurteilt. Die „Rußlandhilfe", die Anfang 1991 auf Lastwagen der ehemaligen Nationalen Volksarmee der DDR nach Osten transportiert wurde, war insofern auch symbolischer Ausdruck des neuen subalternen Status der Sowjetunion, der dann während des Golf-Krieges durch die Nichtbeachtung des Gorbatschow'schen Friedensplanes durch die US-amerikanische Führung noch einmal unterstrichen wurde.

Wie auch immer die innere Krise der Sowjetunion schließlich gelöst werden wird – ob auf dem Wege des staatlichen Verfalls und der Entmachtung der nach wie vor herrschenden KPdSU, oder auf dem Wege einer autoritären und gewaltsamen Restauration dieser Herrschaft (selbst auf einem verkleinerten Territorium), die sich auf die modernen Abteilungen des Militärapparates stützen würde; beide Entwicklungsvarianten schließen eine Rückkehr zur Politik des „neuen Denkens" aus. Im ersten Fall würde das Gebiet der ehemaligen Sowjetunion überwiegend zur Peripherie des Weltmarktes, aufgrund der inneren sozialen und ethnischen Spannungen zu einer Konfliktregion der Weltpolitik, deren Stabilität – wenn überhaupt – durch externe Machtkonstellationen gesichert würde. Im zweiten Fall würde die damit verbundene machtpolitische und militärische Restauration des Ost-West-Gegensatzes, die sich in letzter Instanz auf die atomaren Abschreckungspotentiale der sowjetischen (und vielleicht auch der chinesischen) Armee stützen müßte, die Spannungen und Abschließungseffekte im internationalen System dermaßen verstärken, daß eher eine neue Ära des „Kalten Krieges", denn eine neue Epoche der Weltpolitik eingeleitet würde, in der die „ ... Begründung der internationalen Politik auf allgemeinmenschlichen moralischen und ethischen Normen sowie die Humanisierung zwischenstaatlicher Beziehungen zu einer lebenswichtigen Bedingung geworden" ist (Gorbatschow, 1987, S. 179).

Diese strategische Option für eine neue Weltordnung, die noch im Kontext der überwiegend friedlichen Umwälzungen in Mittel- und Osteuropa in den Jahren 1989/90 die Diskurse über internationale Politik dominierte, ist also schnell wieder ins Reich der idealistischen Illusionen entschwunden. Daher stellt sich die Frage um so schärfer, welche Triebkräfte, Interessen-

und Machtkonstellationen und welche Problemfelder nach der Auflösung der Bipolarität für eine neue Weltordnung bzw. für neue Weltordnungen von Bedeutung sind und welche spezifischen Ordnungsmittel zur Verfügung stehen, um die strategischen Ziele der Hauptakteure im internationalen System zu verwirklichen. Die Veränderungen innerhalb der ökonomischen und politischen Strukturen des kapitalistischen Weltsystems seit den 70er Jahren deuten – wie in den vorangehenden Abschnitten gezeigt werden sollte – allenfalls auf bestimmte Rahmenbedingungen und strukturelle Voraussetzungen des strategischen Handelns hin. Allerdings determinieren sie keineswegs eindeutige und zwingende Handlungsoptionen. Es ist gerade die Offenheit der geschichtlichen Konstellation, die sich in der Debatte über die verschiedenen Varianten von neuen Weltordnungen reflektiert. Diese erzeugt zugleich jene Labilität und Unsicherheit, die dann noch durch die reale Dynamik der gesellschaftlichen und politischen Prozesse der Jahre 1990/91 (Deutsche Einigung, Krise der Sowjetunion, Golf-Krieg) verstärkt wird, obwohl die politischen Prozesse selbst zu suggerieren scheinen, als ob nunmehr wiederum die Stunde der Exekutive und der großen geschichtlichen Persönlichkeiten geschlagen habe (so z. B. Stanley Hoffmann, 1990b, S. 595/6 über Helmut Kohl und Michail Gorbatschow), deren entschlossenes Handeln neue Ordnungen im Chaos der strukturellen Umbrüche erkennbar werden läßt.

Daß der Glanz der geschichtlichen Stunde und der „großen Männer" schnell wieder angesichts der zu lösenden Strukturprobleme in der Ökonomie wie in der Politik des eigenen Landes wie des internationalen Systems verblassen kann, ist eine alte geschichtliche Erfahrung, die nunmehr auch Michail Gorbatschow und Helmut Kohl im schnellen Rhythmus der Ereignisse und Problemlagen nicht erspart bleibt. Insofern hat auch die Auflösung der bipolaren Machtstruktur der Weltpolitik überhaupt noch keine Klarheit darüber vermittelt, was diese Veränderungen für neue, stabile Ordnungsstrukturen bedeuten können. „Die politischen Führer haben bisher noch keine Erfahrungen in der Bewältigung eines wirklichen multipolaren Kräfteverhältnisses im Nuklearzeitalter gesammelt. Wie Staatsmänner lernen und auf neue Situationen reagieren, wird von ihrer Wahrnehmung von Chancen und Gefahren beeinflußt, einschließlich der Befürchtungen des Niedergangs" (Nye, 1990, S. 425).

## 4. 2. Zur Architektur neuer Ordnungen

Daß sich die Konfliktachse Ost-West inzwischen aufgelöst und sich in die Aufwertung der Konfliktachse Nord-Süd gleichsam gedreht habe, wird seit dem Beginn des Golf-Krieges in den Medien unaufhörlich konstatiert. Die US-amerikanische Politik, die noch die militärischen Interventionen in Grenada, Nicaragua und (indirekt) in San Salvador mit der Wahrung ihrer Sicherheitsinteressen im mittelamerikanischen „Hinterhof der USA" gegenüber der sowjetisch/kubanischen Bedrohung gerechtfertigt hatte, ging schon bei der Intervention in Panama Ende 1989 dazu über, den Kampf gegen die Drogen als Abwehr von globalen Zivilisationsgefährdungen zu definieren. „Anfang 1990, als der Warschauer Pakt auseinanderfiel und die sowjetische Wirtschaft am Boden lag, wurde in den Augen des US-Präsidenten das Aufkommen gutgerüsteter Gegner in der Dritten Welt zur Hauptbedrohung der amerikanischen Sicherheit" (Klare, 1991, S. 323). Allerdings darf die Konzentration des öffentlichen Interesses auf den Golf-Krieg nicht darüber hinwegtäuschen, daß sich auch in diesem Konflikt jene Widerspruchskonstellationen verdichten, die im Resultat der Abschwächung des Ost-West-Gegensatzes die Konfliktpotentiale der West-West-Beziehungen, also zwischen den entwickelten kapitalistischen Zentren der Triade, bestimmen. Mit anderen Worten – die politische und militärische Führungsrolle, die die USA seit dem 2. August 1990 am Golf übernommen hat, steht in einem unmittelbaren Zusammenhang mit den Veränderungen in den ökonomischen Kräftekonstellationen zwischen den entwickelten Zentren des kapitalistischen Weltsystems sowie mit der Notwendigkeit zu einer Restrukturierung der militärischen und politischen Bündnissysteme, deren Bestand und Führungsstruktur nicht länger aus dem Systemgegensatz und der Schutzfunktion der atomaren Waffensysteme begründet werden kann.

Die Konstruktion neuer Weltordnungen wird daher – vor allem nach der Erklärung des US-Präsidenten Bush vom 29. Januar 1991, in der die unabdingbare, globale „Führungsrolle Amerikas ... in einer sich rasch verändernden Welt", auch in der Perspektive „auf das nächste amerikanische Jahrhundert" (Bush, 1991) herausgestellt wurde – in einem komplexen Geflecht von gemeinsamen und divergierenden Interessen zwischen den Zentren des kapitalistischen Weltmarktes und zwischen den armen und den reichen Nationen bzw. Regionen dieser Welt ausgetragen werden. Dabei lassen sich die folgenden Problemebenen unterscheiden:

- Der Weltmarkt bleibt das in letzter Instanz bestimmende Feld, auf dem sich die Prozesse der Produktion und Distribution des materiellen Reichtums, damit auch die Entwicklung der Interdependenz- und Abhängigkeitsverhältnisse und der Machtstrukturen des internationalen Systems vollziehen. Die Dynamik der Weltmarktentwicklung, die die Bewegung von Waren, Geldkapital, Dienstleistungen und die Migrationsströme der Arbeitskräfte umfaßt, bestimmt in erster Linie das Wirtschaftswachstum, das seinerseits nicht allein die materielle Basis der Reichtumsverteilung (zwischen den Nationen und zwischen den gesellschaftlichen Klassen) bildet, sondern zugleich zum zentralen Bezugspunkt für das Handeln der Staaten sowie der Investitionsstrategien des Kapitals und der Distributionsstrategien der Gewerkschaften geworden ist.

Die zyklische Bewegung der Weltmarktkonkurrenz verändert zugleich die strategischen Handlungsparameter der relevanten Akteure. Vor allem in Perioden der internationalen Rezession und Krise treten die Konkurrenzverhältnisse zwischen den kapitalistischen Staaten, aber auch zwischen den hochentwickelten Zentren der Weltwirtschaft und der Peripherie der Entwicklungsländer in den Vordergrund und verstärken die Tendenz zu einzelstaatlichen Schutzmaßnahmen (Protektionismus). Zugleich polarisieren sich in der Folge des Anstiegs der Arbeitslosigkeit und der Inflation, des Drucks auf die Löhne und die sozialstaatlichen Sicherungssysteme die sozialökonomischen und politischen Interessen von Kapital und Arbeit. Deren Konflikt wird nicht nur auf der Ebene der Arbeitsbeziehungen, sondern auch auf der Ebene des Staates, d. h. im Kampf um die Bildung eines „herrschenden Blocks“ ausgetragen. Die staatliche Politik artikuliert daher nicht allein die Hegemonie von Klassenfraktionen (in sozialen und politischen Bündnissystemen), sondern vermittelt auch zwischen den Anforderungen der Weltmarktkonkurrenz und den inneren, nationalen Reproduktionsbedingungen der internationalen Konkurrenzfähigkeit.

Der Weltmarkt ist allerdings auch und vor allem die Arena der Konkurrenz, des Kampfes um globale Marktanteile, dessen Subjekte die internationalen Konzerne sind. In dieser Konkurrenz können sich nur diejenigen Konzerne behaupten, deren Größe, Kapitalmacht und Produktivität ihnen globale Investitions- und Absatzstrategien erlaubt. Zugleich müssen sie – bei Strafe des Untergangs – die modernsten Technologien, Fertigungsverfahren und Forschungspotentiale beherrschen, die zusammen mit der Kontrolle über die Lohnkosten und den Arbeitsprozeß (systemische Rationalisierung) über das Produktivitätsniveau entscheiden, und dabei beständig den Anschluß an die „Weltspitze“ halten. Diese Konkurrenz vollzieht sich in der Struktur der ungleichen Entwicklung der Nationen und Räume im kapitalistischen Weltsystem. Ihre Resultate wirken selbst noch als Hebel für die Veränderung dieser Struktur und damit auch der Machtbeziehungen im internationalen System. Daraus ergibt sich, daß die Verlaufsformen der Weltmarktkonkurrenz stets schon politisch – durch die Intervention der Nationalstaaten – vermittelt sind.

Der Nationalstaat wiederum – auch als Subjekt der internationalen Politik – ist nicht als ein abtrakter Machtapparat, sondern als die politische Form zu begreifen, in der sich die Beziehungen zwischen Ökonomie und Politik, zwischen produktionsverhältnissen, Klassenverhältnissen, Klassenkämpfen und der Bildung hegemonialer Blöcke artikulieren (Cox, 1987, S. 6 ff.). Internationale Ordnungen sind daher stets auch begründet in den durch den Nationalstaat vermittelten Produktionsverhältnissen – vor allem in den hegemonialen Staaten.

Die Disparitäten der nationalen Salden der Waren-, Dienstleistungs- und Kapitalbilanzen (Defizit- / Überschußländer), der Wechselkursstabilität, der nationalen Zins- und Inflationsraten sowie der öffentlichen wie privaten Verschuldung konstituieren das Feld, auf dem die wirtschafts- und finanzpolitischen Interessen der Staaten in Konflikt zueinander treten und der Bedarf nach Regimen entsteht, die als Ordnungsmittel zur Kontrolle der Instabilitätspotentiale der Weltwirtschaft fungieren sollen. Die weltwirtschaftliche Entwicklung der 80er Jahre ist wesentlich dadurch gekennzeichnet, daß bei Forschreiten der transnationalen Verflechtung von Produktion, Austausch und Finanzmärkten innerhalb der „Triade" die Disparitäten zwischen den beteiligten Nationalstaaten zugenommen haben (Aufsteiger/ Absteiger). Gleichzeitig werden von den Sprechern der internationalen Konzerne Regime eingefordert (Liberalisierung des Handels und des Kapitalverkehrs, Stabilisierung der monetären Sphäre, Sicherung von Rohstoffen, Kommunikation und Verkehr, vgl. dazu auch Gilpin, 1987, S. 381/2), die den gewandelten Kräftekonstellationen in der Weltwirtschaft Rechnung tragen und ein effektiveres internationales Krisenmanagement gewährleisten sollen. Die Konstruktion neuer Weltordnungen wird also nicht von jenen Problemlagen abstrahieren können, die durch die Weltmarktentwicklung produziert und reproduziert werden.

- Soweit die strategische Reflexion auf neue Weltordnungen von den Veränderungen der weltwirtschaftlichen Machtstrukturen ausgeht und dabei deren Reorganisation unter dem Einfluß der Auflösung des Ost-West-Gegensatzes thematisiert, geht sie von einer neuen Architektur der Weltpolitik aus, in der nicht allein die Machtposition der beiden Supermächte der Nachkriegsordnung erheblich geschwächt, sondern auch die Ordnungsfunktion der politisch-militärischen Mittel, mit denen sie ihre Vorherrschaft in der bipolaren Welt ausübten, abgewertet sein werden. Robert W. Tucker hält den Übergang von der bi- zur multipolaren Weltordnung für „eindeutig". „Es ist aber ebenso eindeutig, daß die entstehende Multipolarität sich deutlich von der der 70er und 80er Jahre unterscheiden wird. Während die frühere Multipolarität ihre Bedeutung innerhalb des weiteren Zusammenhangs der fortbestehenden Bipolarität gewann, wird die kommende Multipolarität anders sein. Früher waren Deutschland und Japan Großmächte, wenn sie nach ihrer ökonomischen Produktivität, ihren Handelsbilanzen und ihren finanziellen Überschüssen bewertet wurden; sie waren aber keine Großmächte, sofern sie nach ihrer fortbestehenden Sicherheitsabhängigkeit von den USA beurteilt wurden. In der Zukunft werden diese Staaten nicht mehr allein im ökonomischen Sinne Großmächte sein. Sie werden vor allem darin Großmächte sein, daß die politische Bedeutung ihrer ökonomischen Macht nicht länger durch eine Sicherheitsabhängigkeit bestimmt wird, die ihrer außenpolitischen Handlungsfreiheit substantielle Restriktionen auferlegt" (Tucker, 1990, S. 96/97).

Die Anerkennung einer multipolaren Ordnung, deren Führung – nunmehr als „geteilte Führerschaft" (shared leadership) von den Big Three (USA, Japan, EG/Deutschland) wahrgenommen werden soll, schließt das Projekt einer neuen Weltwirtschaftsordnung ein. Wenn die Führungsmächte ihre gemeinsame Verantwortung für Stabilität und Wachstum der Weltwirtschaft anerkennen, sind sie gehalten, zunächst ein neues internationales, monetäres Regime zu installieren, das an die Stelle des zwischen 1971 und 1973 zusammengebrochenen Bretton-Woods-Systems tritt. Die Steuerungsfunktion dieses Regimes würde vor allem darin bestehen, die Zahlungsbilanzungleichgewichte sowie die unterschiedlichen Inflationsraten unter Kontrolle zu halten. Im Bereich des Welthandels sollten – so C. Fred Bergsten – die Big Three bis zum Jahre 2000 vier Reformen implementieren: „1. Die Beseitigung aller Zölle im gesamten Handel mit Industriegütern; 2. ein vollständiges Verbot für alle quantitativen Handelsbarrieren einschließlich der freiwilligen Exportbeschränkungsabkommen; 3. eine deutliche Ausweitung der Unabhängigkeit und des Mandats, das dem GATT für die Kontrolle dieses Systems übertragen wird; 4. die Schaffung eines dem GATT vergleichbaren Instruments für Investitionsangelegenheiten, um einen stabilen Rahmen für die Tätigkeit der internationalen Konzerne herzustellen (und in diesem Bereich – vor allem in den USA – protektionistischem Druck zu begegnen) " (Bergsten, 1990, S. 109/110).

Es liegt auf der Hand, daß die Neuordnung der weltpolitischen und -wirtschaftlichen Führungsstrukturen zwischen den Big Three vor allem durch die Dynamik der politischen Entwicklungen in Europa bestimmt werden wird; denn die Auflösung des Ost-West-Gegensatzes hat nicht allein zur Neubewertung der sicherheitspolitischen Abhängigkeitsverhältnisse geführt, sondern gleichzeitig in Europa eine politische Dynamik in Gang gesetzt, deren Resultate wiederum auf den „Weg zu einer gleichberechtigten Partnerschaft über den Atlantik" (Weidenfeld/ Janning, 1990, S. 23) zurückwirken werden. Dazu kommt der weiteren Entwicklung der Europäischen Gemeinschaft (EG) eine Schlüsselrolle zu. Die Verwirklichung des Binnenmarktprogramms bis Ende 1992 sowie der Beschlüsse über die zweite Stufe der Währungsunion und schließlich die Konkretisierung des Projektes der „politischen Union" (unter Einschluß der Außen- und Sicherheitspolitik) wird die Konturen einer künftigen europäischen Ordnung (unter Einschluß der EFTA-Staaten, vor allem in Skandinavien, aber auch von ehemals sozialistischen Staaten Ost- und Mitteleuropas), die Beziehungen zur Sowjetunion (bzw. zu Rußland), die ökonomische und politische Rolle des „Neuen Deutschland" in Europa und in der Weltpolitik in hohem Maße beeinflussen. Die Neuordnung Europas, deren Profil freilich längst nicht entschieden ist, wird daher innerhalb des Gesamtprozesses der globalen Neuordnung von Machtbeziehungen eine relativ eigenständige Rolle spielen. Die Vision von der „Zivilmacht Europa", die – so wurde es bereits Anfang der 70er Jahre formuliert (Galtung, 1973; Kohnstamm/Hager, 1973) – die Supermächte zu neuen Formen der internationalen Kooperation bewegen könnte (zur Charakterisierung von Deutschland und Japan als „neuen Zivilmächten" vgl. Maull, 1990), wird angesichts der ungleichen Entwicklung, vor allem aber angesichts der divergierenden nationalen und regionalen Interessen noch schweren Belastungsproben ausgesetzt sein.

- Damit ist schon die Frage nach den Macht- und Ordnungsmitteln angesprochen, die den Übergang zu neuen, multipolaren Systemstrukturen sowie deren schließliche Stabilisierung – nach innen wie in den Außenbeziehungen – regulieren sollen. Die bipolare Ordnung beruht auf dem überlegenen ökonomischen und militärischen Potential der beiden Supermächte. Dieses verlieh ihnen – solange die Ordnung noch stabil blieb – die Macht, innerhalb der Bündnisstrukturen „den eigenen Willen auch gegen Widerstreben durchzusetzen" (Max Weber). Obwohl schon seit der Mitte der 70er Jahre die Auflösung der US-amerikanischen Hegemonie in den weltwirtschaftlichen Beziehungen die Tendenz sowohl zur Verschiebung der ökonomischen, technischen und wissenschaftlichen Machtverhältnisse als auch zu einer Regionalisierung bzw. Multipolarisierung der Weltwirtschaft bekräftigte, bewirkte das Fortbestehen der Systemkonkurrenz und der Spannungen in den Konfliktregionen der III. Welt bis zum Ende der 80er Jahre doch eine Konservierung jener bipolaren Machtstruktur, die durch die Verfügung über die militärischen Machtmittel (das sind sowohl die Waffensysteme selbst, als auch die Kommandostrukturen in den internationalen militärischen Organisationen, NATO und Warschauer Pakt) bestimmt war.

Welche neuen Ordnungen sich schließlich durchsetzen, wird daher von Determinanten internationaler Machtbeziehungen abhängen, deren objektives Gewicht, aber auch deren strategische Bewertung durch die Träger dieser Machtbeziehungen selbst (Regierungen, Management der internationalen Konzerne, militärische, politische, wissenschaftliche Eliten) zum Gegenstand heftiger Kontroversen geworden ist, die ihrerseits die allgemeine Unsicherheit bzw. Unübersichtlichkeit im Hinblick auf die weltwirtschaftliche und -politische Entwicklung widerspiegelt. Anhand des „Streits der Schulen" über die Reformulierung der Machtkategorien für die internationalen Beziehungen konnte schon gezeigt werden, daß gerade hier die verschiedenen Interessen sowie die unterschiedlichen theoretischen Grundpositionen der Analytiker besonders hart aufeinanderprallen. Wer vom Primat der weltwirtschaftlichen Verflechtungen und der darauf sich gründenden Interdependenzgeflechte ausgeht, der prognostiziert für die Zukunft eine weitere Abwertung der militärischen Komponenten internationaler (hegemonialer) Macht. Die Verfügung über ökonomische und finanzielle Macht in der Weltwirtschaft, die Kontrolle von Wissenschaft und technologischer Entwicklung, die Beherrschung von transnationalen Kommunikationskanälen, ja selbst der Kultur wird so als die für die Organisation einer künftigen, multipolaren Ordnung entscheidende Komponente des internationalen Machtsystems gedeutet.

Robert W. Tucker hat die Sichtweise der Interdependenz-Schule prägnant zusammengefaßt: „Das Schicksal der Interdependenz in der Welt, die nicht mehr durch den Kalten Krieg und nicht mehr durch eine hegemoniale Macht beherrscht wird, bleibt notwendig spekulativ. Weniger ungewiß dagegen erscheint in dieser Welt der Charakter der Macht. Der Niedergang der militärischen Macht – nunmehr ziemlich offenkundig – braucht nicht unbedingt durch einen entsprechenden Bedeutungszuwachs im Nutzen der ökonomischen Macht kompensiert zu werden. Die Macht ist keine Konstante in der Geschichte der Menschheit. Es könnte durchaus sein, daß im zukünftigen internationalen System Macht zunehmend entwertet wird, daß auch die ökonomische Macht nicht mehr das erreichen kann, was durch militärische Macht gesichert werden sollte. Dennoch ist es wahrscheinlich, daß die verbleibende Macht in wachsendem Maße ökonomisch bestimmt sein wird und weitgehend die Form von Handels- und Finanzüberschüssen annehmen wird. Wenn die Macht gemessen werden soll, dann wird der wirtschaftliche Reichtum der Nationen nicht mehr der entscheidende Indikator sein. Statt dessen wird der Maßstab einer Nation mehr und mehr durch die Verfügung über Kapital und Waren auf dem Weltmarkt definiert werden. Nach diesem Maßstab wird die Macht von Japan und Deutschland beträchtlich, die Macht der USA relativ bescheiden sein“ (Tucker, 1990, S. 106/7). Für die bevorstehende Neuordnung Europas gehen in diesem Sinne die meisten Autoren davon aus, daß die Prämissen der alten Sicherheits- und Abschreckungspolitik entleert sind. Da die Abschreckungsfunktion der Atomwaffen abgewertet sei, muß sich eine neue Sicherheitsstruktur für Europa letztlich auf ökonomische und ökologische Kooperation nach dem Vorbild der EG stützen (Senghaas, 1990., S. 19 ff.; Weidenfeld/ Janning, 1990, S. 23 ff.).

Andere Autoren akzeptieren zwar die These von der Tendenz zur Multipolarisierung sowie zur Aufwertung der ökonomisch/finanziellen Macht für internationale Ordnungen; gleichwohl gehen sie davon aus, daß die verschiedenen Pole bzw. Zentren der Weltpolitik keineswegs allein nach dem Kriterium der Interdependenz zu differenzieren sind. Die Macht, über die jene Zentren verfügen, speist sich aus verschiedenen Quellen: militärischen, demographischen, ökonomischen und finanziellen, kulturellen. Die Ausübung von Macht wird jeweils in der Kombination mehrerer Variablen erfolgen. Für die Sowjetunion und China werden die militärischen und demographischen Faktoren ein größeres Gewicht besitzen; die USA werden ihre internationale Machtposition in der Kombination von militärischer und ökonomisch-monetärer Macht (über den Dollar vermittelt, vgl. Hübner, 1990, S. 87) behaupten wollen. Für Japan und Deutschland wird die Kontrolle ökonomischer und finanzieller Machtressourcen im Vordergrund stehen.

Aus dieser ungleichen Gewichtung der „Machtwährungen" entstehen Konkurrenz- und Konfliktpotentiale, die namentlich in der Auseinandersetzung um neue hegemoniale Ordnungen zur Geltung kommen werden. Für Stanley Hoffmann hängt daher das „Schicksal der neuen Welt von der Fähigkeit der 'Pole' ab, soweit zusammenzuarbeiten, daß sie Konflikte – unter Einschluß der Regionalkonflikte – verhindern oder abschwächen können, und daß sie diejenigen Ungleichgewichte der Weltwirtschaft korrigieren, die – sollten sie fortbestehen – einige Staaten bzw. deren Öffentlichkeit dazu veranlassen könnten, sich zurückzuziehen oder den Impuls der Interdependenz zu unterbrechen" (Hoffmann, 1990, S. 121).

Schließlich haben sich auch die neorealistischen Skeptiker zu Wort gemeldet. Sie begreifen die Auflösung der stabilen, bipolaren Ordnung der Nachkriegszeit als einen Rückfall in einen anarchischen Zustand des internationalen Systems, in dem die einzelnen Staaten – nunmehr freigesetzt von den Restriktionen, die ihnen der Systemgegensatz vor allem aufgrund seiner militärisch-atomaren Abschreckungslogik auferlegt hatte – zum Kampf um Machtpositionen und Selbsterhaltung übergehen. „Unter den Bedingungen der Anarchie streben die Staaten danach, ihre Macht im Verhältnis zu anderen Staaten zu maximieren, um die Mittel der Selbstverteidigung zu erhalten. Die relative Macht – nicht das absolute Niveau der Machtentfaltung – interessiert die Staaten am meisten. Daher suchen sie nach Gelegenheiten, ihre Gegner zu schwächen und ihre relative Machtposition zu verbessern. Gelegentlich betrachten sie dabei die Aggression als das beste Mittel, um mehr Macht auf Kosten ihrer Rivalen zu akkumulieren" (Maersheimer, 1990, S. 12).

Da in diesem Machtkampf in letzter Instanz die Waffen bzw. deren Abschreckungspotential entscheiden, kann die Konstruktion neuer Ordnungen in einer multipolaren Welt nicht über die Institutionalisierung weltwirtschaftlicher Regime erfolgen; denn diese haben ja die Anerkennung eines Regulations- bzw. Souveränitätsverlustes der Nationalstaaten auf dem Felde der nationalen und internationalen Wirtschaftspolitik zur Voraussetzung. Vor allem im Hinblick auf die Neuordnung Europas (aber natürlich auch im Blick auf die Konfliktregionen in der Welt) plädiert diese Position dafür, daß die USA ihre nach wie vor überlegene militärisch-politische Macht einsetzen, um ein neues Gleichgewicht der nuklearen Abschreckung gegen die Gefahr eines Krieges (auch in Europa) zu etablieren. Mit der Konzentration auf die militärisch-politischen Ordnungsmittel verbindet sich also nicht allein das Interesse, den globalen Führungsanspruch der USA neu zu begründen und zu verteidigen („unilaterale Ordnung"), sondern auch der Versuch, der Abwertung des „Sachbereichs Sicherheit" zugunsten der wirtschaftlichen Wohlfahrt in der internationalen Politik entgegenzuwirken. Darin reflektiert sich zugleich ein konkretes Interesse der Militärs und Sicherheitsexperten der westlichen Staaten; denn diese „... suchen, nachdem sich die Sowjetunion als Gegner verabschiedet hat, geradezu verzweifelt nach Begründungen für ihre weitere Existenz. Sie werden unterstützt von den wirtschaftlichen Rüstungsinteressen, die mit ihrer Werbung für weitere Waffenmodernisierung und Aufrüstung bestätigen, daß es doch so etwas wie einen militärisch-industriellen Komplex gibt" (Czempiel, 1990a, S. 848).

• Der wesentliche Mangel aller strategischen Reflexionen über die Architektur neuer Ordnungen besteht freilich darin, daß sie mit Modellen der tatsächlichen bzw. potentiellen Machtveränderung im internationalen System operieren, die entweder eine abstrakte Trennung von politischer und ökonomischer Macht vornehmen und daher die nationalen Machtstaaten – in Anlehnung an den Hobbes'schen Naturzustand ("Krieg Aller gegen Alle") – als quasi-vorgesellschaftliche Individualitäten konzipieren (Rupert, 1990, S. 429). Oder sie schreiben dem Weltmarkt eine Eigendynamik zu, die sich – wenn nur die Friktionen des nationalen Protektionismus einmal durch internationale Regime beseitigt sind – auf eine beständige Mehrung des materiellen Wohlstandes, der Nivellierung der ungleichen Entwicklung und der Aufhebung von sozialen, politischen und ideologischen Interessensgegensätzen zu bewegt, die in der Vergangenheit kriegerische Auseinandersetzungen bzw. den Aufbau von gewaltigen militärischen Abschreckungspotentialen verursachten. Wenn Francis Fukuyama das „Ende der Geschichte" mit dem „klaren Triumph des wirtschaftlichen und politischen Liberalismus" über die großen totalitären Gegener des 20. Jahrhunderts (Faschismus, Kommunismus) identifiziert, so unterstellt er für die Binnenverhältnisse der entwickelten kapitalistischen Staaten, daß Privateigentum, Markt und Demokratie „die Klassenfrage im Westen erfolgreich gelöst" und eine im Grunde „egalitäre" Gesellschaft etabliert habe (Fukuyama, 1990, S. 12). Für die Außenpolitik unterstellt er eine „zunehmende 'ökonomische Integration' und die Verringerung der Wahrscheinlichkeit von großen Konflikten zwischen den

Staaten". An die Stelle der alten, ideologischen Großkonflikte treten „in kommenden Jahrhunderten der Langeweile ... wirtschaftliche Kalkulationen, endloses Lösen technischer und Umweltprobleme, und die Befriedigung ausgefallener Konsumentenwünsche" (ebd., S. 24/25).

Solche Siegermentalität, die den Kapitalismus und die liberale Demokratie als das letzte Wort der Geschichte ausgeben möchte, mag als ideologischer Reflex auf den Zusammenbruch des sozialistischen Staatensystems und die Existenzkrise der Sowjetunion noch verständlich erscheinen. Ob allerdings der Stillstand der Geschichte, der nunmehr eintreten soll, den Triumph in Langeweile verwandelt, oder ob er bald angesichts der neuen internationalen Problemlagen und Interessenskonflikte als oberflächlicher Genuß einer weltgeschichtlichen Atempause beurteilt werden wird, hängt in entscheidendem Maße davon ab, ob Kapitalismus, Markt und liberale Demokratie tatsächlich als globale Ordnungsmittel für die Konstruktion neuer Ordnungen zu wirken vermögen. Angesichts des Problemstaus, der sich gerade in den 80er Jahren akkumuliert hat, dürfte allerdings deren Effizienz und Tauglichkeit schnell in Frage gestellt werden. Ein beträchtlicher Teil dieser Probleme resultiert ja schon aus der Dynamik des kapitalistischen Weltsystems, die in den 80er Jahren eine Stärkung der kapitalistischen Wirtschaftszentren und eine Aufwertung der gewinnwirtschaftlichen Steuerungsmechanismen herbeigeführt hat. Die Bilanz von Gewinnen und Verlusten, die ihrerseits die äußerst widersprüchlichen Anforderungen an die Konstruktion neuer Ordnungen definiert und den Inhalt der damit notwendig verbundenen sozialen und politischen Machtkämpfe (sowohl zwischen den Staaten als auch innerhalb der Staaten) ausmacht, läßt sich folgendermaßen strukturieren:

- Wenn von der neuen, globalen Konfrontation zwischen den reichen und den armen Regionen der Welt die Rede ist, so wird dabei meist übersehen, daß sich auch in den entwickelten kapitalistischen Zentren – als Folge der Durchsetzung des neuen Akkumulationstyps und der marktradikalen Deregulierungsmaßnahmen konservativer Regierungen – innere Widerspruchs- und Konfliktfelder ausgeweitet haben, die gerade nicht durch die bloße Verbesserung der Rahmenbedingungen für eine weltmarktorientierte Modernisierung beseitigt werden können. Sie bilden zugleich das Terrain für die sozialen und politischen Kämpfe, in denen letztlich die Frage im Mittelpunkt steht, ob die Deregulierungspolitik fortgesetzt werden soll, oder ob eine neue Politik der „Re-Regulation", d. h. auch der sozialpolitischen Gegensteuerung gegen die ungehinderte Wirksamkeit der Marktkräfte durchgesetzt werden soll.

Gewiß bestehen erhebliche Differenzen in der Bedeutung solcher Problemfelder zwischen den USA, Japan und den Mitgliedstaaten der EG. Gleichwohl drückt allgemein ein erheblicher Bedarf an infrastrukturellen und sozialpolitischen, d. h. auch beschäftigungspolitischen Interventionen, um den weit verbreiteten „Notständen“ in Bereichen des öffentlichen Verkehrs, des Wohnungswesens (vor allem in den großstädtischen Ballungsräumen), des Gesundheits- und Bildungswesens, der ansteigenden Armut, die ihrerseits Voraussetzungen für Marginalisierung, Kriminalität, Gewaltkulturen und Drogenkonsum bilden, entgegenzuwirken. Dieser innere Rekonstruktionsbedarf wird durch wirtschaftliche Rezessionstendenzen sowie durch den anwachsenden Strom von Migranten aus den ärmeren Regionen der Welt noch verstärkt. Die Freisetzung der Marktkräfte, eine angebotsorientierte Wirtschafts- und Finanzpolitik und die Erhöhung der Rüstungsausgaben können diese Probleme nicht lösen. Sie begünstigen lediglich die auf den Weltmarkt orientierten Hochtechnologiesektoren und Teile des Dienstleistungssektors. Dabei reproduzieren sie sowohl die alten und neuen Spaltungslinien zwischen Armen und Reichen, zwischen relativ privilegierten Kategorien der Lohnabhängigen und den in prekären Beschäftigungsverhältnissen Tätigen, zwischen einheimischen „Kernbelegschaften“ und ausländischen „Randsegmenten“ des Arbeitsmarktes. Außerdem blockiert der Rüstungshaushalt die Spielräume für eine Neuorientierung der staatlichen Ausgabenpolitik.

Schwieriger noch stellt sich die Bearbeitung dieser Problemlagen im Zusammenhang der jeweiligen Produktivitätsrückstände, der „Schuldenberge“, die die meisten kapitalistischen Staaten vor sich herschieben und vermehren, sowie der Entwertung von spekulativ vermehrtem Finanzkapital dar, die nunmehr bei einem Rückgang der binnen- und weltwirtschaftlichen Nachfrage krisenverschärfend wirken müssen. Zumal für die kapitalistischen Zentren der Triade ist schon zu Beginn der 90er Jahre offenkundig geworden, daß die Gestaltung neuer Ordnungen im internationalen System nicht von der Bewältigung dieser Binnenprobleme abstrahieren kann. Zugleich ist damit das Terrain benannt, auf dem in den 90er Jahren die Auseinandersetzungen um die Ablösung des neokonservativen „Blocks an der Macht“ stattfinden werden. Die Ergebnisse dieser Kämpfe werden selbst wiederum auf die hegemoniale Struktur des internationalen Systems einwirken.

- Die tiefe wirtschaftliche und politische Krise der Staaten Mittel-, Ost- und Südosteuropas ist zunächst eine Folge des Zusammenbruchs der alten Ordnungen. Schon nach kurzer Zeit wurden jedoch vorschnelle Hoffnungen – bei den neuen politischen Führungsgruppen wie vor allem bei den Volksmassen selbst – enttäuscht, die mit der Öffnung zum Weltmarkt, der Privatisierung und der Etablierung der liberalen Demokratie eine baldige Überwindung des alten – mit der sozialistischen Staatswirtschaft identifizierten – Mängelsystems erwarteten. „Die Länder Osteuropas haben keine ökonomische Dynamik entwickeln können. Die Umweltschäden sind erheblich. Ihr Wirtschaftswachstum und technologisches Niveau blieben weit hinter denen des Westens zurück. Politisch-administrative Kraftakte haben diesen Zustand nicht verbessert, sondern verschlechtert. Die Produktion ist in allen diesen Ländern im vergangenen Jahr (1990) gesunken – mit Raten zwischen 2 % in der Sowjetunion und 22 % in Polen; die Wirtschaft befindet sich in einem beschleunigten Zerfall, und die politischen Grundstrukturen der Gesellschaft lösen sich auf" (Memorandum '91, S. 5).

Die Konstruktion neuer Ordnungen wird zunächst davon abhängen, ob und in welchen Zeiträumen es gelingt, diese Krise zu überwinden und dabei die Stabilität demokratischer Institutionen zu gewährleisten. Sofern jedoch in diesen Räumen keine stabile und wachsende zahlungsfähige Nachfrage entsteht, die ihrerseits eine beträchtliche Steigerung der gesamtwirtschaftlichen Produktivität sowie eine aktive staatliche Industrie-, Sozial- und Umweltpolitik zur Voraussetzung hätte, werden sie zur Peripherie des Weltmarktes degradiert und in den Zusammenhang der internationalen „Schuldenfalle" einbezogen, die das Wirtschaftswachstum ebenso wie die staatlichen Entwicklungspotentiale letztlich systematisch blockiert. Das Scheitern der Politik der „importsubstituierenden Industrialisierung", das zahlreiche Entwicklungsländer z. B. in Lateinamerika in den vergangenen Jahrzehnten erfahren haben, könnte so die Marginalisierung dieser Räume im Weltmarkt verstärken.

Wo immer der Markt und die liberale Demokratie sich als unfähig erwiesen haben, Profitsteigerung und Produktivitätswachstum sowie die Verbesserung der Arbeits- und Lebensbedingungen der Lohnabhängigen in einer gewissen Proportionalität auszubalancieren und dabei über die Konkurrenz zwischen den großen, politischen Machtblöcken (Deregulierung/ Re-Regulation) auch die Legitimation politischer Macht zu reproduzieren, sind Verhältnisse der außerökonomischen Gewalt in den Vordergrund getreten. Da jedoch auf absehbare Zeit für die Länder Ost- und Mitteleuropas (einschließlich der Sowjetunion) ein schneller Anschluß an das Produktivitätsniveau der Zentren des kapitalistischen Weltmarktes nicht zu erwarten ist und diese Länder – zur Bewältigung von existenzsichernden Maßnahmen (z. B. Versorgung mit Lebensmitteln) – auf fremde Hilfe angewiesen sind, werden auf dem Boden der sozialökonomischen Krise, des Zusammenbruchs der alten politischen, ideologischen und kulturellen Ordnungen und der Marginalisierung als Konsequenz der Öffnung zum Weltmarkt (Privatisierung plus Konvertibilität der nationalen Währungen) außerökonomische Konflikt- und Gewaltpotentiale eher noch an Bedeutung gewinnen. Die Nationalitätenkonflikte z. B. in der Sowjetunion, in der CSFR und in Jugoslawien, die schon mehrfach die Grenzen zur offenen, militärischen Gewaltanwendung überschritten haben, sind insofern nicht allein Ausdruck einer historischen

Erblast, die von den kommunistischen Regimen offenbar nur unterdrückt worden war, sondern auch Artikulationsformen sozialer Verhältnisse und Widersprüche, die auf lange Sicht die Hoffnung auf ein Erblühen einer kapitalistischen Marktwirtschaft beeinträchtigen, die durch sozialstaatliche Institutionen gesichert und mit einer stabilen demokratischen Legitimation ausgestattet sind. „Die Aussicht für die liberale Demokratie in dieser Region erscheint eng und ungewiß. Und die Alternativen, ausgehend von der Unwahrscheinlichkeit einer Rückkehr zum Sozialismus, werden ziemlich sicher militärisch und rechtsorientiert, oder beides zusammen sein“ (Hobsbawm, 1991, S. 27).

Für die Konstruktion neuer Ordnungen steht die zukünftige wirtschaftliche und politische Entwicklung in diesem Raum in einem engen Zusammenhang mit der Reorganisation des „europäischen Hauses“ (dessen Architektur freilich längst nicht mehr der Gorbatschow'schen Vision der Jahre 1985/86 entspricht, vgl. Gorbatschow, 1987, S. 252 ff.). Die Rolle Europas in der Weltwirtschaft und der Weltpolitik des ausgehenden Jahrhunderts wird letztlich davon abhängen, wie im kommenden Jahrzehnt die doppelte Aufgabe der Beschleunigung der wirtschaftlichen und politischen Integration Westeuropas (also der EG-Staaten unter Einschluß der reicheren EFTA-Länder) und a) der Verarbeitung der gewachsenen wirtschaftlichen und politischen Macht des vereinten Deutschland in der Mitte Europas, und b) der schrittweisen Entwicklung und der stufenweisen Integration ehemals sozialistischer Länder im Osten Europas bewältigt werden wird. Dazu kommt die schwierige Aufgabe, eine neue europäische Sicherheitsordnung zu schaffen. Diese muß sowohl den machtpolitischen Status der beiden alten Supermächte (der USA und der Sowjetunion) neu definieren als auch der Gefahr permanenter militärischer Konflikte und Bürgerkriege in Mittel- und Südosteuropa begegnen. Je mehr sich allerdings die ungleiche sozialökonomische Entwicklung in Europa zu einer Spaltung zwischen den westlichen Zentren und einer östlichen Peripherie verschärft, um so mehr wird auch der Rekurs auf die militärisch-politischen Ordnungsmittel sowie der damit verbundene Kampf um eine hegemoniale Führungsrolle in Europa zwischen den mächtigsten EG-Staaten (BRD, Frankreich, Großbritannien) in den Vordergrund treten. Die Architektur des neuen Europa stellt sich mithin als eine außerordentlich komplexe und schwierige Aufgabe dar, die durch die blinde Zuversicht auf die Selbstheilungskräfte des Marktes sowie die ausgleichende Stabilität der liberalen Demokratie keineswegs zu lösen sein wird.

- Der großen Mehrheit der Entwicklungsländer brachten die 80er Jahre eine erhebliche Verschlechterung ihrer Position in der Weltwirtschaft sowie ihrer Entwicklungschancen. Dieter Boris faßt die sozialökonomischen Trends der Abhängigkeit, der Marginalisierung und der Verelendung zusammen: „Es ist unbestritten, daß seit Beginn der 80er Jahre die große Mehrheit der Entwicklungsländer die schwerste Krise seit der großen Weltwirtschaftskrise zu Beginn der 30er Jahre durchgemacht und in vielen Ländern gerade die Schuldenkrise folgendes bedeutet: Rückgang des BIP-Pro-Kopf-Einkommens, Erhöhung der Säuglingssterblichkeit ..., Vertreibung der unmittelbaren Produzenten vom Land, Zunahme des Hungers, Anstieg der sog. Marginal-Bevölkerung und der Zahl der Arbeitskräfte im sog. informellen Sektor, Ausverkauf der nationalen Ressourcen, weitere Zerstörung der natürlichen Umwelt in vielen Ländern der Dritten Welt, kompromißlose Orientierung der Wirtschaftspolitik auf den Export und die Zahlung des Schuldendienstes ... Regional traf diese tiefe Krise besonders Lateinamerika und das sub-saharische Afrika, auch einige Länder des Nahen Ostens und Südasiens; vergleichweise gut aus dieser Krise sind einige Länder Ostasiens wie auch die Volksrepublik China und Indien hervorgegangen" (Boris, 1989, S. 90/91).

Es ist immer problematischer geworden, von *der* Dritten Welt zu sprechen, zumal mit der Auflösung der „Zweiten Welt" der ehemals sozialistischen Staaten ohnehin jenes Unterscheidungskriterium entfällt, das den Entwicklungsländern einen gemeinsamen Namen gab. Einige ehemalige Entwicklungsländer in Ostasien haben über einen rasanten Industrialisierungs- und Modernisierungsprozeß Anschluß an den Weltmarkt gefunden; andere – vor allem in Afrika – sind infolge von wirtschaftlicher Stagnation, Verschuldung, Bevölkerungsexplosion und Kriegen immer tiefer in den Sog der Verelendung hineingezogen worden. Andere wiederum – vor allem in Lateinamerika – erleben die Krise eines wesentlich kreditfinanzierten Industrialisierungschubes in den 70er Jahren. Daher kann auch kaum noch von *den* gemeinsamen Interessen der Entwicklungsländer als einer politisch wirksamen Kraft in der Weltwirtschaft und Weltpolitik gesprochen werden. Der Erdölpreis z. B. konfrontiert die ärmeren ölproduzierenden mit den armen ölimportierenden Ländern, die hohe Ölpreise meist nur durch eine höhere Außenverschuldung begleichen können.

Auch politisch ist das Gewicht der Dritten Welt seit den 70er Jahren geschwunden. Die antiimperialistischen Bewegungen haben an Kraft verloren. Experimente einer eigenständigen – an das sozialistische Staatensystem und den RGW gekoppelten – Entwicklung sind schon vor 1989 weitgehend gescheitert bzw. haben diejenige Ausstrahlungskraft eingebüßt, die noch bis in die 70er Jahre hinein wirkte. Die Bewegung der Blockfreien, die seit den 50er Jahren die Forderungen der nicht-paktgebundenen Entwicklungsländer nach Unabhängigkeit und ökonomischem Fortschritt artikulierte, ist nicht erst mit dem Verfall des Staates Jugoslawien (das lange Zeit als einer der Sprecher der „Blockfreien" agierte) in eine Krise geraten. Die Forderung nach einer „neuen Weltwirtschaftsordnung", die seit 1974 im Rahmen der

UNO und ihrer Organisationen erhoben wurde, ist in den 80er Jahren zu einer politisch einflußlosen Formel erstarrt. „Der ökonomische Rückschlag in den meisten Ländern, die mit der Schuldenkrise verbundene relative Ohnmachtssituation, die Rechtsentwicklung in vielen Ländern ..., das tendenzielle Wiederaufleben des Kalten Krieges mit entsprechenden externen Anstachelungen von intern verursachten sog. Regionalkonflikten, die zunehmende ökonomische Differenzierung zwischen den Entwicklungsländern – all dies trug dazu bei, daß auf den internationalen Konferenzen mit Beteiligung der Entwicklungsländer und im sog. Nord-Süd-Dialog das Gewicht und die Stimme der Dritten Welt als Ganzer stark zurückging" (Boris, 1989, S. 93/94).

Die multipolare Weltordnung ist ein Projekt des Trilateralismus, also der reichen Zentren in der nördlichen Hemisphäre (Scherrer, 1990). Seine ökonomischen Träger sind die transnationalen Konzerne der Hochtechnologiesektoren und des Dienstleistungskapitals. Jede exklusive Stabilisierung der weltwirtschaftlichen Beziehungen innerhalb der Triade muß die Spaltung zwischen den Zentren und der Peripherie, zwischen den reichen und den armen Regionen der Weltwirtschaft zementieren. Die Interdependenz- und Abhängigkeitsverhältnisse, die durch die internationale Verschuldung, durch die Entwicklung der Terms-of-Trade, durch die Währungs- und Finanzpolitik in den Zentren sowie insgesamt durch die von den Zentren bestimmte Weltmarktkonjunktur reproduziert werden, wirken somit notwendig als Sprengsatz innerhalb der Weltordnung. Sofern also die Konstruktion neuer Ordnungen diesen globalen Herausforderungen gegenüber indifferent oder ohnmächtig bleibt, werden alle Strategien zur Reorganisation der weltwirtschaftlichen und -politischen Machtverhältnisse mit einem anwachsenden Konflikt- und Gewaltpotential konfrontiert werden, das in diesen Spaltungen seine wesentliche Ursache hat.

Da aber die Dritte Welt nicht als eine geschlossene politische Formation agiert, werden solche Konflikte eher als regionale Konflikte aufbrechen und ausgetragen werden. Nachdem die Systemkonkurrenz nicht länger als Begründung für gewaltsame Interventionen in der Dritten Welt herangezogen werden kann, tritt die gewaltsame Sicherung der wirtschaftlichen und politischen Interessen der reichen, kapitalistischen Länder des Nordens, also der alten „Ersten Welt", immer deutlicher in den Vordergrund. Die Sicherung der Rohstoffzufuhr (vor allem Öl), die gewaltsame Stabilisierung von Konfliktregionen, militärische Interventionen im Drogenkrieg und bei Öko-Konflikten, politisch-administrative Maßnahmen, um den Strom von Einwanderern aus der Dritten Welt in die reichen Zentren des Nordens abzuwehren – das sind jene Ordnungsmittel, die die Kapitulation vor der Schaffung einer „gerechten Weltordnung" zur Voraussetzung haben und die letztlich als Instrumente des Krieges gegen alle möglichen Bedrohungen der westlichen Zivilisation eingesetzt werden.

Der Londoner „Sunday Telegraph“ hat zum Beginn des Golf-Krieges am 20. Januar 1991 dieses neue Ordnungsdenken von politischen und militärischen Führungsgruppen im Westen (das sich leicht populistisch zu gebärden vermag) sehr klar ausgedrückt: „Der Interessengegensatz zwischen der Ersten und der Dritten Welt existiert und keine die erstgenannte zufriedenstellende internationale Ordnung sollte auf der Entscheidung einer Institution (hier: der UNO) aufbauen, die der Zahl nach von den letzteren dominiert wird. Früher oder später wird die Dritte Welt andere Herausforderungen aufwerfen. Aber wenn der Golfkrieg aufhört, wie er begonnen hat, kann es keinen Zweifel darüber geben, wer jetzt die Herren sind – jedenfalls für die nächste Generation ... Nicht nur unsere Waffen werden sich in spektakulärer Weise durchgesetzt haben, auch unsere Ideen“ (zit. n. Frank, 1991, S. 301).

So zeichnen sich die Konturen einer Weltordnung ab, die sich radikal von den Visionen des „neuen Denkens“ abhebt. Dieses hatte das Ende des Ost-West-Gegensatzes und des Kalten Krieges als eine welthistorische Chance angesehen, kooperative Strategien für die Bewältigung der „globalen Menschheitsprobleme“ (vor allem: Bevölkerungswachstum und Elend in der Dritten Welt, ökologische Katastrophenpotentiale) zu entwickeln, die mit der Abrüstung und der Überwindung der Abschreckungslogik zugleich über beträchtliche materielle Ressourcen verfügen könnte. Seit Anfang 1991 hat der Golf-Krieg allerdings den „Utopien von ’89“ ein schnelles Ende bereitet (Rossanda, 1991). Nunmehr zeichnen sich die Konturen einer weltpolitischen Architektur ab, die die Regulation von multipolaren Machtbeziehungen innerhalb der Triade der kapitalistischen Zentren mit einer Kriegserklärung an die Dritte Welt verbinden. Die reichen Länder rücken – unter der politisch-militärischen Führung der USA – zusammen, um ihre Ökonomien, aber auch das Konsum- und Zivilisationsmodell der westlichen Welt mit Gewalt gegen alle Gefahren des Nationalismus, Fundamentalismus, Terrorismus etc. aus der Dritten Welt abzuschotten und zu verteidigen. Es wäre dies – wie Mary Kaldor betont hat – eine „neofordistische Welt, in der die Prioritäten des fordistischen Zeitalters die Anwendung der neuen Informationstechnologien bestimmen werden – eine Welt, in der Militärausgaben und privater Konsum Priorität besitzen, eine Welt, die energie- und transportintensiv ist. Dies wird eine stagnierende Welt sein, in der die Kosten von militärischen Abenteuern und des privaten Konsums am meisten die Menschen in der Dritten Welt belasten – über hohe Zinsraten, hohe Ölpreise und die entgangene Friedensdividende. Und es wird eine exklusive Welt sein, in der sich die reichen Länder gegen den Druck der Migration und die Bedrohung durch den Terrorismus abschotten werden“ (Kaldor, 1991, S. 22).

Diese Ordnung beruht auf militärischer Gewalt und sie erzeugt notwendig neue Gewaltverhältnisse; denn sie sichert ein Gesellschafts- und Herrschaftsmodell, das letztlich die Ursachen der Armut, der Ressourcenvernichtung, der Ohnmachterfahrung und der Frustration in den armen Regionen der Weltgesellschaft konserviert und damit gewaltsame Konflikte unvermeidlich werden läßt. Claus Ewig hat diese Katastrophenlogik, die zum Krieg treibt, wie folgt zusammengefaßt: „ Im Jahre 2000 werden 6, 2 Milliarden Menschen auf der Erde leben. Im Jahre 2025 werden es etwa 8, 5 Milliarden sein. Neun Zehntel des Zuwachses entfallen auf die Entwicklungsländer. Schon jetzt, Anfang der neunziger Jahre, verhungern jährlich 14 Millionen Kinder. 800 Millionen Menschen vegetieren an der Grenze zum Existenzminimum vor sich hin; 770 Millionen können sich nicht so ernähren, daß es sie zur Arbeit befähigen würde; 1, 3 Milliarden haben keinen Zugang zu sauberem Wasser. Gleichzeitig werden pro Tag drei Milliarden Mark für Rüstung und Kriegsforschung ausgegeben. Ja, glauben wir denn, die betroffenen Menschen lassen sich das auch dann noch bieten, wenn sie erstmals die Möglichkeit haben, Rache an denen zu üben, die hätten helfen können? Die Endstation des Zuges, in dem wir derzeit noch sitzen und für den es weder einen Fahrplan noch Weichen, noch Haltesignale zu geben scheint, heißt Krieg" (zit. n. Mähler/ Schmid, 1991, S. 7).

## 4. 3. „Ist es nicht wunderbar, Amerikaner zu sein?" (George Bush)

Im Sommer des Jahres 1990 war die Aufmerksamkeit der Weltöffentlichkeit ganz auf Europa gerichtet. Die Auflösung der alten Ordnungen und der Prozeß der Neustrukturierung internationaler Machtverhältnisse schien sich auf den „alten Kontinent" zu konzentrieren, dem noch Anfang der achtziger Jahre diesseits und jenseits des Atlantiks eine nicht zu heilende Sklerose, ein unaufhaltsamer Abstieg bescheinigt worden war. Jetzt aber Michail Gorbatschow und Helmut Kohl als die „Männer des Jahres", deren kühne Entscheidungen den strukturellen Determinanten des Geschichtsprozesses konkrete Wirksamkeit und atemberaubende Geschwindigkeit verliehen hatten. Dazu – gleichsam als Dritter im Bunde – der dynamische und erfolgreiche Präsident der Brüsseler EG-Kommission, der Franzose Jacques Delors, dessen Wirken für die Beschleunigung der wirtschaftlichen und politischen EG-Integration seit 1985 zugleich als eine beeindruckende Demonstration politischer Führungsfähigkeit anerkannt wurde (Hoffmann, 1990b).

Zwei Themen beherrschten die Diskussion, die ihrerseits im Horizont europäischer Politik eng miteinander verflochten sind: auf der einen Seite die künftige Rolle des vereinten Deutschland in der westeuropäischen wie der gesamteuropäischen Politik; auf der anderen Seite die allgemeine Unsicherheit über das weitere Schicksal der Sowjetunion und ihrer politischen Führung. Dabei hatte sich weitgehend die Überzeugung gefestigt, daß die zukünftige Bearbeitung dieser Neuordnungsprobleme vor allem auf dem Wege der wirtschaftlichen Kooperation erfolgen werde: „Ob sich in Europa aus der gegenwärtigen Übergangsphase eine lebensfähige Ordnung entwikkeln wird, dürfte überwiegend von tragfähigen wirtschaftlichen Lösungen abhängen. Eine neue Sicherheitsordnung wird es nur dann geben, wenn das Management der Wirtschaftsbeziehungen zwischen Nordamerika, Westeuropa und Japan größere Spannungen verhindert, die Integration innerhalb Europas über '1992' hinausgeführt wird, die wirtschaftliche Vereinigung der Deutschen im Rahmen der EG erfolgreich ist, eine neue Gruppierung reformistischer osteuropäischer Staaten mit besonderen Bindungen zur Gemeinschaft entsteht und die sowjetischen Hoffnungen auf wirtschaftlichen Ausgleich für ihren strategischen und politischen Rückzug nicht enttäuscht werden“ (Nerlich, 1990, S. 484).

In Europa selbst schienen die alten, politischen Führungsmächte – Frankreich und Großbritannien – an den Rand des Geschehens gedrängt und mit erheblichen Orientierungsproblemen konfrontiert. Die Verlagerung des wirtschaftlichen und nun auch des politischen Gravitationszentrums in die „Mitte Europas“, also nach Deutschland, aber auch die mit der Wiederherstellung der vollen deutschen Souveränität vollzogene Aufhebung der Sonderrechte der Siegermächte des Zweiten Weltkrieges mußte namentlich die französische Außen- und Sicherheitspolitik verwirren. Diese hatte zwar zuvor die wirtschaftliche Dominanz der BRD in Europa anerkannt; aber sie hatte nun doch darauf spekuliert, diesen Preis gegen eine sicherheits- und außenpolitische Führungsrolle Frankreichs in der EG einzutauschen (Yost, 1990). Die britische Premierministerin Margaret Thatcher mußte gar bis zum Ende des Jahres 1990 ihre gescheiterte Wirtschafts- und Steuerpolitik (zu guter Letzt die „Poll-Tax“), vor allem aber ihren Widerstand gegen eine verstärkte EG-Integration sowie gegen eine allzu schnelle deutsche Einigung mit dem Verlust ihres Amtes bezahlen.

Die politische Debatte in den USA stand ganz im Zeichen der Auseinandersetzungen um die Decline-Thesen. Daß die USA nun endgültig keine Supermacht mehr seien, sondern lernen müssen, *eine* Macht neben anderen zu sein, wurde selbst von ultrakonservativen Hardlinern wie Jeane Kirkpatrick (1990, S. 16) anerkannt. Die künftigen Beziehungen zu Japan, Deutschland und Europa wurden im Kontext einer unvermeidlichen Mulitpolarisierung bzw. Dezentralisierung der weltwirtschaftlichen und weltpolitischen Machtverhältnisse anerkannt. Auf diesem – mit zahlreichen Unsicherheiten und Konfliktpotentialen beladenen – Felde habe sich die amerikanische Außenpolitik fortan zu bewegen und neu zu orientieren. Dazu kam die bittere Erkenntnis, daß die Reagan'sche Politik – vor allem aufgrund ihrer verheerenden Konsequenzen für die Binnenstrukturen des US-amerikanischen Kapitalismus und daher seiner Konkurrenzfähigkeit auf dem Weltmarkt (Krugman, 1990) – gescheitert war. Die Bush-Administration war mit Steuerfragen sowie mit den Problemen des Haushaltsdefizits schon überbelastet. Der Beginn der Wirtschaftsrezession, der mit den Börsencrashs des Jahres 1990 und mit der Krise weiter Teile des amerikanischen Banken- und Sparkassensystems zusammenfiel, schien unvermeidlich den weiteren wirtschaftlichen Abstieg der USA anzukündigen. Kurzum, auf der Bühne der internationalen Politik der Jahre 1989/1990 spielte George Bush nicht die Rolle eine Spielmachers, sondern bestenfalls – zu Hause – die eines Krisenmanagers, und – in der internationalen Politik – die eines „Unterstützungsspielers“ (Hoffmann, 1990b, S. 597).

Nur ein knappes halbes Jahr später hat sich die Position der Akteure auf der Bühne der internationalen Politik vollständig verändert. Helmut Kohl und vor allem Michail Gorbatschow stehen eher im Schatten. Der eine hat Angst davor, nach Ostdeutschland zu reisen, wo er sich noch bis zur Bundestagswahl im Dezember 1990 als Held feiern ließ. Der andere kämpft offensichtlich verzweifelt ums Überleben – sowohl der Sowjetunion als Staatsgebilde als auch der persönlichen, politischen Macht. Ins grelle Rampenlicht ist dagegen George Bush, der Sieger des Krieges gegen Saddam Hussein und den Irak, getreten. Neben ihm seine führenden Militärs – ebenfalls ins Licht drängeln sich die subalternen Führer der Anti-Saddam-Koalition, der Brite John Major, der Franzose Francois Mitterand, der Israeli Izaak Schamir, der Ägypter Mubarak, der Syrier Assad, Angehörige des saudischen Königshauses und einige andere. In gebührendem Abstand Verbündete, die nicht gekämpft, sondern nur bezahlt haben (der deutsche und der japanische Finanzminister sowie Vertreter der arabischen Emirate). Sie präsentieren sich als die Helden eines Krieges, der den Inhalt der Debatten über die neue Weltordnung gleichsam schlagartig reformuliert hat. In seinem Bericht zur Lage der Nation Ende Januar 1991 hatte George Bush diese neue Perspektive so zusammengefaßt: „Seit 200 Jahren dient Amerika der Welt als leuchtendes Beispiel für Freiheit und Demokratie. Seit Generationen übernimmt Amerika die Führungsrolle im Kampf um die Erhaltung und Ausdehnung der Wohltaten der Freiheit. Und heute, in einer sich rasch verändernden Welt, ist die Führungsrolle Amerikas unabdingbar. Amerika weiß, daß eine Führungsrolle auch Belastungen mit sich bringt und Opfer fordert“ (Bush, 1991).

Den Niedergangspropheten und Pessimisten wird die Vision vom „nächsten amerikanischen Jahrhundert" entgegengehalten; von multipolaren Ordnungen, die wesentlich auf einer Neuregulierung der wirtschaftlichen und wirtschaftspolitischen Beziehungen innerhalb der Triade zu beruhen hätten, ist angesichts der beständigen Betonung der politischen, militärischen und moralischen Führungsrolle der USA in der Welt keine Rede mehr. Ulrich Schiller hat in der „Zeit" vom 1. März 1991 die politische Stimmungslage in den USA nach dem Sieg am Golf als eine aufschäumende „Welle der Gefühle" charakterisiert: „Ein lang vermißtes Erfolgsgefühl beseelt die Amerikaner, 84 Prozent fühlen sich einig mit dem Präsidenten und seinen militärischen Führern; das Vietnam-Syndrom wird, so meint man, endlich und endgültig überwunden; Amerika hat sich weltweit als die Nummer eins bestätigt, und deshalb wird es die Koordination für die Nachkriegs- oder auch die Friedensregelung maßgeblich bestimmen. Daran lassen weder die Politiker noch die Medien in ihrem überwiegenden Teil einen Zweifel". Man braucht keinen hohen Einsatz für die Wette, daß die internationale Presse, die die herrschende Meinung artikuliert und organisiert, George Bush zum „Mann des Jahres '91" küren wird.

Noch ist es natürlich (im Frühjahr 1991) viel zu früh, die Auswirkungen des Golf-Krieges auf die Region sowie auf die internationale Politik bilanzieren zu wollen. Dennoch ist es durchaus möglich, die innere Dynamik des Konfliktes – von der Annexion Kuwaits am 2. August 1990 bis zum Beginn der „Operation Wüstensturm" am 17. 1. 1991 – sowie die Konstellation der Interessen, die letztlich die Wahl der Mittel zur Konfliktbearbeitung bestimmten, genauer zu analysieren. Dabei wird deutlich werden, wie dieser Regionalkonflikt gleichsam zum Katalysator für die Auseinandersetzung um die neue Weltordnung aufgewertet wurde. Der erste Großkonflikt in der Ära nach dem Ende des Kalten Krieges – so der amerikanische Außenminister James Baker im August 1990 – zeichnete sich von Anfang an (ja selbst schon über seine Vorgeschichte) durch die spannungsreiche Verdichtung von widersprüchlichen Interessen und Strategien aus, die durch den globalen Umbruch der weltpolitischen Machtstrukturen in der „posthegemonialen Ära" überdeterminiert werden. Schlichte Gemüter mögen darüber erleichtert sein, daß mit dem von den USA geführten, siegreichen Militärschlag der komplexe Knoten der neuen West-West- und Nord-Süd-Konfliktformationen gleichsam durchhauen wurde und endlich wieder einfache Verhältnisse obwalten, die dazu noch das Material für populistische Massenbegeisterung enthalten. Dabei bleiben allerdings die wichtigsten Fragen offen – ob nämlich dieser Schlag eher ein Verzweiflungsschlag einer absteigenden Großmacht (provoziert durch einen Verzweiflungsangriff des Diktators eines ökonomisch ruinierten Landes) oder Demonstration des wiedererstarkten „Weltpolizisten“ war; ob er tatsächlich für die kommenden Jahre die politisch-militärischen Rahmenbedingungen und die globale Führungsstruktur der neuen Weltordnung fixiert hat oder ob er die Chancen für eine stabile Friedensordnung im Nahen Osten eher verschlechtert denn verbessert hat; ob dabei die Debatte über die Relevanz von direkter (militärischer) oder struktureller (ökonomisch-finanzieller-technologischer) Macht für die neuen Weltordnungen vorerst einmal entschieden ist, ob die Probleme der Weltmarktkonjunktur und der harten Konkurrenz zwischen den Zentren der Triade damit vorläufig in den Hintergrund treten oder ob sie in der Folge des Krieges und seiner Finanzierung zusätzliche Konflikte erzeugen werden. Auf jeden Fall wird das Erfolgsgefühl, das derzeit so viele Amerikaner beseelt und das George Bush unentwegt zur Sprache bringt, noch manchen Ernüchterungen und Enttäuschungen ausgesetzt sein.

Nach der gewaltsamen Annexion von Kuweit durch den Irak am 2. August 1990 schien sich zunächst ein Muster der Konfliktbearbeitung abzuzeichnen, das durchaus den Maximen des „neuen Denkens“ in der internationalen Politik entsprach. Dem Aggressor stellte sich eine breite Front von Staaten entgegen, die im Rahmen der Vereinten Nationen (UNO) den bedingungslosen Rückzug des Irak durchgesetzt wissen wollten. „Ein einmütiger Norden (USA, Europa, Japan, Sowjetunion) steht auf, um einem Diktator des Südens die Beute aus den Händen zu reißen“ (Ziebura, 1991, S. 134) In der Region selbst reihten sich nicht nur die unmittelbar bedrohten und traditionell dem Westen verbündeten Regierungen (Saudi-Arabien, die Emirate am Golf, Ägypten sowie – militärisch durch die USA gebremst – Israel) in die Anti-Irak-Front ein. Auch Nachbarn des Irak wie Syrien, der Iran und die Türkei, für die jeder Erfolg des Irak unvermeidlich eine Beeinträchtigung ihrer Machtposition bzw. ihrer Machtaspirationen in der Region nach sich gezogen hätte, schlossen sich der Allianz an bzw. verurteilten die Annexion (zu den regionalen Aspekten vgl. Tibi, 1990 und ders., 1991). Diese breite Front, die auch die Sanktionsmaßnahmen der UNO (Embargo) stützte, ließ die Hoffnung auf eine historische Gelegenheit keimen, „die 'Weltordnung' der Zukunft auf die Prinzipien des Rechts zu gründen“ (Ziebura, 1991, S. 133). Die beiden wichtigsten Veränderungen, die als Erscheinungsformen einer neuen Politik bewertet wurden, betrafen „1. die in diesem Ausmaß völlig unerwartete Bereitschaft und Fähigkeit der beiden ehemaligen Kontrahenten USA und UdSSR, zusammenzuarbeiten, und 2. die Tatsache, daß der Sicherheitsrat der Vereinten Nationen vor allem dank der Kooperationsbereitschaft aller ständiger Mitglieder in dieser Form erstmals in seiner Geschichte als Instrument kollektiven Krisenmanagements zur Geltung kam“ (Hellmann, 1991, S. 12). Die Entschärfung internationaler Konfliktzentren nach dem Ende des Kalten Krieges – wie sie zuvor schon in Afghanistan, im südlichen Afrika und in Mittelamerika sich angekündigt hatte – schien also auch im Hinblick auf den Golf-Konflikt als die angemessene und erfolgversprechende Methode. Dazu kam die Überzeugung, daß das Embargo in kurzer Zeit Saddam zum Rückzug veranlassen müsse; denn immerhin war damit dem Verkauf irakischen Öls als Einnahmequelle ein Riegel vorgeschoben.

Von Anfang an waren freilich politische und ökonomische, regionale und globale Interessen eng ineinander verwoben. In der Golf-Region hatte sich schon seit der iranischen Revolution des Jahres 1979 und mit der wachsenden Bedeutung des islamischen Fundamentalismus eine Auflösung jener Ordnungs- und Orientierungsfunktionen bemerkbar gemacht, die die beiden Supermächte in der Region im Zeichen der Blockkonfrontation ausgeübt hatten. Schon der Irak-Iran-Krieg seit 1981 hatte einiges auf den Kopf gestellt. Der Westen unterstützte den Aggressor Saddam Hussein (den alten Verbündeten der Sowjetunion und des sozialistischen Lagers) gegen das Chomeiny-Regime und überschüttete ihn geradezu mit Waffenlieferungen; denn der Iran wurde seit 1980 als die Hauptgefahr für die westlichen Interessen in der Region angesehen. Nach dem Ende dieses Krieges ökonomisch ausgeblutet und hoch verschuldet, mit Legitimationsproblemen im eigenen Lande konfrontiert, suchte die politische Führung des Irak nach einem rettenden Ausweg. Die Annexion von Kuweit sollte ihr 1. einen höheren Anteil an den Öleinnahmen und -reserven der Golfregion, 2. einen besseren Zugang zum Golf, und 3. einen Prestigegewinn bei den armen Massen der arabischen Welt verschaffen, die die reichen Feudalregime der Golf-Region zum Teufel wünschen. Hier lag wohl – wie Gilbert Ziebura betont – „der tiefere Grund dafür, daß die Krise in den Krieg umschlug. Saddam Hussein brauchte Kuweit, um sein Land nach einem achtjährigen mörderischen Krieg wieder aufzubauen und damit die Basis für eine regionale Vorherrschaft zu schaffen, die, in seinem Selbstverständnis, ihrerseits eine neue Etappe auf dem Weg zur Emanzipation des Raumes vom Westen bilden sollte“ (Ziebura, 1991, S. 132).

Worauf aber beruhte die Entschlossenheit der politischen Führung der USA, mit allen Mitteln – bis zum militärischen Gegenschlag – diese Ziele des Irak zu vereiteln und die Militärmacht Irak zu vernichten? Die Beschwörung des Kampfes gegen Hitler und die angeblichen Lektionen aus „München“ (1938) vermochten schon deshalb nicht besonders zu überzeugen, weil der Irak nun einmal nicht eine Großmacht (wie das damalige Hitlerdeutschland), sondern eine kleine Regionalmacht ist, „deren Bevölkerung doppelt so groß, aber dessen Sozialprodukt nur halb so groß ist wie das von Belgien“ (Pfaff, 1991, S. 35). Der Militäraufmarsch am Golf, die Aufstockung der US-Truppen bis Ende Oktober auf 500 000 Männer und Frauen, die Festlegung des

Datums vom 15. Januar 1991 als letztmöglichen Termin für einen irakischen Rückzug durch Präsident Bush, die Manipulation des Kongresses, das Scheitern der französischen, später der sowjetischen Vermittlungsversuche, um den Ausbruch des Krieges zu verhindern bzw. um diesen dann möglichst schnell zu beenden – alle diese Ereignisse und Maßnahmen ließen immer deutlicher die Entschlossenheit der USA zutage treten, zu einer militärischen Entscheidung zu kommen. André Gunder Frank hat denn auch die Logik, die zum Krieg trieb, als eine bewußte Strategie von Saddam Hussein und von George Bush bezeichnet: „Beide Präsidenten fädelten wissentlich und willentlich – wie in gegenseitiger Abstimmung – die Schritte zum Krieg ein, hinter die es kein Zurück gab. Beide Präsidenten wollten den Krieg und setzten ihn gegenüber ihren jeweiligen Anhängern und Völkern, ob diese nun wollten oder nicht, durch“ (Frank, 1991, S. 296).

Der Wille zum Krieg auf Seiten der US-amerikanischen Führung gründete sich auf die folgenden Interessen- und Motivstrukturen:

- Ein Erfolg oder auch nur ein Teilerfolg der irakischen Politik hätte die politischen Kräftekonstellationen am Golf zuungunsten der engsten Verbündeten der USA und des Westens verändert. Die Drohungen Saddams gegen Saudi-Arabien und die anderen Golf-Staaten bestätigten nur diese Befürchtungen. Ein Erfolg Saddams würde zudem allen antiwestlichen und antiisraelischen, islamisch-fundamentalistischen und arabisch-nationalistischen Kräften einen weiteren Auftrieb vermitteln und in der Folge die ohnehin labile, innenpolitische Machtkonstellation in anderen Ländern (z. B. in Ägypten) weiter destabilisieren.
- Die Androhung der „Auslöschung“ Israels durch Saddam Hussein sowie die Ungewissheit über seine biologischen, chemischen und nuklearen Waffenpotentiale (sowie über die Reichweite und Treffsicherheit seiner Raketen) erzeugte in der politischen Öffentlichkeit der USA und in Europa eine eigenständige Legitimation für den Krieg zur Vernichtung des „Hitlers“ des Nahen Ostens, der bei einer allzu „weichen“ Embargopolitik von Seiten der UNO – und auch angesichts des zunehmenden proirakischen Fanatismus bei den Volksmassen der arabischen Welt – sogar noch die Zeit finden würde, seine Waffenarsenale auszubauen.
- Die Ölstaaten am Persischen Golf erzeugten 1989 etwa 67 Prozent der OPEC-Ölproduktion und sind mit 35 Prozent an der Weltölproduktion beteiligt. Für die westlichen Industriestaaten besteht seit dem Schock der Ölpreiskrisen der 70er Jahre ein vitales Interesse an einer politischen und ökonomischen Kontrolle des Ölpreises, die diesen möglichst niedrig hält und extreme Schwankungen vermeidet. Aufgrund der Förder- und Preispolitik der reichen, arabischen Golfstaaten (unter der Führung Saudi Arabiens) war der Ölpreis in den 80er Jahren stark gefallen. Falls sich in der Folge der

Golf-Krise der Ölpreis um 40 Prozent erhöht hätte (also noch nicht einmal auf das Niveau von 1980 zurückgekehrt wäre), so hätte dies nach Angaben des IWF für die westlichen Industrieländer bedeutet: einen Rückgang des Wachstums des Sozialprodukts um 0, 5 Prozent, einen Anstieg der (langfristigen) Zinsen um 0, 4 Prozent sowie der Inflation um 0,8 Prozent, ein Absinken der durchschnittlichen verfügbaren Einkommen um 1, 1 Prozent (vgl. Altvater, 1991; Massarath, 1990, S. 40 ff.).

Es ist also die Bedeutung des Erdöls in der Region und in der Weltwirtschaft, die nicht nur historisch die Verwandlung der Golfregion in ein „Pulverfaß“ der Weltpolitik, sondern auch die Reaktion der USA auf die Annexion Kuwaits erklärt. Charles Krauthammer faßt dieses Interesse knapp zusammen: „Wenn der Persische Golf kein vitales Interesse (der USA) ist, dann gibt es überhaupt keines“ (Krauthammer, 1991, S. 28). Daraus folgt natürlich auch die Antwort auf die Frage, warum die USA bei früheren Anlässen einer völkerrechtswidrigen Annexion (z. B. 1974 bei der Annexion eines Teils von Zypern durch den NATO-Partner Türkei) keine vergleichbaren Anstrengungen zur Durchsetzung von UNO-Resolutionen unternommen haben. „Kuwait ist ein Ölstaat, und es geht den Amerikanern und ihren westlichen Bundesgenossen darum, ihre Ölversorgung zu möglichst billigen Preisen einigermaßen sicherzustellen und aus diesem Grunde ist der Zugriff eines einzigen Machthabers auf allzu große Teile der Welterdölreserven am Golf zu verhindern. Es ist eine wirtschaftliche und noch mehr eine Machtfrage. Ein Saddam Hussein, der unbehindert Kuwait in seine Macht brächte und daraufhin den schwächeren Staaten am Golf sein Diktat aufzwingen könnte, befände sich auf dem Weg, eine politische und wirtschaftliche Großmacht zu formen, die der westlichen Welt möglicherweise ihren Willen aufzwingen könnte“ (Hottinger, 1991, S. 39).

- Der Zusammenbruch des „realsozialistischen“ Staatensystems und die innere Schwäche der Sowjetunion erweiterte den Handlungsspielraum für die USA und ihre Verbündeten. Zwar hatte die Sowjetunion schon seit den frühen 80er Jahren die Kontrolle über ihren einstigen Verbündeten Saddam Hussein verloren. Gleichwohl ging es der politischen Führung der USA mit der Eskalation des Konfliktes zum Krieg auch um die Demonstration, daß die Sowjetunion die Macht verloren hatte, den Gang der Ereignisse maßgebend zu beeinflussen bzw. durch ihre Interventionen den Irak zum Rückzug zu veranlassen und damit einen Krieg zu verhindern. Allerdings mußte diese Demonstration amerikanischer Stärke auf die innere Entwicklung in der Sowjetunion Rücksicht nehmen. Da der Westen nach wie vor ein Interesse an der Kooperation mit der sowjetischen Führung unter Gorbatschow hat und deshalb derzeit noch kein Interesse an einer chaotischen Auflösung der Sowjetunion (oder auch an einem Militärputsch) hat, wurde der Gesichtsverlust der sowjetischen Führung in Grenzen gehalten und der Protest im Westen gegen die Interventionen der sowjetischen Armee in den baltischen Staaten blieb gedämpft.

• Auch in den Beziehungen zu ihren Verbündeten in Europa und Ostasien bot der Golfkonflikt der politischen Führung der USA eine gute Gelegenheit, ihren weltpolitischen Führungsanspruch zu erneuern und dabei zugleich die unterschiedlichen Interessenlagen und Handlungsmöglichkeiten der EG-Staaten auszunutzen. Daß sich die konservative Regierung Großbritanniens – auch nach der Ablösung von Frau Thatcher – sofort als Juniorpartner für einen Waffengang am Golf zur Verfügung stellen würde, konnte nicht überraschen. Die „special relationships" sollen – so der Sunday Telegraph am 20. 1. 1991 – für eine „Schlüsselrolle Großbritanniens" in einer Weltordnung genutzt werden, die „auf der Militärmacht der USA" beruht (zit. n. Frank, 1991, S. 301). Zugleich sollte in der europäischen Politik – vor allem gegenüber dem stärker gewordenen Deutschland – demonstriert werden, daß die Konstruktion Europas nicht allein auf dem Feld der Wirtschaft und der Märkte, sondern auf dem Feld der internationalen Machtpolitik erfolgen wird und daß dabei Großbritannien nach wie vor als ein relevanter Mitspieler anerkannt werden will. Schließlich dient der konservativen Führung Großbritanniens – seit dem „Falkland-Krieg" – die nationale Kriegsbegeisterung auch dazu, im Massenbewußtsein den kontinuierlichen Niedergang des Landes und die tiefe Krise der Nation zu kompensieren. „Das Kriegsziel Großbritanniens ist nicht die Befreiung Kuwaits. Sein Ziel ist es, sich selbst wieder als eine internationale Macht darzustellen und sich darüber überhaupt wieder als britische Nation ins Spiel zu bringen" (Benton, 1991, S. 41). Ein politischer Psychologe, der das historisch deformierte Nationalbewußtsein untersucht, könnte freilich im Falle Großbritanniens auch die Erfahrung bestätigt finden, daß es den Verbrecher auch im hohen Alter immer wieder an die Orte seiner Untaten (hier: die Golfregion und die arabische Halbinsel), die er im reifen Mannesalter begangen hat, zurückzieht.

Die Position der französischen Regierung war hingegen schwerer kalkulierbar. Immerhin hatte Frankreich seit De Gaulle gerade im arabischen Raum eine eigenständige Politik verfolgt, die auch immer wieder in Kollisionen zu den USA und zu Israel geriet. Außerdem hatte die französische Politik unter Mitterand die intensivere Zusammenarbeit mit Bonn gesucht, um auch gegen den Widerwillen Großbritanniens den Ausbau der EG-Integration zu beschleunigen. Regis Debray, der außenpolitische Berater des Präsidenten, hatte es noch 1985 in seinem Plädoyer für ein neues europäisches Selbstbewußtsein als eine „Überlebensfrage" für Frankreich und Europa bezeichnet, „ob sie sich weiter und unaufhörlich in eine Satellitenposition des amerikanischen Machtbereiches hineinmanövrieren lassen" (Debray, 1986, S. 17).

Damit hatte er auch den Bewußtseinswandel eines bedeutenden Teils der französischen Intellektuellen artikuliert, die seit den 70er Jahren nach einer neuen europäischen Identität suchten, die sich von der Vorherrschaft des sowjetischen wie des amerikanischen Imperialismus zu emanzipieren vermöchte (Morin, 1988, S. 22).

Nicht erst seit dem 2. August 1990 war die französische Außenpolitik unter Entscheidungszwang geraten. Die Umwälzungen in Mittel- und Osteuropa sowie vor allem die deutsche Einigung hatten alte Basisprämissen der französischen Außenpolitik erschüttert. Mit dem Ende des Kalten Krieges und der Ost-West-Spaltung war die Funktion der französischen Atomstreitmacht ("Force de Frappe") fragwürdig geworden; die zunehmende wirtschaftliche und politische Macht Deutschlands in der Mitte Europas sowie das Interesse Moskaus, mit Bonn freundschaftliche Beziehungen zu etablieren, mußten in Paris als Gefahr einer politischen Marginalisierung Frankreichs in Europa wahrgenommen werden. „Frankreich verfiel in Pessimismus, weil es fürchtete, daß es zwischen einem nach Osten orientierten Deutschland und einem Großbritannien, das entschlossen seine Beziehungen zu den USA nutzt, in die Isolation geraten könnte" (Pfaff, 1991, S. 41).

In dieser schwierigen Lage schwankte die Politik von Francois Mitterand seit dem August 1990 zwischen dem – freilich recht halbherzigen – Versuch, den Übergang zum Krieg am Golf zu verhindern und dabei auch die eigenständige Bedeutung Frankreichs als EG-Macht (auch gegen die subalterne Rolle Großbritanniens) zur Geltung zu bringen, und der immer stärkeren Bereitschaft, an der Seite der USA in den Krieg einzutreten, um auf diese Weise – vor allem auch im Hinblick auf die Gestaltung der „Nachkriegsordnung" im Nahen Osten – als Siegermacht präsent zu sein. Der Bruch mit den Illusionen der arabischen Politik De Gaulles – wie der französische Außenminister Dumas bekannte – verfolgte daher auch das Ziel, über eine Neubestimmung der Allianz mit den USA die Rolle Frankreichs für eine gemeinsame Sicherheits- und Außenpolitik der EG aufzuwerten. Diese Chance wollte Mitterand in der Golf-Krise ergreifen. „Selbst als kleiner Sieger im Golfkrieg, so sein Kalkül, würde er gegenüber dem gefesselten deutschen Riesen noch an Statur gewinnen" (Die Zeit, 22. März 1991, S. 14).

Welcher Bestand und welche Erfolgsaussichten solchen strategischen Kalkülen letztlich beschieden sein werden, läßt sich zur Zeit noch nicht ermessen. Auf jeden Fall aber bot der Golfkrieg der politischen Führung der USA die Gelegenheit, die Aufteilung des weltpolitischen Kräftefeldes in eine Supermacht und in mehrere Mächte zweitens Ranges zu demonstrieren. Die Stimmungen, die dabei in der Presse der USA und Großbritanniens gegen „die Deutschen" und „die Japaner" erzeugt wurden, dienten nicht allein dazu, Druck für die Finanzierung des Krieges u. a. durch Deutschland und

Japan zu verstärken. Vielmehr sollte auch die in den USA weit verbreitete Vorstellung korrigiert werden, daß die neuen ökonomisch-technologisch-finanziellen Großmächte Deutschland und Japan, die schon als die späten „Sieger" des zweiten Weltkrieges apostrophiert worden waren (Büscher/Homann, 1990), auf dem Wege sind, den USA den Rang abzulaufen. Charles Krauthammer hat geradezu erleichtert die Rehabilitation des status quo ante in den West-West-Beziehungen durch den Golfkrieg gefeiert: „Noch vor wenigen Monaten war es eine weitverbreitete Weisheit, daß die neuen Rivalen, die großen Säulen der neuen multipolaren Weltordnung, Japan und Deutschland (und/oder Europa) sein würden. Wie schnell kann ein Mythos zerplatzen. Die Vorstellung, daß sich die ökonomische Macht unvermeidlich in geopolitischen Einfluß übersetzt, ist eine materialistische Illusion. Ökonomische Macht ist gewiß eine notwendige Bedingung für einen Großmachtstatus. Aber sie ist eben nicht die einzige Bedingung – und gerade dies hat das Verhalten Deutschlands und Japans (während der Golfkrise) deutlich werden lassen. Als die ersten Schüsse in Kuwait fielen, haben sie sich unter dem Tisch verkrochen" (Krauthammer, 1991, S. 24). Die Krise in den EG-Beziehungen, die durch die unterschiedlichen Positionen und Handlungsmöglichkeiten vor allem der BRD, Frankreichs und Großbritanniens ausgelöst wurde, beruhigte daher denjenigen Teil der amerikanischen Öffentlichkeit, dem die Aussicht Unbehagen bereitet, daß „Europa" zu einer handlungsfähigen politischen Einheit reifen könnte.

Werner Ruf hat das Interesse der USA an einer militärischen Kontrolle der Region und ihrer Ölvorräte (die nur zu einem äußerst geringen Teil von den USA selbst, wohl aber von der EG und Japan in Anspruch genommen werden) erheblich differenzierter analysiert: „Vor dem Hintergrund einer hegemonialen Neuaufteilung der Welt zwischen den ökonomisch absteigenden USA und den neu aufsteigenden gigantischen Wirtschaftsmächten EG und Japan erscheint die militärische Kontrolle jener Ressourcen entscheidend, auf die die Rivalen für ihren weiteren wirtschaftlichen Aufstieg angewiesen sind. Dies erklärt m. E. auch, weshalb Großbritannien und auch Frankreich sich letztlich zum Mitschießen entschlossen, aber auch, warum die Bundesrepublik und Japan sich eilfertig – und in guter Gesellschaft mit den Scheichen und Emiren – zur großzügigen Zahlung der Kosten entschlossen, die letztlich noch einen erklecklichen Nettogewinn in der US-Haushaltskasse lassen werden. Kann doch am Ende des Krieges nur der mitreden, der auch beteiligt war und auf der Seite der Gewinner steht" (Ruf, 1991, S. 22).

- Der Aktionismus von George Bush und seiner Administration ist schließlich und nicht zuletzt auch ein Reflex auf die innenpolitische Lage in den USA selbst. Der republikanische Präsident Bush war in der zweiten Hälfte des Jahres 1990 auf dem Tiefstand seiner Popularität angelangt. Bei den

Novemberwahlen konnten die Demokraten ihre Mehrheiten in beiden Häusern des Kongresses noch ausbauen, obwohl – nun schon wegen der Eskalation am Golf – der allgemein erwartete Erdrutsch zugunsten der Demokraten ausgeblieben war. Die Chancen für eine Wiederwahl des Präsidenten im Jahre 1992 standen also schlecht. Die tieferen Gründe dafür lagen in dem Katzenjammer, der sich angesichts der ungelösten sozialen Probleme sowie der beginnenden Wirtschaftskrise im Lande ausbreitete. Diese Krise hat inzwischen alle Wirtschaftsbereiche erfaßt, den Anstieg der Arbeitslosigkeit und einen Rückgang der Investitionen auf breiter Front verursacht. Dazu kommt, daß die Krisenwirkungen durch den Zusammenbruch von Teilen des Finanzsektors, durch die seit 1988 nur schwach verbesserte Außenwirtschaftsposition sowie durch die Last der öffentlichen und privaten Verschuldung noch verschärft werden. „Die amerikanische Finanzpolitik ist an dem Punkt angelangt, wo selbst bei gewaltiger jährlicher Neuverschuldung keine Wachstumsimpulse mehr erzielt werden" (Umbach, 1991, S. 13).

So zeichnete sich die Möglichkeit eines strukturellen Wandels der US-amerikanischen Politik ab, bei dem – vor dem Hintergrund der gescheiterten „Reaganomics" und im Gegensatz zu den Wahlaussagen von Bush – nunmehr die Anstregungen auf eine nationale Sanierung der maroden Binnenstrukturen des amerikanischen Kapitalismus gerichtet würden. Immerhin hatten nicht nur politische Gegner von George Bush, sondern auch führende wissenschaftliche Politikberater, die Kennedy's These vom „imperial overstretch" zurückwiesen, eine solche Neuorientierung gefordert. John Nagle hat diese Vorkriegskonstellation als eine – inzwischen vertane – Chance für eine Neubestimmung amerikanischer Politik charakterisiert: „Vor dem militärischen Einmarsch in Kuwait Anfang August 1990 gab es Anlaß zu Hoffnungen, daß die Bush-Regierung sich ihrer Ideologie zum Trotz gezwungen sehen würde, den Militärhaushalt zu kürzen, das SDI-Projekt praktisch zu beenden und viele neue Waffensysteme zumindest auf Eis zu legen, wenn nicht ganz zu streichen. Damit gab es Spielräume für politische Auseinandersetzungen um die Friedensdividende, um Verringerung des Haushaltsdefizits versus soziale Reformen wie Sanierung des Erziehungswesens, Reformen im Gesundheitswesen, Bekämpfung der Kriminalität oder Rekonstruktion der öffentlichen Infrastruktur (Straßen, Brücken, Stadtverkehrssysteme, Flughäfen und Eisenbahn)" (Nagle, 1991, S. 23).

Mit der Entscheidung zum Krieg, mit dem rauschenden Sieg und mit der Mobilisierung der öffentlichen Zustimmung zum Krieg (mehr als 80 Prozent der US-Bevölkerung Mitte Januar 1991) sind diese Themen vorerst einmal von der Tagesordnung relevanter gesellschaftspolitischer Debatten und Auseinandersetzungen in den USA abgesetzt. Damit sind zugleich die Chancen für die Wiederwahl von Präsident Bush gestiegen – und in den Kongreßdebatten schlachten die Republikaner das Zögern bzw. den Widerstand der Demokraten gegen den Kriegsbeginn weidlich zu ihren Gunsten aus. Das Funktionieren der modernen Militärtechnik im Golfkrieg verschaffte den Forderungen der Rüstungslobby für die Modernisierung dieser Systeme und auch für die Fortführung von SDI freie Bahn.

Damit ist schon die zweite Quelle des innenpolitischen Drucks auf das Handeln der politischen Führung benannt. Die Führung der Armee suchte schon lange nach Gelegenheiten, das „Vietnam-Syndrom" endgültig zu beerdigen und gleichzeitig jene Verunsicherung zu vertreiben, die angesichts der veränderten weltpolitischen Machtkonstellationen über die Funktion des Militärs, der Waffensysteme und vor allem natürlich des Krieges als Mittel der Politik selbst entstanden war. „Das Ende der Bipolarität bedeutete auch für das Militär der USA ein Verlassen alter Bahnen. Eine neue Rolle für den riesigen, die ganze Welt umspannenden Militärapparat war noch nicht gefunden, was auch durch die bisher allerdings nur in Expertenkreisen geführte Diskussion über eine neue 'Grand Strategy' der USA zum Ausdruck kommt. Präsident Bushs 'Krieg gegen die Drogen' konnte die aufkommenden Zweifel an einem Militärpotential in diesem Umfang nur kurz verdecken, wie der Ruf nach einer Friedensdividende 1989/90 deutlich machte. Die Militäraktion und der militärisch gewonnene Krieg gegen den Irak wird – da im Namen einer neuen Weltordnung geführt – die Frage nach der Existenzberechtigung des Militärs in den USA kaum mehr aufkommen lassen" (Nielebock, 1991). Die neuen Nationalhelden Norman Schwarzkopf und Colin Powell haben der Rolle des Militärs für Politik und Gesellschaft neuen Glanz verliehen.

Ein letzter Grund, der die innenpolitischen Dimensionen des Handelns der politischen Führung erhellt, wurzelt in der tiefen Krise des politischen Systems der USA. Schon seit Vietnam war der innere Konsensus über die Außenpolitik zerbrochen und wurde als eine gravierende Schwäche der Weltmacht – gleichsam als Frühindikator des Hegemonieverfalls – registriert. Die Debatten der letzten Jahre waren ebenfalls von Gegensätzen und Unsicherheiten geprägt: der „Streit der Schulen", die heftigen Reaktionen auf die Decline-Thesen von Paul Kennedy und die neueste „Maersheimer-Kontroverse" (Maersheimer, 1990; Hoffmann, 1990b, S. 600) spiegelten jene grundsätzlichen Meinungsunterschiede wider, die die von der ökonomischen und politischen Realität selbst aufgeworfene Frage nach der künftigen Rolle Amerikas in einer schnell sich wandelnden Welt provozierte. Mehr noch: George Bush sah sich bis Anfang Januar mit der Tatsache konfrontiert, daß die „politische Klasse" der USA in ihrer überwiegenden Mehrheit den Krieg am Golf nicht wollte und öffentlich für eine Verlängerung des Embargos plädierte. Charles Krauthammer spricht gar von einer neuen Welle des Isolationsimus in den USA, bei der die alten „liberalen Internationalisten", die schon lange die Weltpolizistenrolle der USA kritisiert hatten, nunmehr durch konservative Isolationisten Verstärkung erhalten, die – wie z. B. Jeane J. Kirkpatrick – den USA die Zukunft „eines normalen Landes in normalen Zeiten“ voraussagen (Krauthammer, 1991, S. 29).

Die Erosion des außenpolitischen Konsensus in der politischen Klasse und ihrer „organischen Intellektuellen“ ist freilich – worauf gerade Bernd Greiner aufmerksam gemacht hat – nur Symptom eines tiefer greifenden Krisenprozesses, der in den USA seit geraumer Zeit (zumindest unter den Journalisten) unter dem Stichwort „Krise des Politischen“ wahrgenommen wird. „Die New York Times hält den Begriff der Krise mittlerweile für eine wohlwollende Untertreibung und behauptet statt dessen kurz und bündig: Das politische System ist zusammengebrochen ... Politik (ist) in Amerika heute 'trivial, atomisiert, gelähmt'“. Insofern spiegelt der Zustand der politischen Klasse „das politische Befinden der gesamten Nation: Sie ist nicht nur zerstritten, sondern auch in einer Weise zersplittert, daß sich die verschiedenen Fraktionen gegenseitig lähmen“ (Greiner, 1991, S. 392 und S. 393).

Auf diesem Boden erwächst jene politische Handlungskonstellation, die den Zwang zur politischen Entscheidung in der konkret-historischen Situation in die notwendige Verselbständigung der staatlichen Exekutivgewalt bzw. ihrer personifizierten Führung übersetzt. Es ist die „Stunde Machiavellis“, an deren Unvermeidlichkeit das konservative politische Denken in den „Schönwetterperioden“ der inneren und äußeren Stabilität gemahnt (Deppe, 1987, S. 24 ff.). Diese Stunde verlangt Härte, Wagemut, Entschlossenheit, Heldentum – sie wird vertan, wenn dem Friedens- und Ruhebedürfnis der eigenen Nation Priorität eingeräumt und die Legitimität des Handelns der demokratischen und öffentlichen Kontrolle unterworfen wird. Es ist die Stunde der Exekutive, auf die das Diktum von Carl Schmitt gemünzt war: „Souverän ist, wer über den Ausnahmezustand entscheidet“ (Schmitt, 1922, S. 11). George Bush hat diese Stunde genutzt – die Entscheidung wurde durch die Krise des politischen Systems der USA und seiner Ideologen erleichtert, vielleicht – aus seiner Optik – geradezu erzwungen.

Die Bedeutung des Golfkrieges besteht also in erster Linie darin, daß sich in ihm – wie in einem Brennglas – die ganze Komplexität der divergierenden Interessen und Strategien bündelt, die auf die Veränderung der globalen Machtverhältnisse bezogen sind. Der Wille zum Krieg impliziert das Interesse an einer gewaltsamen Reduktion dieser Komplexität, die Unsicherheit erzeugt. Es müssen endlich wieder klare Verhältnisse geschaffen werden – nicht nur in der Region, sondern vor allem auch in den Ordnungsstrukturen des gesamten internationalen Systems. Der Mythos der Politik wird stets durch diesen machtpolitischen Willen reproduziert, komplexe und unübersichtliche Handlungskonstellationen gegebenenfalls – eben im vermeintlichen Ausnahmezustand – durch den Rekurs auf die Gewalt des Krieges zu lösen.

Die Krise der Politik tritt stets dann ein, wenn dieser Idealismus des politischen Willens mit den objektiven, gesellschaftlichen Voraussetzungen in Widerspruch gerät, die die materielle Basis nicht allein für die Artikulation politischer Interessen, sondern auch für die normative Kraft des Handelns politischer Führungsgruppen und der politischen Institutionen bilden. Die Mehrdeutigkeit des deutschen Wortes „Politik" in der englischen Sprache (policy, politics, vgl. Böhret u.a., 1979, S. 32) reflektiert selbst noch dieses dialektische Verhältnis zwischen der Unmittelbarkeit des politischen Handelns in der konkret geschichtlichen Situation und den objektiven Strukturbedingungen alles politischen Handelns. Deren Krise erzeugt selbst noch jene geschichtlichen Konstellationen, in denen der Kampf um die Schaffung neuer Strukturen und Ordnungen zugleich die Illusionen über die unbegrenzte Autonomie des politischen Willens verstärkt.

Der machtpolitische Diskurs, der der amerikanischen Nation die Entscheidung zum Krieg am Golf und schließlich auch die Siegesfeiern interpretiert, kann in diesem Sinne auch als der Versuch zur Reduktion von Komplexität begriffen werden. Er ist insofern eine Antwort auf die Verunsicherung, die – vor allem in den USA selbst – zwei Annahmen über die künftige Weltordnung begünstigt hatte: daß nämlich erstens die alte, bipolare Welt sich in eine multipolare Ordnung mit neuen Zentren (Japan, Deutschland/Europa, China und einer geschwächten Sowjetunion) transformiere, und daß zweitens die Bedeutung von Waffen und Kriegen für die Konstruktion einer neuen, internationalen Ordnung abgeschwächt worden sei. George Bush hat in seiner Rede zur Lage der Nation am 29. Januar 1991 solchen Erwägungen eine klare Absage erteilt: Amerikas Führungsrolle in der Welt ist wiederhergestellt – allein die USA verfügen über die „moralische Standfestigkeit und die Mittel", um eine solche Führungsrolle in der heutigen Welt wahrzunehmen (Bush, 1991). Damit sind aber auch die beiden Annahmen über die künftige Weltordnung widerlegt; denn – so der Kolumnist Charles Krauthammer in der Zeitschrift „Foreign Affairs": „Die Welt nach dem Kalten Krieg ist nicht multipolar. Sie ist unipolar. Das Zentrum der Weltmacht ist die unbestreitbare Supermacht, die Vereinigten Staaten von Amerika, begleitet von ihren westlichen Verbündeten ... Und schließlich wird die Welt durch die Entstehung einer neuen strategischen Konstellation bestimmt. Diese ist charakterisiert durch den Aufstieg einer Reihe von kleinen, aggressiven Staaten, die mit Massenvernichtungswaffen ausgerüstet sind (sie mögen 'Waffenstaaten' genannt werden) ... Daher werden die kommenden Jahrzehnte nicht durch eine Verminderung, sondern durch den Anstieg der Kriegsgefahr bestimmt sein" (Krauthammer, 1991, S. 23).

Nachdem das Konfliktpotential des Ost-West-Gegensatzes nicht mehr existiert (obwohl die Unsicherheit über die zukünftige Entwicklung in der Sowjetunion bzw. in Rußland auch die Möglichkeit einer Restauration des Ost-West-Konfliktes impliziert), dient die Theorie vom „Waffenstaat" dazu, die Führungsrolle der USA in einer unipolaren Welt zu begründen. Sie bedeutet zugleich eine Kriegserklärung an die Dritte Welt; denn sie enthält sich jeder programmatischen Aussage über die Lösung der sozialökonomischen und ökologischen Probleme der Armutssegmente der Weltgesellschaft (vgl. Ziebura, 1991, S. 135/136). Im Gegenteil – die Armut wird allenfalls als Bedingung für die Ausbreitung von antiwestlichen – nationalistischen und fundamentalistischen – Ideologien berücksichtigt, die die „Waffenstaaten" als geistig-kulturelles Drohpotential instrumentalisieren. Der Irak unter der Führung Saddam Husseins erscheint so als der Prototyp dieser neuen strategischen Herausforderung. Der Krieg, d. h. seine „Entwaffnung", wird als die exemplarische Form der Reaktion auf die neue Bedrohung begriffen, damit zugleich als eine Warnung an alle jene Staaten, die schon reale oder auch nur potentielle „Waffenstaaten" sind (Nordkorea, Lybien, Pakistan, Argentinien, Iran, Südafrika, vgl. Krauthammer, 1991, S. 31). Nur die USA sind bereit und in der Lage, dieser Herausforderung der Weltpolitik zu begegnen: durch Kontrolle, Abschreckung und gegebenenfalls gewaltsame „Abrüstung" bzw. Entwaffnung. Eine multipolare Ordnung kann dieser Aufgabe niemals gerecht werden. „Die Alternative zur Unipolarität ist das Chaos" (ebd., S. 32).

Charles Krauthammer ist keineswegs der Erfinder einer neuen US-Strategie. Seine Thesen zum „Waffenstaat" fassen nur die strategischen Überlegungen zusammen, die seit geraumer Zeit von Planungs- und Forschungsgruppen im Umkreis des Pentagon als die neue Doktrin der „Konflikte mittlerer Intensität" (MIC) diskutiert werden (vgl. Klare, 1991). Neu ist lediglich, daß Krauthammer – gleichsam als Echo auf den Golfkrieg und die öffentlichen Erklärungen von Präsident Bush – diese neue Strategie mit dem Anspruch auf die unumschränkte, weltpolitische Führungsrolle der USA verbindet. Das ist der Kern der These von der Unipolarität, die ja zugleich als eine innen- und außenpolitische Kampfansage an all jene Kräfte verstanden werden muß, die den Golfkrieg keineswegs als eine schlagartige Veränderung oder gar Lösung jener komplizierten Bedingungskonstellationen außenpolitischen Handelns ansehen wollen, die in der Debatte über die neue, mulitpolare Weltordnung zumindest mitreflektiert werden.

Auf jeden Fall steht seit dem Januar 1991 diese amerikanische Vision einer „neuen unipolaren Weltordnung" auf der Tagesordnung der internationalen Politik – nicht nur als Herausforderung für die Dritte Welt, sondern vor allem auch für Europa und Japan. Gilbert Ziebura erinnert darin, daß diese Vision – ebenso wie der Rekurs von George Bush auf das kommende „American Century" – im Grunde alte Traditionen des globalen Führungsanspruchs der US-Politik zu restaurieren sucht. „Wie also sieht die 'neue Weltordnung' aus? An der Spitze stehen – politisch, strategisch, technologisch – die USA, sekundiert von Japan und Europa (vor allem Deutschland), die ökonomische, vor allem aber finanzielle Unterstützung zu leisten haben: eine Art Arbeitsteilung zwischen dem 'Weltpolizisten' und dem Troß, der, wie zur Zeit des Kalten Krieges, unter den Fittichen der Führungsmacht seinen Geschäften nachgehen kann, allerdings mit der Maßgabe, einen erheblich höheren Werttransfer zur Verfügung zu stellen als früher" (Ziebura, 1991, S. 135).

Gleichwohl sollte der militante Radikalismus eines Charles Krauthammer im Kontext der US-amerikanischen Öffentlichkeit nicht überschätzt werden – auch dann nicht, wenn er als konzeptive Untermauerung des – derzeit so erfolgreichen – präsidialen Populismus erscheinen mag. Immerhin hat die Redaktion der Zeitschrift „Foreign Affairs" seinen Artikel durch zwei weitere Beiträge eingerahmt, die weniger enthusiastisch und aktionistisch die Aufgaben der US-amerikanischen Innen- und Außenpolitik – auch im Hinblick auf den Golfkrieg und die neue Weltordnung – analysieren. Michael Mandelbaum geht davon aus, daß die internationale Politik nach dem Ende des Kalten Krieges „...wahrscheinlich nicht durch militärische Konfrontation zwischen den großen Nuklearmächten, aber auch nicht durch Krisen wie die am persischen Golf bestimmt sein wird. Statt dessen werden ökonomische Fragen vorherrschen – vor allem auch deshalb, weil der einstmals kommunistische Teils Europas und Länder anderer Regionen sich auf Institutionen und Praktiken marktwirtschaftlicher Systeme zubewegen. Der Führungsstil von Präsident Bush scheint nur wenig geeignet, diesen Herausforderungen angemessen zu begegnen. Ihm fehlen die folgenden Eigenschaften: die Fähigkeit, eindeutig die auswärtigen Interessen der USA und eine Politik zu ihrer Realisierung zu definieren; die Beherrschung der komplizierten ökonomischen Angelegenheiten und schließlich die Bereitschaft, die chronischen Ungleichgewichte der amerikanischen Wirtschaft endlich zu überwinden. Solche Fähigkeit mögen jedoch für eine effektive politische Führung in der Ära nach dem Kalten Krieg entscheidend sein" (Mandelbaum, 1991, S. 6).

In einem weiteren Aufsatz erinnert William Pfaff im Blick auf den Golfkrieg daran, daß die militärische Macht stets auch – soll sie langfristigen Bestand haben – auf ökonomisch-technologischer Macht sowie auf sozialer Kohäsion im eigenen Lande beruht (Pfaff, 1991, S. 36). Der militärische Erfolg am Golf sollte daher nicht die Erfahrung vernebeln, daß die Stärke und Überlegenheit des Westens in der Systemauseinandersetzung letztlich auf der „Schaffung von vitalen und tatkräftigen Gesellschaften, auf der Erweiterung sozialer Gerechtigkeit, dem Versprechen wachsenden Wohlstandes und dabei der Fähigkeit zur Einbindung der Eliten und der Jugend der Nation“ beruht habe (ebd., S. 48). Solche Appelle reflektieren schon die Skepsis innerhalb der politischen Klasse der USA, daß das Projekt eines militärisch begründeten Unilateralismus nicht nur an den ökonomischen und politischen Machtkonstellationen innerhalb der Triade, sondern vor allem auch an der inneren ökonomischen und gesellschaftlichen Schwäche der USA scheitern müsse.

Solche Skepsis mag auch der Ahnung geschuldet sein, daß – ähnlich wie im Falle der Sowjetunion unter Gorbatschow – die innen- und außenpolitischen Aspirationen einer niedergehenden Großmacht nur so lange aufrechterhalten werden können, wie die inneren sozialökonomischen und moralisch-kulturellen Krisenprozesse noch nicht zu einem offenen Bruch oder gar zu offenen politischen und sozialen Kämpfen um die Reorganisation der Binnenstrukturen von Ökonomie und Gesellschaft sich verdichten. Die Euphorie des Sieges könnte daher schnell in einen erneuten Katzenjammer (“hang-over“) umschlagen, der die Labilität des Unilateralismus-Projektes um so eindringlicher illustrieren würde. John Nagle hebt gerade diesen Widerspruch hervor und benennt dabei zugleich das Kampffeld der progressiven politischen und sozialen Kräfte in den USA: „Die Smybolik des Sieges behebt keines der drängenden sozialen Probleme, mit denen sich die US-Politik der 90er Jahre befassen muß. Sie bedeutet lediglich einen kleinen Zeitgewinn, bis die US-Regierung wieder mit Finanz- und Bankenkrise, Elend im Erziehungswesen, Zusammenbruch des Gesundheitssystems, Überfüllung der Strafanstalten und Verfall der öffentlichen Infrastruktur konfrontiert wird. Die ideologische Kampfparole dieser Regierung wird der Abbau des (schon reichlich angeschlagenen) Sozialstaates sein. Dagegen müssen die progressiven Kräfte, allen voran die Frauenbewegung, eine alternative Sozialpolitik entwickeln, eine politische Tagesordnung für den Wiederaufbau. Hier liegt das Schlachtfeld, auf dem die Konservativen nicht überlegen sind. Auf diesen Kampf sollen sich alle progressiven Organisationen vorbereiten, denn hier gibt es die Möglichkeit, Resonanz bei einer breiten Mehrheit zu finden und den Siegeszug der Rechten zu brechen“ (Nagle, 1991, S. 26).

## 4. 4. Die Zukunft Deutschlands in Europa

Auch wenn die Westeuropäer auf die Golfkrise wie ein „aufgeregter Hühnerstall“ reagiert (FAZ vom 6. 4. 1991) und auf diese Weise den amerikanischen Traum von der neuen, unipolaren Weltordnung bestärkt haben sollten, so kann doch mit guten Gründen bezweifelt werden, ob der Krieg im Nahen Osten tatsächlich als ein Testfall für die neue Ordnung gelten kann. Der Sieg der Alliierten hat dem irakischen Regime eine Niederlage bereitet und zunächst die Position der konservativen, dem Westen verbundenen Regime am Golf gestärkt. Der Diktator Saddam Hussein hat sein Ziel, mit der Eroberung von Kuwait die ökonomischen und politischen Kräfteverhältnisse in der Region zu seinen Gunsten zu verändern, nicht erreicht. Gleichzeitig ist noch völlig offen, ob der militärische Sieg tatsächlich die Voraussetzungen für die Lösung der strukturellen wie explosiven Probleme der Region geschaffen hat (Israel und die Palästinenserfrage, der Gegensatz von Armut und Reichtum in der Region und die ungleiche Verteilung der Öleinnahmen; die Rolle des islamischen Fundamentalismus; die Probleme ethnischer Minderheiten wie der Kurden; und schließlich auch die strukturelle Instabilität der Diktaturen in fast allen Ländern der Region). „Die jüngste Geschichte hat demonstriert, daß jede Demütigung der arabischen Welt mit dem Fall von Regimen und ihrer Ablösung durch die Diktaturen von Nasser, Hafez el Assad, Ghaddafi, Saddam Hussein geendet hat. Alles deutet in diesem Moment darauf hin, daß die islamischen Fundamentalisten die Verbitterung der arabischen Völker und die Diskreditierung ihrer Führungen ausnutzen können" (Sablier, 1991, S. 95/95).

Schärfer noch bilanziert Marion Grafin Dönhoff in DIE ZEIT (12. 4. 1991) „Was hat nun der Krieg zur Befreiung Kuwaits bewirkt? Was ist von der Moralpolitik des Unternehmens Wüstensturm auf dem Weg zur Realpolitik übriggebelieben? Antwort: 700 000 Kuwaitis sind befreit worden, aber 700 000 ihrer Hilfsvölker – Asiaten, Ägypter, Palästinenser – mußten alle Habe im Stich lassen und wurden zurück in ihre ferne Heimat getrieben. 100 000 Irakis, wahrscheinlich 200 000, sind getötet worden. Zwei Millionen, vielleicht drei Millionen Kurden vegetieren unter unzumutbaren Umständen im unwegsamen Gebirge zwischen drei islamischen Ländern. Ferner: Der Irak ist in weiten Teilen verwüstet, die Umwelt auf lange Zeit zerstört ... Die Situation Israels ist um keinen Gran besser geworden, die heimat- und rechtlose PLO, die auf das falsche Pferd gesetzt hat, steht noch schlechter da als zuvor, und der Verbrecher Saddam, der all diese Katastrophen und Tragödien ausgelöst hat, sitzt weiter auf seinem Stuhl. Das ist keine großartige Bilanz".

Im Golfkrieg haben sich – wie im vorangehenden Abschnitt gezeigt wurde – Interessens- und Handlungskonstellationen verdichtet, die das Ende des Ost-West-Gegensatzes zur Voraussetzung haben. Gleichwohl kann weder der Krieg noch sein militärisches Ergebnis – wie lange dessen psychologische Wirkung auch immer andauern mag – einen nennenswerten Einfluß auf die Dynamik jener ökonomischen und politischen Kräfteverschiebungen ausüben, die in Europa durch den Zusammenbruch der „realsozialistischen" Systeme und die andauernde Existenzkrise der Sowjetunion sowie durch die

Herstellung der deutschen Einheit markiert werden – während sie sich in Ostasien bzw. im pafizischen Raum durch die gesteigerte wirtschaftliche und politische Macht von Japan sowie der „neu industrialisierten“ Länder (wie Südkorea, Taiwan) manifestieren. Die künftige Gestalt Europas sowie die Rolle Deutschlands, die künftige ökonomische und politische Machtverteilung innerhalb der Triade und schließlich die wachsende Kluft zwischen den armen und reichen Regionen in der Welt sowie die globalen Risikopotentiale der ökologischen Krisen – diese Problemfelder werden zusammen mit den inneren sozialen Widersprüchen in den entwickelten kapitalistischen Ländern selbst die Strukturen der Auseinandersetzung um neue Weltordnungen sowie deren Resultate in letzter Instanz maßgebend bestimmen.

Der Chefredakteur der ZEIT, Theo Sommer, plädiert in diesem Sinne für eine deutsche Außenpolitik, die sich weder durch die publizistischen Invektiven vor allem in den angelsächsischen Ländern gegen die „deutschen Angsthasen“ noch durch den US-amerikanischen Anspruch auf die Führung in einer „unipolaren“ Welt verwirren läßt. „Der Golfkrieg hat den Blick vieler Zeitgenossen von diesen Grundtatsachen des ausgehenden zwanzigsten Jahrhunderts ungebührlich abgelenkt. Doch beginnt sich allmählich die Erkenntnis durchzusetzen, daß der Krieg gegen den Irak schwerlich der defining moment für die Epoche nach dem Kalten Krieg gewesen ist; nicht das Paradigma der Neuen Weltordnung; kein Paradefall künftiger internationaler Politik. Seine vier Merkmale – Diktatorenehrgeiz, Überrüstung eines Agressors, Gefährdung der Welt-Erdölversorgung, Verknüpfung mit dem israelisch-arabischen Konflikt – werden sich in dieser Weise so rasch nicht wieder bündeln; ebensowenig wird sich die Konstellation im UN-Sicherheitsrat wiederholen. Der Golfkrieg war bedeutsam, doch letztlich sekundär“ (Sommer, 1991).

Theo Sommer, zusammen mit dem ehemaligen SPD-Bundeskanzler Helmut Schmidt in der Wochenzeitung DIE ZEIT einer der wichtigsten Interpreten der außenpolitischen Konzeption der politischen Klasse Deutschlands, hatte schon 1987 die deutsche Ausgabe von Richard Rosecrance' „Der neue Handelsstaat“ mit einem Vorwort versehen, in dem er dessen Kernthese von der maßgebenden Bedeutung der ökonomischen Entwicklung für die Machtbeziehungen zwischen den Staaten unterstützte. Auch nach dem Golfkrieg verteidigt er die Prämissen der Interdependenzschule. Diese postuliert ja das Ende der klassischen Souveränität des nationalen Machtstaates als dem Fixpunkt internationaler Macht- und Hegemonialordnungen und führt diesen Wandel in erster Linie auf die neuen Interdependenzgeflechte und Machtordnungen der Weltwirtschaft zurück. Sommer bekräftigt diese Position im Hinblick auf die Aufgaben deutscher Außenpolitik in den 90er Jahren: „Aus der politisch-militärischen-territorialen Welt herkömmlichen

Zuschnitts sind wir längst hineingewachsen in die kommerziell-finanziell-technologische Welt von morgen. Da zählen die Stückzahlen von Panzern, die Umfänge der Eingreiftruppen, die Detonationswerte von Bomben weniger als das wirtschaftliche Gewicht, das ein Staat oder eine Staatengruppe auf die Waage bringt. Der Golfkrieg war in dieser Hinsicht nicht typisch. In Zukunft werden die ökonomischen Fragen dominieren – bei der Sanierung Osteuropas wie bei der Entwicklung der südlichen Regionen unserer Erde. Hier ist das deutsche Rhodos – und hier müssen wir auch springen, wenn wir nicht nur des Duckmäusertums, sondern obendrein auch noch der Knauserei geziehen werden wollen" (ebd.). Ex-Kanzler Helmut Schmidt sekundiert mit Hinweisen auf die ökonomische Schwäche der USA und ein breites Spektrum von ökonomischen, sozialen und ökologischen Problemen, die in Europa wie in der Welt bearbeitet werden müssen: „Für mich bedeutet die 'neue Weltordnung' nur eine weitere Phrase der Redenschreiber. Johnson sprach von der 'Great Society', Erhard von der 'formierten Gesellschaft'; Kennedy war der Größte beim Erfinden solcher Slogans. Ich verstehe nicht, was sie bedeuten sollen; vielleicht sind es bloße Formeln für Wahlkampagnen; vielleicht fangen die, die sie gebrauchen, an, selbst daran zu glauben. Ich weiß es nicht, aber es interessiert mich auch nicht ..." (Schmidt, 1991, S. 38).

Das Plädoyer für eine Zivilmacht Deutschland, deren Hauptaufgabe für die kommende Zeit zunächst einmal in der „Verarbeitung" der deutschen Einheit im Kontext einer neuen gesamteuropäischen Ordnung besteht, unterstützt jene außenpolitische Option der Bundesregierung, die nach ihrem Außenminister als „Genscherismus" bezeichnet worden ist. Dabei geht es um eine politische Strategie, die den Nachbarn und den Verbündeten des neuen Deutschland die Angst vor dessen gewachsener ökonomischer und politischer Macht nehmen soll und die zugleich darauf bedacht ist, geschichtliche Erinnerungen an die Rolle Deutschlands in Europa möglichst im Keime zu ersticken. Deshalb wird auch jeder Anspruch auf nationale Hegemonie zurückgewiesen, um auf diese Weise dem Aufkommen des Nationalismus sowohl im eigenen Lande als auch bei den Nachbarstaaten (dort, als „antideutscher" Nationalismus, wie er z. B. bei Teilen der britischen Konservativen virulent ist) entgegenzuwirken. In einem SPIEGEL-Gespräch im Herbst 1990 anerkennt Genscher daher zunächst „das Problem, daß wir in ein größeres, weltpolitisches Gewicht hineinwachsen. Das ist so aufgrund der geographischen Lage, wegen der gewachsenen Zahl unserer Bürger und wegen unserer wirtschaftlichen Leistungsfähigkeit". Dennoch soll dieses stärkere Deutschland in seiner Politik der „neuen Weltordnung" Rechnung tragen, die nicht mehr auf traditioneller Großmachtpolitik, sondern auf „regionalen Zusammenschlüssen, Abtretungen von Souveränitätsrechten, größerer Autorität der UNO und zahlreichen souveränitätsbeschränkenden Abkommen" beruht. Daraus folgt für Genscher: „Dieses größere Gewicht wollen wir nicht für mehr Macht, sondern für mehr Verantwortung nutzen. Wir wollen dieses vereinte Deutschland in die Europäische Union einbringen, wir bieten den anderen Europäern weitere Souveränitäts-Einschränkungen um Europas Willen an. Das ist auch der Auftrag des Grundgesetzes. Wir wollen den KSZE-Prozeß stärken" (DER SPIEGEL, 40/1990, S. 32/33).

Dieser Entwurf eignete sich eine gewisse – gleichwohl sehr kurze – Zeit dafür, um Übereinstimmung mit der Grundkonzeption der Gorbatschow'schen Philosophie des „Neuen Denkens" zu demonstrieren: „dringlich ist eine neue Weltordnung zur Bewältigung aller globalen Herausforderungen: Frieden, Abrüstung, Entwicklung, Schuldenkrise, Umweltschutz" (ebd., S. 35). Zugleich definiert er – in seinem strategischen Kern – Elemente einer Neuordnung Europas und der Rolle des neuen Deutschland in diesem Prozeß. Es handelt sich um das Projekt einer Neuordnung Europas, die zunächst einmal aufgrund des Wandels in Mittel- und Osteuropa notwendig und möglich geworden ist. Deren Perspektiven werden aus der geostrategischen Mittelllage des ökonomisch mächtigsten Staates in Europa abgeleitet. Die – wie auch immer zeitlich terminierte – Integration Gesamteuropas muß gleichsam durch eine „Schaltzentrale" gesteuert und vermittelt werden. Kein anderes Land als die um die ehemalige DDR erweiterte BRD kann diese Aufgabe übernehmen. „Das aber heißt nichts anderes, als daß Deutschland die neue Aufgabe einer Scharniermacht zwischen West und Ost übernimmt" (Ziebura, 1991, S. 138).

Genscher hütet sich davor, diese Perspektive in der Tradition der „Mitteleuropa"-Konzeptionen des deutschen National- und Sozialliberalismus, also z. B. eines Friedrich Naumann (vgl. Opitz, 1977, S. 336 ff.), zu verorten. Damit würde unvermeidlich die Erinnerung an die militärische und ökonomische Eroberungspolitik des deutschen Imperialismus in der ersten Hälfte des 20. Jahrhunderts, also auch an die beiden Weltkriege, hervorgerufen. Gleichwohl vermag seine Unterscheidung zwischen Macht und Verantwortung die entscheidende Frage nach dem hegemonialen Zentrum der Neuordnung Europas nicht aufzulösen; denn in der Ökonomie wie in der Politik wird nun einmal nur demjenigen gestaltende und maßgebende Verantwortung übertragen, der auch über die dazu notwendige Macht verfügt. Der „Genscherismus" ist also Programm und Strategie der deutschen Hegemonie im Prozeß der Neuordnung Europas. Allerdings wird diese Hegemonie nicht als militärisch-politische Führungsmacht des neudeutschen Nationalstaates, also nicht als „räuberische", sondern als sanfte und „wohlwollende" Hegemonie konzipiert. Diese unterstellt eine fortschreitende Entnationalisierung der internationalen Beziehungen ("Weltinnenpolitik") und spricht daher den nicht-militärischen Determinanten internationaler Machtbeziehungen, das heißt den ökonomischen, technischen, wissenschaftlichen, finanziellen und schließlich auch den zivilgesellschaftlichen Komponenten von Macht eine wachsende Bedeutung für die Gestaltung neuer Ordnungen zu. Die Aversionen gegen den „Genscherismus“, die zumal in der britischen Presse während des Golfkrieges sich zu hämischen Invektiven gegen das „Duckmäusertum“ der Deutschen steigerten (vgl. Dahrendorf, 1991, S. 235), waren daher auch eine Reaktion auf das hegemoniale Projekt des neuen Deutschland.

Im folgenden sollen knapp die Felder und die Problembereiche skizziert werden, die den komplexen Vorgang der Neuordnung Europas strukturieren. Dabei muß zwischen realen ökonomischen und politischen Prozessen, die sich im Rahmen der Europäischen Gemeinschaft (EG) vollziehen, und Konzeptionen und Hypothesen zur zukünftigen Integration Gesamteuropas unterschieden werden, deren Ausssagekraft freilich in hohem Maße durch die krisenhafte ökonomische und politische Entwicklung in Mittel- und Osteuropa beeinträchtigt wird:

- Die Integrationsprozesse im Rahmen der EG bilden den Ausgangspunkt für die Reorganisation Gesamteuropas. Die neue EG-Dynamik seit der Mitte der 80er Jahre konzentriert sich auf die Schaffung des Gemeinsamen Binnenmarktes bis zum 1. 1. 1993 sowie auf eine Erweiterung der Handlungsfelder der EG (Umwelt- und Technologiepolitik) und auf eine Institutionalisierung der politischen Kooperation der EG-Staaten auf dem Gebiet der Außenpolitik. Der Binnenmarkt soll das Wirtschaftswachstum fördern und gleichzeitig in den Mitgliedstaaten einen Prozeß der weltmarktorientierten Modernisierung, der die Wettbewerbsposition Westeuropas in der Weltwirtschaft – vor allem gegenüber Japan und den USA verbessert (vgl. Deppe u. a., 1989b). Der große Wirtschaftsraum ohne Grenzen soll wirtschafts- und währungspolitisch durch den Ausbau des Europäischen Währungssystems (EWS) zu einer Wirtschafts- und Währungsunion (WWU), deren erste Stufe schon 1990 in Kraft trat, stabilisiert werden. Zusammen mit der außen- und sicherheitspolitischen Kooperation sowie einer – freilich höchst bescheidenen – Erweiterung der Rechte und damit der Vetomacht des Europäischen Parlaments (EP) könnte so in den 90er Jahren die Perspektive einer Politischen Union praktisch werden, auf die sich auch der EG-Gipfel in Rom im Dezember 1990 verständigt hat.
- Die Vorstellung, derzufolge die EG das Gravitationszentrum für die Neugestaltung einer gesamteuropäischen Ordnung bildet, geht von einem Primat der ökonomischen Determinanten und Steuerung dieser Prozesse aus (Senghaas, 1990, S. 26 ff.; Weidenfeld/ Janning, 1990). Gleichsam in konzentrischen Kreisen wäre so eine Erweiterung der EG denkbar – zunächst um die entwickelten EFTA-Staaten vor allem in Skandinavien, danach – ohne den

Zeitpunkt schon genau bestimmen zu können – um die ehemals sozialistischen, mitteleuropäischen Staaten Polen, CSFR und Ungarn. Die Beziehungen zu den anderen ost- und südosteuropäischen Staaten könnten vorerst durch Assoziierungsabkommen sowie durch andere Formen der politischen Zusammenarbeit mit der EG oder im Europarat stabilisiert werden. Schließlich würde diese Politik – soll sie tragfähige Strukturen gesamteuropäischer Kooperation etablieren – von Anfang an das Ziel verfolgen, den Reformprozeß in der Sowjetunion politisch und wirtschaftlich zu unterstützen, um auf diese Weise der Gefahr einer chaotischen und gewaltsamen Destabilisierung in Ost-, Mittel- und schließlich auch Gesamteuropa entgegenzuwirken.

- In diesem Rahmen wäre dann auch eine neue Architektur der Sicherheit in Europa anzugehen, für die Weidenfeld und Janning die folgenden, abgestuften Maßnahemn zum sicherheitspolitischen Umbau vorschlagen: „Reduzierung der konventionellen Waffen, Verminderung der Truppenkontingente in Europa, im Rahmen der KSZE-Teilnehmerstaaten Verhandlungen zur Verminderung der Streitkräfte auf das für die Sicherheit erforderliche Mindestmaß; Auflösung des Warschauer Paktes; Umbau der westlichen Sicherheitsstrukturen zu einer europäischen Verteidigungsorganisation; dies kann im Rahmen der NATO oder einer anderen Form integrierter Verteidigungsorganisation geschehen; völliger Abzug der verbliebenen sowjetischen Verbände aus den Staaten Osteuropas und Rückzug aller amerikanischen Truppen bis auf jene Verbände, die zur Sicherung des atlantischen Seegebiets und zum Schutz der Verbindungs- und Verstärkungswege zwischen Westeuropa und den USA erforderlich sind; Errichtung eines gesamteuropäischen Sicherheitssystems unter Beteiligung der UdSSR und der USA mit dem Ziel, die Sicherheit der Staaten und die Einhaltung der vereinbarten Rüstungsgrenzen zu wahren sowie nicht-militärische Konfliktregelungen zu organisieren“ (Weidenfeld/ Janning, 1990, S. 38/39).

Die EG wird also – auch in Würdigung ihrer geschichtlichen Leistungen nach dem zweiten Weltkrieg – zum Beispiel bzw. zum Vorbild für die erforderliche Neugestaltung einer gesamteuropäischen Ordnung. „In ihr hat sich ein Integrationsraum herausgebildet, der zu gemeinsamen Institutionen und positiver Interdependenz führte und der einen unreglementierten Austausch zwischen im wesentlichen vergleichbaren Partnern erlaubt ... Aus dem Raum der EG ist eine Zone stabilen Friedens geworden, in der die Androhung militärischer Gewalt und schon gar militärische Gewaltanwendung selbst inzwischen undenkbar sind. Blickt man auf die leidvolle Geschichte Europas zurück, ist das eine große Errungenschaft. Gesamteuropa zu einer vergleichbaren Zone stabilen Friedens zu machen, wäre eine den westeuropäischen Integrationsprozeß ergänzende Leistung“ (Senghaas, 1990, S. 50/51).

Diese Leistung würde zugleich die „Deutsche Frage" im europäischen Kontext aufheben und entschärfen. Mit anderen Worten: die Gefahr einer neuen deutschen Großmacht in der Mitte Europas würde durch die transnationale Vergemeinschaftung von Souveränität sowie durch den Primat der ökonomischen Kooperation neutralisiert. Zugleich besitzt die EG in ihrer derzeitigen Gestalt ein eigenständigen Gewicht; denn wenn der Erfolg des Binnenmarktprojektes sowie weiterer wirtschafts- und währungspolitischer Integrationsschritte die entscheidende Voraussetzung für einen neuen Schub des Wirtschaftswachstums im Westen Europas bilden soll, so wird damit auch die Voraussetzung benannt, um angesichts des Gefälles der wirtschaftlichen Leistungskraft sowie der sozialen Existenzbedingungen der Menschen in West- und Osteuropa den langfristigen Prozeß der Angleichung der sozialökonomischen Strukturen nicht allein durch Marktöffnung, sondern auch durch wirtschaftliche und finanzielle Hilfsmaßnahmen zu beeinflussen.

Dieser Entwurf einer europäischen Neuordnung gründet sich wesentlich auf zwei Prämissen. Erstens sind mit dem Zusammenbruch der „realsozialistischen" Systeme ist Ost- und Mitteleuropa die Bedingungen für die systemische Spaltung Europas entfallen. Dieser Spaltung muß zweitens auf dem Wege des nationalstaatlichen Souveränitätsverzichtes (durch eine weitere Institutionalisierung der ökonomischen und politischen Integration) sowie der marktwirtschaftlichen Verflechtung und Kooperation überwunden und schließlich aufgehoben werden. Das heißt: die militärischen Komponenten der Macht sollen in diesen Prozessen ebensowenig eine dominante Rolle spielen wie die politisch-territoriale Macht eines einzelnen Staates, der – etwa vergleichbar der Rolle Preußens oder Piemonts im Prozeß der Narionaltstaatsbildung in Deutschland und in Italien in der zweiten Hälfte des 19. Jahrhunderts – dabei die Rolle eines Führungs- oder Machtzentrums zu übernehmen hätte. Jürgen Habermas hat diesen Grundgedanken des „Postnationalismus" so formuliert: „Wenn wir uns von den diffusen Vorstellungen über den Nationalstaat nicht freimachen, wenn wir uns der vorpolitischen Krücken von Nationalität und Schicksalgemeinschaft nicht entledigen, werden wir den längst eingeschlagenen Weg in eine multikulturelle Gesellschaft, den Weg in einen regional weitaufgefächerten Bundesstaat mit starken föderativen Kompetenzen, vor allem den Weg zum Nationalitätenstaat eines vereinigten Europas nicht unbelastet fortsetzen können" (Habermas, 1990, S. 217).

Gleichwohl vermag dieser Entwurf nicht davon abzusehen, daß eben nicht nur in Europa, sondern selbst in der EG die ökonomische und politische Macht der beteiligten Staaten ungleich entwickelt ist und daß auch in der EG – als der in Europa fortgeschrittensten Form der Integration – die Souveräntität der beteiligten Nationalstaaten keineswegs auf einen „EG-Superstaat" tranferiert wurde, sondern komplementär zur Erweiterung der Regelungskompetenz der EG-Institutionen nicht nur fortbesteht, sondern sogar eine Aufwertung erfahren hat. Die Formel von der „Europäisierung der deutschen Frage“ mag daher als politisches Programm durchaus glaubwürdig sein. Sie verhüllt jedoch allzu leicht den Tatbestand der ungleichen Entwicklung der nationalen Machtkonstellationen in Europa, der darauf basierenden unterschiedlichen und konfligierenden Interessen sowie die objektive Notwendigkeit von Führungsstrukturen im Prozeß der europäischen Einigung, die ihrerseits sich durch die Verfügung und Kontrolle über ökonomische, finanzielle, politische und ideologische Ressourcen der Macht auszeichnen.

Daraus folgt, daß die Neuordnung Europas von der Realität eines vereinten Deutschland auszugehen hat, das schon vor der Erweiterung um die ehemalige DDR die ökonomische Führungsmacht der EG war. Mit der vollen Wiederherstellung seiner politischen Souveränität hat dieses Deutschland nun einen neuen weltpolitischen Rang eingenommen. Aufgrund seiner geopolitischen bzw. geostrategischen Lage in der Mitte Europas erscheint es geradezu prädestiniert, zukünftig als eine Art „Schaltzentrale“ für die „Wiedervereinigung Europas“ zu wirken. Die wirtschaftliche Position der Bundesrepublik in Europa ist so stark wie nie zuvor. Das folgt nicht nur aus den allgemeinen makroökonomischen Indikatoren (Bevölkerung, Bruttosozialprodukt, Produktivität, Lebensstandard, Qualifikation des Arbeitskörpers etc., vgl. Lüdemann, 1990), sondern auch aus der herausragenden außenwirtschaftlichen Position der BRD in Europa. „Seit vielen Jahren extreme Handelsüberschüsse unterstreichen die Wettbewerbsfähigkeit und setzen sich in einen entsprechenden Kapitalexport um. Ihre in Europa dominierende Rolle auf dem finanz- und währungspolitischen Sektor ist unbestreitbar“ (Menzel, 1991).

Die DM ist seit der Errichtung des Europäischen Währungssystems (EWS) zur Leitwährung der EG geworden. Auch in den Debatten über die weiteren Stufen der Wirtschafts- und Währungsunion (WWU) spielt die deutsche Forderung nach einer – auf die DM und eine maßgebende Rolle der Deutschen Bundesbank bezogene – stabilitätsorientierte Geldpolitik in der EG eine entscheidende Rolle. Für den französischen Ökonom Alain Liepitz wirkt daher der Funktionsmechanismus des EWS so, als ob Deutschland die Rolle eines „Wirtschaftsministers Gesamteuropas“ übernommen habe. „Da die BRD sowohl eine Wirtschaftsankurbelung bei sich zu Hause als auch eine Abwertung auf Seiten ihrer Partnerländer nicht zulassen will, verurteilt sie diese dazu, zwischen der Stagnation und einem Defizit zu ihren Gunsten hin- und herzuschwanken. M. a. W. behält sie sich den Markt ihrer Partnerländer als ein riesiges Absatzgebiet für ihre eigenen Produkte vor, verurteilt diese jedoch zugleich dazu, dieselben Märkte nicht weiter auszudehnen, wodurch sie sich selbst mittelfristig eine Falle stellt" (Liepitz, 1989, S. 56; vgl. auch Grahl/Teague, 1990, S. 105 ff.).

Die zentralen strategischen Orientierungen des deutschen Kapitalismus liegen also im Westen. Mit anderen Worten: „Deutschland macht sein Geld auf den westlichen Märkten. Es ist wenig realistisch, sich eine Erhöhung des Osthandels auf Kosten des Westhandels vorzustellen" (Kaiser, 1991, S. 153). Der Europäische Binnenmarkt '92 sowie die Schritte zu einer Wirtschafts- und Währungsunion werden diesen Interessenschwerpunkt noch einmal verstärken. Dabei ist dieser große, europäische Markt aus der Sicht der europäischen, internationalen Konzerne keineswegs als eine protektionistisch verriegelte Festung, sondern als ein „Standbein" für die Optimierung ihrer Konkurrenzfähigkeit auf dem Weltmarkt bzw. innerhalb der Triade konzipiert. Diese Westorientierung des deutschen Kapitalismus mag durch die krisenhaften Folgen des Zusammenbruchs der ökonomischen Strukturen in der ehemaligen DDR zeitweilig beeinträchtig werden. Eine grundsätzliche Reorientierung etwa auf den deutschen Binnenmarkt oder auf die Wirtschaftsräume Ost- und Mitteleuropas kann jedoch überhaupt nicht als eine ernsthafte Alternativstrategie für das weltmarktorientierte deutsche Kapital in Frage kommen. Dennoch fällt Deutschland in bezug auf die weitere ökonomische Entwicklung in Osteuropa unvermeidlich eine besondere Rolle zu, die aus der ökonomischen Führungsposition des deutschen Kapitalismus in Gesamteuropa resultiert: „Die (wirtschaftliche) Verflechtung der Bundesrepublik mit Osteuropa und der Sowjetunion ist rund dreimal intensiver als die irgendeines anderen westlichen Landes mit dieser Region" (Maull/von Heynitz, 1990, S. 450).

Der spanische Soziologie Víctor Pérez Díaz hat im Juli 1990 in der Zeitung EL PAIS, die der Position der PSOE-Regierung unter Félipe Gonzales nahesteht, die Führungsrolle Deutschlands im Prozeß der Neuordnung Europas als ein Faktum bezeichnet, das keineswegs auf eine – historisch erneuerte – imperiale Bedrohung, sondern auf eine durch die ökonomische und politische Realität selbst erzeugte „zurückhaltende Führung" hindeutet. Er benennt drei Indikatoren: „Erstens, die zunehmende Bedeutung der ökonomischen Macht Deutschlands. Diese ist mit dem klaren Willen verbunden, einen bestimmenden Einfluß auf die Gestaltung der gemeinschaftlichen Institutionen (der EG) und die Währungspolitik auszuüben. Zweitens, das klare Bewußtsein, daß Deutschland über optimale Bedingungen verfügt, um die Möglichkeit des Einflusses auf die Entwicklung in Osteuropa zu nutzen. Und drittens, die klare Entscheidung Deutschlands, seine Prioritäten in die europäische Tagesordnung einzuschreiben, die ökonomischen Probleme der deutschen Wiedervereinigung vor der monetären Einigung Europas zu lösen und das Tempo der Debatten über die Abrüstung und die Wirtschaftshilfe für die Sowjetunion zu beschleunigen“ (Pérez Díaz, 1990).

Die Anerkennung der deutschen Hegemonie basiert nicht allein auf einer Evaluierung der außenwirtschaftlichen und -politischen Machtposition Deutschlands in Europa. Pérez Díaz leitet vielmehr die äußere Macht und die damit verbundene transnationale Akzeptanz bzw. Attraktivität des „deutschen Modells“ aus den inneren Komponenten und Organisationsformen des gesellschaftspolitischen Konsensus sowie der Stabilität der demokratischen Institutionen in der BRD selbst ab. In diesem Zusammenhang erwähnt er nicht nur deren industrielles, technisches und wissenschaftliches Potential, sondern auch das System der Institutionen, die in der BRD sowohl den „korporativen Dialog“ der gesellschaftlichen Kräfte (vor allem von Kapital und Arbeit) als auch den Abbau sozialer Ungleichheit durch sozialstaatliche Institutionen gewährleistet haben: „ ... die Institutionen der gewerkschaftlichen Interessenvertretung und der gesellschaftlichen Konzertierung, das System der beruflichen Bildung, die Sozialpolitik und die Alterssicherung. Der Erfolg (Deutschlands) ist ein ökonomischer *und* sozialer gewesen; und darauf beruht letztlich der tiefgreifende Einfluß, den es langfristig in den Institutionen und der Politik Europas ausüben konnte“ (ebd.).

Das „Modell Deutschland“, das – in der zweiten Hälfte der siebziger Jahre noch unter sozialdemokratischer Führung – auf eine Verbindung zwischen weltmarktorientierter Modernisierung und der Konservierung eines – sozialstaatlich gestützten – Klassenkompromisses zielte (vgl. u. a. Esser, 1982, S. 68 ff.), wird also vor allem von Vertretern sozialdemokratischer Parteien sowie der Gewerkschaften in anderen EG-Staaten als Modell einer „wohlwollenden Hegemonie“ akzeptiert. Dieses Modell sei – nach der neokonservativen Wende von 1982 – zwar angegriffen worden; gleichwohl habe die Macht der Gewerkschaften und vor allem ihrer betrieblichen Interessenvertretungen – im Gegensatz z. B. zur Entwicklung in Großbritannien – dafür gesorgt, daß die Grundelemente dieses Modells auch in den 80er Jahren erhalten blieben. Von einem wachsenden Einfluß der deutschen Wirtschaft und Politik auf die europäischen Angelegenheiten versprechen sie sich nicht allein einen Modernisierungsdruck im eigenen Lande, sondern zugleich eine Unterstützung für ihre gesellschaftspolitischen Forderungen, die auf einen Ausbau sozialstaatlicher Regelungen sowie auf Institutionen der Mitbestimmung und der gesellschaftlichen Konzertierung gerichtet sind (vgl. Deppe/Weiner, 1991). Es sind also gerade die zivilgesellschaftlichen Komponenten des „deutschen Modells“, die aus dieser Sicht die hegemoniale Rolle Deutschlands im Prozeß der Neuordnung Europas zu begründen vermögen.

Die Prämissen dieses Programms sind freilich schon nach kurzer Zeit ins Wanken geraten. Im Übergang zum Jahre 1991 hat nicht allein der Golfkrieg das Gefüge der internationalen Machtbeziehungen – vor allem aus der europäischen Perspektive – zugunsten des politischen-militärischen Führungsanspruches der USA verschoben. Vielmehr haben auch die inneren sozialökonomischen Probleme sowie die politischen Spannungen in Europa dazu beigetragen, daß die Strategie des „Genscherismus" schon in ihre erste, tiefe Krise geraten ist und auch in der deutschen Innenpolitik eine Identititätskrise des Blocks an der Macht ausgelöst hat:

- Die politische Führung des neuen Deutschland wird mit inneren und äußeren Anforderungen konfrontiert, die ihre Handlungsmöglichkeiten tendenziell überfordern. Der wirtschaftliche und politische Anschluß der DDR hat zwar – im Ergebnis der Bundestagwahlen vom Dezember 1990 – die konservativ-liberale Regierung gestärkt. Gleichwohl hat der Zusammenbruch der ökonomischen – vor allem der industriellen – Strukturen in Ostdeutschland in der Folge der Währungsunion und der Privatisierungspolitik einen Anstieg der Massenarbeitslosigkeit sowie die Verelendung und Entwurzelung breiter Teile der ostdeutschen Bevölkerung bewirkt. Die tiefe soziale Spaltung zwischen West- und Ostdeutschland hat nicht nur zu einem depressiven Stimmungsumschwung und zu Protestwellen geführt, die den strahlenden Sieg der Jahre 1989/90 und seine Protagonisten – allen voran den Bundeskanzler Helmut Kohl selbst – überschatten. Sie erfordert zugleich umfangreiche wirtschaftliche und finanzielle Hilfmaßnahmen, die – zusammen mit den Beiträgen der BRD zur Finanzierung des Golfkrieges – durch die Erhöhung der Staatsverschuldung sowie durch die Erhöhung der Massensteuern und Sozialabgaben, die vor allem die mittleren und unteren Lohneinkommen belasten, aufgebracht werden müssen.

Obwohl das – unter dem Druck der sich abschwächenden Weltmarktkonkjunktur – nur geringfügig schwächer gewordene Wirtschaftswachstum in Westdeutschland (das durch den kreditfinanzierten Nachfrageschub aus dem Osten getragen wird) diese Politik nach wie vor abfedert, so gefährdet diese doch zentrale Stützpfeiler und strategische Optionen, ohne die die „sanfte Hegemonie" des neuen Deutschland in Europa kaum zu realisieren sein dürfte. Auf der einen Seite stellt sich die Frage, „inwieweit das 'Modell Deutschland', auf das Regierende, Unternehmer und Gewerkschaften so stolz waren, noch trag- und funktionsfähig ist angesichts der ständig wachsenden, alle bisherigen Haushaltskategorien sprengenden Finanzierungsverpflichtungen nach innen und außen" (Ziebura, 1991, S. 138).

Damit eng verbunden ist die Frage, welche Rückwirkungen von einer potentiellen Destabilisierung der Binnenwirtschaft und der Finanzpolitik in der BRD, damit auch der DM – als Folge z. B. von Inflationsdruck – auf deren Rolle in der EG ausgehen werden. Auf jeden Fall sinkt mit dem Anstieg der Staatsverschuldung in der BRD deren Handlungsspielraum im Hinblick auf eine ausgleichende Politik für jene ärmeren EG-Länder (vor allem im Mittelmeerraum), die sich vom Fortgang der Integration auch eine „soziale Kohäsion“ erwarten, die z. B. durch eine Aufstockung der Sozial- und Regionalfonds in der EG durch die reicheren Länder (vor allem die BRD) befördert werden könnte. Außerdem hat sich seit Anfang 1991 der Widerstand der Deutschen Bundesbank und ihres Präsidenten Pöhl gegen eine vorschnelle europäische Währungsunion versteift, die die auf dem EWS beruhende Dominanz der DM, damit der Finanz- und Geldpolitik der Bundesregierung sowie der Bundesbank in der gesamten EG, aufweichen oder gar aufheben würde. So droht sich – auch aufgrund der sozialökonomischen und finanziellen Folgen der deutschen Einheit – jene Konfliktkonstellation zu wiederholen, die Anfang der 70er Jahre das erste Projekt einer Wirtschafts- und Währungsunion in der EG zum Scheitern brachte (vgl. Sanio/Breuer, 1975, S. 303 ff.; Busch, 1978, S. 193 ff.).

- In den Jahren 1989 und 1990 feierten viele Menschen in Mittel- und Osteuropa, weil sie glaubten, daß nun mit dem Sturz der Alten Regime im Innern ein schneller Weg in Richtung parlamentarischer Demokratie, Rechtstaatlichkeit und Marktwirtschaft eingeschlagen werde. Inzwischen hat sich diese Euphorie der ersten Tage vielfach in Depression verwandelt. Osteuropa befindet sich in einer dramatischen Wirtschaftskrise. Mit dem Zerbrechen der alten politischen und kommandowirtschaftlichen Strukturen ist die Arbeitslosigkeit sprunghaft angestiegen. Mit dem Zerfall des alten Systems der allgemeinen Versorgung (Subventionierung der Grundnahrungsmittel, Mieten, des Verkehrs-, des Gesundheits- und Bildungswesens sowie anderer sozialer Einrichtungen) ist die latente Armut früherer Zeiten in eine offene Massenarmut umgeschlagen. Wenngleich zwischen den einzelnen Staaten erhebliche Unterschiede bestehen, so sind sie doch allgemein mit der Schwierigkeit konfrontiert, daß ihre Integration in den kapitalistischen Weltmarkt, der Zusammenbruch des alten Systems der Arbeitsteilung und des Tausches im RGW (das vor allem bei der Energieversorgung auf die Sowjetunion gepolt war, die ihrerseits seit dem 1. Januar 1991 ihren Handel mit den ehemaligen Partnern in „harter Währung“ abrechnet), einen tiefen Schock ausgelöst hat, der seinen Tiefpunkt noch keineswegs erreicht haben dürfte. Das Baseler Prognos-Institut schätzt, daß sich die ehemalige DDR – aufgrund der Sonderbedingungen des Anschlusses und der Finanzkraft der BRD – am schnellsten erholen wird. Für die anderen Länder dagegen – vor allem aber für die Sowjetunion – sind die Prognosen düster. Bis Mitte der 90er Jahre werden Krisen, Verfall der alten Strukturen und Massenarmut anhalten bzw. sich noch verstärken. Danach könnte mit einer marktwirtschaftlichen Regeneration gerechnet werden (DIE ZEIT, 22. 2. 1991, S. 35). Daraus folgt, daß auf lange Zeit die sozialökonomische Labilität, die die soziale

Spaltung innerhalb dieser Länder und zwischen West- und Osteuropa verstärkt, die wesentliche Bedingung für eine politische Destabilisierung werden könnte. Der Nationalismus und die Armut gehen Hand in Hand – so kürzlich der polnische Ministerpräsident Bielecki. „Denn die neuen europäischen Nationalismen sind keine Nationalismen des Stolzes und des Überschwangs; es sind Kompensationsbewegungen, in denen sich Ressentiments, Unterprivilegierung und Minderwertigkeitsgefühle widerspiegeln – und die aus diesem Grund besonders konfliktträchtig sind" (Lepenies, 1991, S. 19).

Zum gegenwärtigen Zeitpunkt ist es natürlich unmöglich, schon ein real existierendes Modell der zukünftigen ökonomischen und politischen Integration dieser Länder in eine erweiterte EG bzw. in gesamteuropäische Assoziierungs- und Kooperationsformen gleichsam als Referenz anzugeben. Die ehemalige DDR ist eine Ausnahme, weil sie sich als Staat aufgelöst und in die BRD inkorportiert wurde. Gleichwohl zeichnet sich für einige dieser Länder (und gewiß für weite Teile der Sowjetunion bzw. der dann auf ihrem heutigen Territorium bestehenden Staaten) die Perspektive einer Marginalisierung bzw. ein Peripheriestatus in der kapitalistischen Weltwirtschaft und auch im europäischen Markt ab. Der circulus vitiosus, der durch ökonomische Rückständigkeit, Massenarmut und Verschuldung bestimmt ist und der das Schicksal so vieler Entwicklungsländer in der südlichen Hemisphäre entscheidet, könnte für die Zukunft auch die Zementierung solcher „Dritte-Welt-Räume" bzw. „Hinterhöfe" in der europäischen Wirtschaft bewirken.

Die Massenarmut ist die Voraussetzung für die geringe Nachfragekapazität dieser Märkte, die sie für Waren- und Kapitalexporte aus den Zentren als wenig attraktiv erscheinen läßt. Die Modernisierung der Wirtschaft dieser Länder ist daher auf westliche Kredite und Finanzhilfen angewiesen. Angesichts des bereits hohen Schuldenstandes wird so – nach dem Vorbild der IWF-Regime in der Dritten Welt – das Schuldenmangement zur vorrangigen Aufgabe der je nationalen Wirtschaftspolitik. Die Exporte müssen zu Lasten der Importe (die im Bereich der Investitionsgüter für die Modernisierung Priorität haben müßten) gesteigert werden. Nach innen muß eine strenge Austeritätspolitik – vor allem im Bereich der staatlichen Sozialausgaben – betrieben werden, um die Staatsverschuldung zu begrenzen und inflationären Druck zu mindern. Eine solche Politik führt jedoch unvermeidlich zur Festschreibung oder gar zur Expansion der Massenarmut. Auf diese Weise werden die sozialen Konfliktpotentiale, aber auch der Druck zur Migration aus Ost- nach Westeuropa oder nach Nordamerika verstärkt.

In welchem Ausmaß schon heute die Schuldenlast dieser Länder als Blockade einer auf Entwicklung und Modernisierung gerichteten Wirtschaftspolitik fungiert, mag die folgende Rechnung illustrieren. Das Programm der Osteuropahilfe, das im Kern von den EG-Staaten getragen wird, umfaßt für 1991 zehn Milliarden Mark. „Doch selbst zusammen mit einem Schuldenerlaß von weiteren zehn Milliarden Mark wird diese Hilfe noch nicht einmal ausreichen, um den Effekt der höheren Ölrechnung auf die Zahlungsbilanzen der osteuropäischen Länder auszugleichen"(ebd.).

Der Erfolg von ökonomischen und politischen Reformen in Mittel- und Osteuropa bedarf daher „einer viel größeren und tragfähigeren Verbindlichkeit Westeuropas insgesamt, vergleichbar der, die Westdeutschland gegenüber den ostdeutschen Bundesländern eingegangen ist" (Ash, 1990, S. 13). Dieser Appell, der gelegentlich auch an die Bedeutung der Hilfe der USA für Europa nach dem zweiten Weltkrieg (Marshall-Plan) erinnert, wird wahrscheinlich keine befriedigende Antwort erhalten. Der Grund dafür liegt weniger im mangelnden Willen als vielmehr in den begrenzten finanziellen Handlungsmöglichkeiten der Westeuropäer. Da die Bundesrepublik mit der Finanzhilfe für Ostdeutschland sowie durch die Finanzierung des Golfkrieges und des sowjetischen Truppenabzuges aus Ostdeutschland schon an die Grenzen ihrer Leistungsfähigkeit geraten ist, fällt sie als „Lokomotive" für ein solches Hilfsprogramm weitgehend aus. Auch die USA sind aufgrund ihrer eigenen Verschuldungslage außerstande, einen neuen Marshall-Plan für Osteuropa auch nur mitzufinanzieren. Die Möglichkeiten der anderen EG-Staaten sind begrenzt. Die weniger entwickelten Randstaaten der EG (Griechenland, Portugal, Spanien) erwarten selbst von der EG weitere finanzielle Hilfen zur Bearbeitung ihrer sozial- und regionalpolitischen Probleme sowie zur Entwicklung ihrer wirtschaftlichen Leistungsfähigkeit.

Die großen EG-Staaten (Frankreich, Großbritannien, Italien) sind dagegen mit inneren Problemen konfrontiert, die ihre Fähigkeit, Finanzhilfen und Kredite an Osteuropa zu vergeben, strukturell beschränken. Nicht allein die Kosten des Golfkrieges belasten ihr Staatsbudget. Die wirtschaftliche Rezession, in die sie seit 1990 geraten sind, hat das Problem des Staatsdefizits noch verschärft. Dazu wird mit einem erneuten Anstieg der Arbeitslosigkeit das ohnehin vorhandene soziale Konfliktpotential zunehmen und neue sozialpolitische Interventionen der Regierungen im eigenen Lande erfordern. Das Ende des Thatcherismus in Großbritannien wurde daher durch die Golfkriegseuphorie nur notdürftig verschleiert. Immerhin hat sich bei den Nachwahlergebnissen dieses Jahres schon ein Stimmungstrend angedeutet, der die Steuerpolitik, den Kampf gegen die Armut und die Wohnungsmisere, den Verfall des Bildungswesens und der gesellschaftlichen Infrastruktur als die zentralen Felder einer neuen Politik bewertet. Die Bearbeitung dieser – durch die Politik des Neokonservatismus erzeugten und verschärften – Probleme wird jedoch den Finanzbedarf des Staates erhöhen und damit seine Möglichkeiten, finanzielle Hilfen für Osteuropa oder für die Dritte Welt zu leisten, noch weiter beeinträchtigen.

Die Länder Ost- und Mitteleuropas verfügen nicht über beeindruckende Machtmittel, um ggf. die Westeuropäer zu einer qualitativen Steigerung ihrer Hilfmaßnahmen zu bewegen oder gar zu zwingen. In der Konsequenz bedeutet dies, daß die Wirkungsgesetze des Marktes und der Profitproduktion den sozialen Charakter der Transformationsperiode viel direkter und brutaler bestimmen werden. Die Erwartungen neuer politischer Führungen, daß diese Transformation durch eine „soziale Marktwirtschaft" (etwa nach bundesdeutschem oder skandinavischem Vorbild) gesteuert werden könnte, bei der sich die Effektivitäts- und Modernisierungspotentiale des Marktes mit einem System der sozialstaatlichen Sicherungen gegen die unvermeidlichen sozialen Risiken und Folgewirkungen verbinden, sind inzwischen weitgehend desillusioniert. Zudem ist deutlich geworden, daß angesichts der Wirtschaftskrise und der sinkenden Realeinkommenden die Investitionsanreize für das westliche Kapital sinken und daß „der Westen" den Fremdfinanzierungsbedarf nur zu einem ganz geringen Teil befriedigen kann. Daraus ergibt sich – zumindest mittelfristig – eine Perspektive der sozialökonomischen Spaltung West- und Osteuropas sowie in den osteuropäischen Ländern selbst (mit einer „umgedrehten Zwei-Drittel-Gesellschaft"). Auf diesem Boden erwachsen – vor allem bei den veramten Verlierern der Transformation – jene nationalistischen und rassistischen Verzweiflungsstimmungen, die nicht nur den Aufbau einer stabilen, demokratischen Kultur gefährden, sondern auch dem Gewalthandeln des Staates (und seiner Führer) bei inner- wie bei zwischenstaatlichen Konflikten eine populistische Scheinlegitimation verleihen.

Auf diesem Boden erwächst aber auch ein verstärkter Druck zur Wanderung von Arbeitskräften aus Osteuropa in die „Wohlstandsfestung Westeuropa", der nach dem Fall des „Eisernen Vorhangs" und der Aufhebung der Reisebeschränkungen in diesen Ländern zwar nicht ungehindert, aber doch sehr viel stärker als früher wirken kann. Die rechtlichen, polizeilichen und materiell-technischen Vorkehrungen, die heute schon an den Grenzen der EG zur Abwehr dieses erwarteten Ansturms getroffen werden, sind daher nicht nur symbolische Dementis des Programms für die Freizügigkeit der Menschen in ganz Europa als Voraussetzung für eine Wiedervereinigung Europas, die ihren Kern in der EG selbst hätte. „Nun, da die einst weggesperrten Menschen die 'Freie Welt' beim Wort nehmen wollen, macht sich Entsetzen breit im demokratischen Westen. Das Gespenst vom Ansturm der Armen geht um in Europa. Die Freiheit, so die den reichen Ländern des Westens allmählich schwanende Erkenntnis, kann nicht grenzenlos sein"(Kruse/Schwarz, 1991, S. 13).

- Die Unsicherheit, die sowohl von der Krise Osteuropas als auch von den inneren Problemen des neuen Deutschland ausgeht und die durch den im

Golfkrieg erneuerten Führungsanspruch der USA noch verstärkt wurde, hat inzwischen auch auf das Feld der EG-Politik im engeren Sinne übergegriffen. Die Krise der EG, die während des Golfkrieges beschworen wurde, resultierte vordergründig aus der Unfähigkeit der Gemeinschaft, einen einheitlichen Standpunkt zu vertreten und damit als eigenständiger internationaler Akteur – ggf. auch als militärischer Akteur im Bündnis – zu handeln. Daß Großbritannien und Frankreich bereitwillig die Rolle des weltpolitischen und militärischen Juniorpartners der USA übernahmen, war freilich schon ein Reflex auf die gewandelten europäischen Kräftekonstellationen; denn durch die Beteiligung am Sieg der Anti-Irak-Allianz sollte auch gegenüber dem stärker gewordenen, neuen Deutschland demonstriert werden, daß die Rolle Europas in der Weltpolitik nicht von der ökonomischen Großmacht Deutschland in der EG, sondern nach wie vor von den beiden außen- und militärpolitischen Führungsmächten des alten Westeuropa bestimmt wird.

Relativ unabhängig von den Rückwirkungen dieser Prozesse auf die Kohärenz der EG macht sich in deren Binnenstrukturen die Asymetrie zwischen wirtschaftlicher (über den Markt vermittelter) und politisch-institutioneller Integration geltend und akkumuliert Entscheidungsbedarf wie Konfliktstoffe. Jacques Delors, der Präsident der EG-Kommission, hatte schon 1989 auf einen gleichsam aufgestauten Politikbedarf der Gemeinschaft hingewiesen. Die integrationspolitischen ERfolge der 80er Jahre seinen überwiegend auf die Marktintegration – mit dem Binnenmarktprogramm als Focus – zurückzuführen. Die politische Integration sei hingegen zurückgeblieben. Aus der Sicht des Kommissionspräsidenten handelt es sich dabei nicht allein um jene Politikfelder, die durch die Einheitliche Europäische Akte (EEA) aufgewertet wurden: Technologie- und Umweltpolitik, Außen- und (noch sehr unbestimmt) Sicherheitspolitik. Politische Integration erfordert auch eine gemeinschaftliche Beschäftigungs-, Sozial- und Regionalpolitik. Nur so können die in der gesamten EG bestehenden sozialen Probleme und Disproportionen (Arbeitslosigkeit, Armut), besonders aber die extrem unterschiedlichen Lebensverhältnisse in der EG in der Perspektive einer langfristigen Angleichung, aber auch eines sozialpolitische Schutzes gegen die Risiken der Binnenmarktliberalisierung bearbeitet werden.

Jacques Delors hat sich in den vergangenen Jahren auch deshalb für die „soziale Dimension" des EG-Projektes engagiert, weil er dessen Realisierung nur dann für möglich hält, wenn nicht nur das Management der internationalen Konzerne, sondern auch die Gewerkschaften des EGB als Träger für die Legitimation dieses Projektes gewonnen werden. Die „Sozialcharta" der EG sollte diesem Ziel dienen. Sie sollte einen verbindlichen Rahmen für soziale Mindeststandards für die Rechte der Arbeitnehmer sowie der Gewerkschaften in der Gemeinschaft etablieren. Daß die Charta im Dezember

1989 vom Europäischen Rat nur als eine „feierliche Erklärung“ verkündet, also nicht rechtverbindlich und einklagbar wurde und daß ihr Inhalt weit hinter den gewerkschaftlichen Forderungen und Erwartungen zurückblieb, war in erster Linie dem Widerstand der Unternehmerverbände in der EG und den konservativen Regierungen geschuldet. Ob sie trotzdem die Handlungs- und Kooperationsbedingungen der Gewerkschaften in der EG verbessern kann (vgl. Bobke, 1991), und daher von dieser Seite die Legitimation des EG-Projektes gesichert wird, ist derzeit eine offene Frage.

Der Entscheidungsbedarf im politischen System der Gemeinschaft wird die Frage „nach dem adaequaten Führungsinstrumentarium und nach der adaequaten politischen Führungsphilosophie ... zum Schlüsselthema der neunziger Jahre werden“ lassen (Weidenfeld/ Janning, 1990, S. 11). Die Chance, Gesamteuropa von seinem westlichen Zentrum her zu einem weltwirtschaftlichen und -politischen Machtblock zu reorganisieren und dabei durch eine angemessene Beteiligung Deutschlands an den Führungsstrukturen die Spannungen abzubauen, die aus der abrupten Vergrößerung Deutschlands entstehen, kann daher nur eingelöst werden, wenn der Schwung, den die Integrationspolitik in der zweiten Hälfte der 80er Jahre gewonnen hat, sich mit der Vollendung des Binnenmarktes auf das politische System der Gemeinschaft überträgt.

Dabei wird es nicht allein um die Wirtschafts- und Währungspolitik sowie um erweiterte Kompetenzen des Europäischen Rats gehen. Das Programm einer forcierten Deregulierung in der EG, kombiniert mit dem Ausbau der Macht von supranationalen Institutionen (Kommission, Rat), die keiner demokratischen Kontrolle unterliegen, wird wohl bei der Bevölkerung der EG keine breite Mehrheit mobilisieren können. Solcher Konsens wäre jedoch Voraussetzung für weitere Schritte in Richtung einer Politischen Union. Eher noch wäre zu vermuten, daß die politische Zentralisierung (die stets auch den Einfluß der politisch und ökonomisch mächtigsten Akteure, also auch der BRD, stärken muß) bei Fortbestehen sozialer Unterschiede sowie in Perioden wirtschaftlicher Rezession gerade bei den Arbeitslosen sowie bei Lohnabhängigen, die um ihren Arbeitsplatz bzw. um ihren Lebensstandard fürchten, nationalistische oder regionalistische Anti-EG-Ressentiments fördern könnte. Diese stärken nicht nur neonationalistische Kräfte am rechten Rand des politischen Kräftefeldes, sondern üben zugleich einen Druck in die Richtung einer eher protektionistischen Politik der nationalen Regierungen aus.

Die Konferenz des Europäischen Rates in Rom (Dezember 1990) wurde schon als großes historisches Ereignis gefeiert; denn sie beschloß die Einsetzung von zwei Regierungskonferenzen, die sich mit Schritten a) zur WWU sowie b) zur politischen Union befassen sollen. Das Ziel der WWU ist relativ klar definiert: ein einheitlicher Wirtschaftsraum (Binnenmarkt) mit einer einheitlichen Währung und einer Europäischen Zentralbank. Zumindest auf der Ebene der Erklärungen besteht auch ein weitgehender Konsens darüber, daß eine stabile europäische Währung nur bei einer weitgehenden Konvergenz der Wirtschaftspolitik in den Mitgliedstaaten gesichert werden kann. Auf diesem Gebiet bestehen freilich – als Reflex der ungleichen Entwicklung – die alten Konflikte zwischen „Ökonomisten" und „Monetaristen" fort, die die Geschichte der EWG/EG bestimmt haben.

Sehr viel verschwommener sind dagegen die Vorstellungen und die Realisierungschancen einer politischen Union. Sie reichen von einem Bundesstaat mit einheitlicher Regierung bis zu einem Bund souveräner Staaten, also einer Verbesserung der gegenwärtigen Zusammenarbeit in der EG ohne politische Formveränderung. Die Positionen der nationalen Regierungen z. B. über die Erweiterung der Rechte des Europäischen Parlaments oder über eine gemeinschaftliche Sicherheitspolitik und deren Beziehung zur NATO (und damit zu den USA) lassen sich überhaupt nicht auf einen Nenner bringen. Alle Pläne für eine Politische Union (vgl. z. B. Späth, 1989, S. 362 ff.) sind daher bislang „Luftschlösser" geblieben (FAZ, 6. 4. 1991). Helmut Schmidt teilt diesen politischen Europessimismus: „Wenn man die Briten und die Franzosen gut kennt, dann scheint die politische Einheit ein romantischer Traum. Sie erscheint mir bis in die erste oder zweite Dekade des kommenden Jahrhunderts als sehr unwahrscheinlich" (Schmidt, 1991, S. 34).

Trotz der emphatischen Erklärungen der Regierungskonferenzen befindet sich die EG also derzeit nicht in einer „Phase beschleunigten Fortschritts mit klarer Zielorientierung. Das Nachlassen der wirtschaftlichen Dynamik, wirtschaftliche Polarisierungen und wirtschaftspolitische Versäumnisse sowie die jüngsten Veränderungen der gesamteuropäischen Konstellationen, nicht zuletzt das trotz aller Übergangsprobleme absehbar noch größere Gewicht Deutschlands in der EG haben vielmehr zu stärker divergierenden Interessen und einer Verunsicherung darüber geführt, wie es eigentlich weitergehen soll" (Huffschmid, 1991, S. 29). Uwe Meinhardt hat zu Recht darauf hingewiesen, daß die Verklammerung von ökonomischer und politischer Integration in Form der beiden Regierungskonferenzen gerade für die derzeitige Widersprüchlichkeit des politischen Projektes steht. „Denn während die WWU den Versuch der EG darstellt, nach der europaweiten Durchsetzung von Angebotspolitik die ökonomische Führungsmacht Deutschland wirtschaftspolitisch einzubinden, deutet sich im deutschen Junktim von WWU und Politischer Union das Streben an, erst nach erfolgreicher Beendigung des nationalen Projekts Wiedervereinigung in Europa nach den Sternen zu greifen, d. h. nach der politischen Führung als Preis der Währungsunion" (Meinhardt, 1991, S. 288).

Diese Hinweise auf Entwicklungstendenzen und -widersprüche, die in Deutschland wie in Europa die Perspektive einer ruhigen – von einem breiten transnationalen Konsens getragenen – stufenweisen Integration konterkarieren, sollten nicht als gesicherte Prognosen mißverstanden werden. Sie umschreiben zunächst einmal für die derzeitige Entwicklung in Deutschland und in Europa das Terrain – vor allem auch das Terrain der sozialökonomischen Strukturen und widersprüchlichen Bewegungsformen, auf dem die politischen Akteure handeln. Dabei gibt es keine einfachen, mechanischen Determinationsverhältnisse, die aus den ökonomischen Grundverhältnissen heraus auf das politische Handeln von Staaten, von Klassen bzw. von politischen Organisationen (Parteien, Verbände) wirken. Politisches Handeln wird einerseits von den sozialökonomischen Widersprüchen sowie von den kaum noch zu kalkulierenden Stimmungslagen in der Bevölkerung angetrieben, gelegentlich „gehetzt". Die Politik der deutschen Bundesregierung seit Ende 1990 vermag diese Beziehung besonders drastisch zu illustrieren. Auf der anderen Seite vollzieht sich die Formulierung politischer Strategien nicht allein in der Bewältigung der Spannung zwischen den allgemeinen politischen Orientierungen (die innerhalb der politischen Klasse einen hegemonialen Status einnehmen, z. B. der „Genscherismus") und den konkreten Widerständen und Konflikten, die deren Implementierung vorfindet. Sie vollzieht sich stets – zumal in politischen Konstellationen, in denen sich die alten Strukturen und Orientierungsmuster auflösen und insofern eine offene geschichtliche Situation besteht – in einem Prozeß der Bildung unterschiedlicher politisch-ideologischer Blöcke, die nicht nur innerhalb der politischen Klasse (oftmals auch parteienübergreifend), sondern auch bei den Machteliten in Wirtschaft und Militär, bei den Verbänden und schließlich bei den Intellektuellen, die vor allem über die Medien das öffentliche Bewußtsein beeinflussen, strategische Optionen konzentrieren, die die Komplexität bzw. die Unübersichtlichkeit der Handlungskonstellationen in der Perspektive einer Reduktion von Komplexität bearbeiten sollen. Erst im Ergebnis dieses hegemonialen Diskurses findet dann in der Regel auch eine Blockbildung statt, die Zustimmung bzw. Mehrheiten „von unten" mobilisiert.

Angesichts der Widerstände, mit denen sich das Projekt einer Europäisierung der deutschen Frage konfrontiert sieht, hat sich inzwischen das Bewußtsein geschärft, daß in der europäischen Politik der offene Konflikt zwischen einer „regressiven" und einer „progressiven" Option, zwischen einer Rückkehr zu nationalistischen Politikformen und dem „Streben nach internationalistischen Lösungen" gleichsam zu einer Schicksalsfrage geworden ist. Sollten sich die Großmächte (USA, Sowjetunion, Frankreich und Großbritannien) für die regressive Option entscheiden, dann wird es für Deutschland praktisch unmöglich, die progressive Option des „Genscherismus" durchzuhalten.

Uwe Nerlich von der Stiftung Wissenschaft und Politik, Ebenhausen, einem der Think Tanks deutscher Außenpolitik, verbindet diese Feststellung mit einer deutlichen Warnung an die Bündnispartner und Nachbarn des neuen Deutschland: „Es fällt Deutschland bereits jetzt schwer,

– seine nationale Identität neu zu definieren *und* eine beschleunigte Übertragung von Souveräntitätsrechten zu betreiben;

– sein Gravitationszentrum nach Osten zu verlagern *und* die westliche Gemeinschaft zu verstärken;

– die Vereinigung durchzuführen ... *und* Motor des Aufbaus europäischer Institutionen zu bleiben;

– Mitglied des Nordatlantischen Bündnisses zu bleiben (in Anbetracht des innenpolitischen Drucks in eine andere Richtung) *und* andere wie die Vereinigten Staaten zu drängen, es nicht einseitig zu demontieren;

– einen möglicherweise im Entstehen begriffenen neuen Nationalismus einzudämmen *und* mit wiederauftretendem Nationalismus bei anderen fertig zu werden..." (Nerlich, 1990, S. 490/491).

Diese noch vorsichtige Auflistung von Widerspruchsfeldern, auf denen sich die Innen- und Außenpolitik des neuen Deutschland zu bewegen hat, wurde noch vor dem Golfkrieg vorgenommen. Seit Anfang 1991 hat sich freilich während des Golfkrieges und der Zuspitzung der Wirtschaftskrise in Ostdeutschland sowie in Ostmitteleuropa immer offener die Einsicht in den Vordergrund geschoben, daß die Fundamente der alten Bundesrepublik, d. h. auch die noch 1990 anerkannten strategischen Optionen für die Bewältigung des Umbruchs in Europa mehr und mehr ins Wanken geraten. Gilbert Ziebura hat daher zutreffend bemerkt, daß die Reformulierung der fundamentalen strategischen Optionen zum entscheidenden politischen und moralisch-intellektuellen Kampffeld der deutschen Innenpolitik geworden ist. „So kommt die Bundesrepublik nicht darum herum, eine Auseinandersetzung über ihr Selbstverständnis nach innen und außen zu führen, die noch weit über die Kontroversen hinausreicht, wie sie in der Gründungsphase stattgefunden haben. *Im Grunde stehen wir mitten in einer zweiten Gründungsphase.* Um 1950 ging es fast ausschließlich um die innere Ausgestaltung des Gemeinwesens, die 'nationale Frage' eingeschlossen. Heute aber geht es um viel mehr. Jedes Problem, über das wir nachdenken, muß am Schnittpunkt dreier Realitäten angesiedelt werden, die sich aufs engste miteinander verbinden: der nationalen, der supranational-europäischen und der globalen. Inzwischen sind wir Teil der Weltgesellschaft, für deren Entwicklung wir mitverantwortlich sind, in Europa vornehmlich, aber auch anderswo. Erst von hier aus bekommt der Begriff 'neue Verantwortung' seine Kontur; hier siedeln sich die übergeordneten Maßstäbe für alles Denken und Handeln an" (Ziebura, 1991, S. 138/139).

In der Innenpolitik des neuen Deutschland verdichten sich also die komplexen und widersprüchlichen Anforderungen, die sich aus den „drei Realitäten" ergeben, zu einem strategischen Konflikt von weitreichender Bedeutung. Der Konsens innerhalb der politischen Klasse und ihrer organischen Intellektuellen, der noch 1989/90 den „Genscherismus" getragen hatte, beginnt sich „von oben" aufzulösen, während er „unten" noch lebendig ist; denn nach einer Umfrage der *Süddeutschen Zeitung* vom Jahresanfang sehen 69 Prozent aller Deutschen vor allem zwei Vorbilder für das neue Deutschland, beide „Zwerge der Weltpolitik": die Schweiz (40 Prozent) und Schweden (29 Prozent; vgl. DIE ZEIT, 26. 4. 91, S. 12). Daß die durch den Golfkrieg aufgeworfene Frage nach der weltpolitischen und militärischen Großmachtrolle des neuen Deutschland – auch unter dem Druck der öffentlichen Meinung im Westen – diesen Konsens aufgebrochen hat, ist nur die halbe Wahrheit. Entscheidend ist vielmehr, daß die politischen Diskurse mehr und mehr auf die krisenhaften Verlaufsformen der Umbrüche in Deutschland, in Europa und in der Weltpolitik (und hier spielt der Golfkrieg natürlich eine bedeutende Rolle) zu reagieren haben. Dabei nehmen die Attacken auf den deutschen Außenminister und seine politische Philosophie zu. Der „Genscherismus" artikuliert zwar einerseits die Interessen der modernen, weltmarktorientierten deutschen Kapitalfraktionen und fügt sich dabei in die strategische Option für eine neue, multipolare (triadefixierte) Weltordnung ein. Andererseits jedoch wird offensichtlich die Auseinandersetzung um die neuen Weltordnungen von einer Revitalisierung des Nationalismus, des nationalstaatlichen Machthandelns und der Aufwertung militärischer Gewaltanwendung bestimmt. Das neue Denken, das sich auf die Realität von „Weltinnenpolitik" beziehen möchte, erscheint daher – vor allem den Vertretern des Neorealismus – als durch und durch idealistisch und kraftlos. Diese Verunsicherung wirkt selbst noch als Ferment einer Ausdifferenzierung und schließlichen Polarisierung der fundamentalen strategischen Optionen für die Innen- und Außenpolitik des neuen Deutschland.

Obwohl dieser Prozeß gerade erst begonnen hat, so lassen sich doch schon die Konturen solcher Optionen, vor allem aber die damit verbundenen Verschiebungen *im* Block an der Macht erkennen. Die zentrale Frage lautet, wie die neue Großmacht Deutschland in der Mitte Europas ihrer weltpolitischen Verantwortung am besten gerecht wird. Neurechte Intellektuelle, die seit der Historikerdebatte und den Feiern über die deutsche Einheit die Rehabilitation des nationalen Selbstbewußtseins der Deutschen – im Kampf gegen die nach ihrer Vorstellung seit 1968 herrschende Hegemonie eines gesellschaftskritischen und pazifistischen, also linken Denkens – betreiben (vgl. Deppe,

1990a), haben nunmehr dem „Genscherismus" – der herrschenden Politik insgesamt – den Kampf erklärt. Nationales Selbstbewußtsein heißt zunächst Befreiung der Deutschen von der Fessel des „nationalsozialistischen Traumas"; die Überwindung des „Vietnam-Syndroms" in den USA durch den Golfkrieg mag dabei durchaus als Vorbild dienen. Daraus folgt allerdings die Forderung, daß in einer Welt der brodelnden Machtpolitik der Krieg als notwendiges Mittel der Politik – ohne irgendwelchen moralischen Skrupel – anerkannt werden muß. Die Entscheidung, die – so Karl Heinz Bohrer im „Merkur" – von der deutschen Regierung im Januar 1991 feige verabsäumt wurde: „ein England und Frankreich vergleichbares offensives militärisches Engagement, ein den in einen Krieg verwickelten Amerikanern, Engländern, Franzosen Zu-Hilfe-Kommen" (Bohrer, 1991, S. 260). Staatsräson statt sentimentalem Provinzialismus; Abschied von politischer Abstinenz, von „Schmerz- und Schuldbewußtsein" – und endlich das Bekenntnis zu jenem „selbstverständlichen Umgang mit dem Horrorszenario", der es den Angelsachsen „schon 1944 erlaubte, Dresden und später Hiroshima fast ohne moralische Skrupel auszulöschen" (ebd., S. 257/258, zur Kritik vgl. Glotz, 1991).

Die neomachiavellistische Option vom rechten Rand des intellektuellen Spektrums repräsentiert eine extreme Variante der Reduktion von Komplexität. Sie dürfte schon deshalb marginal bleiben, weil sie sich durch eine (für Literaten, die politische Ästhetik auf der Linie Machiavelli-Carl Schmitt wiederbeleben möchten, durchaus charakteristische) geradezu überwältigende Ignoranz gegenüber den sozialökonomischen Dimensionen und Handlungsanforderungen der „drei Realitäten" auszeichnet. Gleichwohl zielt die bellizistische Option eines „Feuilleton-Nationalismus" (Glotz), die das neue Deutschland gerne an der Seite der Angelsachsen Krieg in der ganzen Welt führen sehen möchte, gerade auf die „weiche Flanke" des Genscherismus. Wenn die These von Paul Kennedy richtig ist, daß jede aufstrebende Großmacht aufgrund der Machtkämpfe zwischen den Staaten im internationalen Staatensystem gezwungen wird, ihre ökonomische und ideologische Macht durch militärische Machtmittel zu komplettieren, dann steht Deutschland jetzt – aufgrund seiner ökonomischen Macht, der Wiedererlangung seiner vollen staatlichen Souveränität und aufgrund der offenen Machtkämpfe um die neuen Ordnungen und ihre Führungsstrukturen – vor einer solchen Entscheidung. Der Riese in Europa kann es sich nicht länger erlauben, ein Zwerg bleiben zu wollen, indem er die Augen vor diesen Realitäten verschließt.

Es handelt sich dabei um eine „konservativ-rückwärtsgewandte" Option (Ziebura, 1991, S. 139). Der Bruch mit der Linie des Genscherismus innerhalb des herrschenden Blocks vollzieht sich dabei in einer zweifachen Umorientierung, die freilich enorme politisch-ideologische Konsequenzen zeitigen wird. Zuerst erfolgt ein Bruch mit der internationalistischen Option des Genscherismus, der – besonders im Blick auf die europäische Integration – den objektiven Machtzuwachs des neuen Deutschland durch Souveränitätsverzicht im Kontext des Ausbaus der europäischen Institutionen kompensieren möchte. Nunmehr tritt die nationale Option in den Vordergrund. Das neue Deutschland muß zunächst einmal die Einheit „verdauen“, d. h. mit den Problemen seiner nationalen Einheit, Souveränität und Identität fertig werden – ökonomisch, sozial, politisch und psychologisch. Daraus folgt, daß eine Hierarchie von Prioritäten fixiert wird, bei der die Nationwerdung der Deutschen an der obersten Stelle steht und den anderen Aufgaben ihren davon abgeleiteten Rang zuweist. Der Bezug zur europäischen Politik würde natürlich nach wie vor die Wirtschaftsintegration (Binnenmarkt) privilegieren. Die politische Gestaltung des künftigen Europa könnte im Rekurs auf die alte Formel des General De Gaulle vom „Europa der Vaterländer“ perzipiert werden.

Die zweite Umorientierung betrifft die Rolle des neuen Deutschland in der Weltpolitik. Nicht die Orientierung auf die Bearbeitung globaler Schicksalsfragen der Menschheit als zentrale Themen einer neuen – von den alten Machtgegensätzen des Ost-West-Gegensatzes befreiten – „Weltinnenpolitik“, sondern eine klare politische Entscheidung zugunsten von politisch-militärischen Führungsstrukturen in der Anarchie der weltpolitischen Konflikte steht an. Wenn dabei ein Rückfall auf die Traditionen der zweimal in diesem Jahrhundert gescheiterten Übersteigerung der Machtansprüche des deutschen Imperialismus verhindert werden soll (und darüber besteht innerhalb der politischen Klasse, aber auch bei den wirtschaftlichen und militärischen Machteliten in Deutschland ein weitreichender Konsens), dann kann dieses Ziel nur durch eine Revitalisierung der atlantischen Bündnisbeziehungen erreicht werden: „enge Bindung an die USA, feste Einbindung in die NATO als unantastbare Priorität, der auch ein geeintes Europa unterzuordnen ist“ (Ziebura, 1991, S. 139).

Auf diesem Wege wäre zunächst die NATO – unter der Führung der USA, aber auch mit einer starken militärischen Beteiligung Deutschlands – als kollektiver Weltpolizist aufgewertet, der nicht nur im Nahen Osten und in der Dritten Welt, sondern demnächst auch in Osteuropa und auf dem Balkan für Ordnung zu sorgen hätte. Gleichzeitig würde das neue Deutschland dabei auch die politische Machthierarchie in West- und Gesamteuropa wieder zurechtrücken; denn auf diese Weise würde ja der Vorteil, den sich kurzfristig Großbritannien und Frankreich durch ihre Beteiligung an der Anti-Saddam-Koalition verschafft haben, wieder beseitigt. Damit würden aber auch die Voraussetzungen für eine Weltordnung geschaffen, die durch eine Konsortialführung durch die USA, die BRD und Japan der Multipolarität und den neuen Interdependenzen Rechnung tragen könnte. Andererseits wäre so der genscheristische Trugschluß korrigiert, demzufolge die wachsende weltwirtschaftliche Verflechtung und Interdepedenz die politisch-militärische Macht von Staaten erodieren läßt. Nur in dieser Perspektive – so Walter L. Bühl schon 1986 – ist eine „neue hegemoniale Balance zwischen den nationalen, den europäisch-regionalen und den globalen Bindungen und Verpflichtungen möglich“ (Bühl, 1986, S. 272, vgl. dort bes. S. 81 ff.).

Die Durchsetzung einer solchen strategischen Option würde zunächst bedeuten, daß sie auch mit einem beträchtlichen Werttransfer aus Deutschland zugunsten der USA verbunden wäre. Zudem binden die notwendig verstärkten Aufrüstungsanstrengungen des neuen Deutschland in der Konsortialführung zusammen mit den Kosten der deutschen Einheit enorme materielle Ressourcen, die die Gestaltungsmöglichkeiten der Politik bei der Bearbeitung der sozialen und ökologischen Probleme – national und transnational – drastisch einschränken. Die Entwicklung einer solchen Führungsstruktur der Weltpolitik wird allerdings auch in hohem Maße davon abhängen, und und wie es den USA gelingt, den Verfall ihrer ökonomischen Macht und Wettbewerbsfähigkeit aufzuhalten und dabei zu verhindern, daß der schärfere Widerspruch zwischen dem hoch effektiven und sehr kostspieligen Apparat des Warfare-State und einer verfaulenden Gesellschaft selbst noch innere Konflikte und Kämpfe hervortreibt, die ihrerseits einen Prioritätenwechsel der amerikanischen Innen- und Außenpolitik erzwingen könnten.

Daraus wiederum folgt eine deutliche Umwertung der innenpolitischen Kampffelder. Falls der neokonservative Block, der sich in der zweiten Hälfte der 70er Jahre um das Projekt einer wirtschaftlichen und gesellschaftlichen Modernisierung (Liberalisierung, Internationalisierung, Individualisierung) konstituierte, seine Krise über die Verschiebung der politischen Prioritäten zugunsten einer „nationalen Normalisierung“ und der globalen Konsortialführung überwinden will, so werden zumindest der Pazifismus und der – auf Ausgleich in Europa und mit der Dritten Welt gerichtete – Internationalismus als die wichtigsten ideologischen Gegner markiert werden. Dieser Kampf wird dann nicht nur in und zwischen den Parteiblöcken ausgetragen, sondern in den Kirchen, in den Gewerkschaften und den sozialen Bewegungen, die schon seit den frühen 80er Jahren als Träger und Multiplikatoren eines pazifistischen Internationalismus oder – so Bohrer – eines moralisierenden Provinzialismus ausgemacht sind. Die Spaltung der linken Intellektuellen während des Golfkrieges, die ja nach Auffassung der Neokonservativen immer noch eine für die politische Kultur in Deutschland verhängnisvolle Meinungsführerschaft ausüben, könnte so als ein Frühindikator für eine Umgruppierung zugunsten eines neuen nationalen Diskurses gedeutet werden.

Zugleich wird im Zuge einer solchen Neuorientierung der Inhalt und Stellenwert der sozialen Auseinandersetzungen in Deutschland neu bewertet werden. Wenn die strategischen Prioritäten eindeutig zur weltmarktorientierten Modernisierung, zur „Verdauung“ des Anschlusses der ehemaligen DDR sowie zu einer weltweiten, politisch-militärischen Führungsrolle an der Seite der USA verschoben werden, dann wird nicht nur der Handlungsrahmen für die Ausgestaltung eines sozialstaatlich regulierten „Modell Deutschland“ eingeengt. Vielmehr verändert sich die Funktion dieses Modells für die deutsche Politik in Europa, wenn die politischen Determinanten der Hegemonie ein sehr viel größeres Gewicht gewinnen als deren zivilgesellschaftliche Komponenten. Damit werden aber auch die Forderungen und Kämpfe der deutschen Gewerkschaften, die auf die Sicherung, den Ausbau und auch die Verallgemeinerung dieses Modells in der EG gerichtet sind, unter den Druck der neuen Prioritäten einer nationalen Machtpolitik geraten, die die sozialen Fragen auf eine neue Weise politisiert. Wenn aber der nationale Machtdiskurs zum Instrument der Mobilisierung von Wählermehrheiten wird, dann wird er auch die Ängste großer Teile der lohnabhängigen Bevölkerung vor dem Ansturm der Armen aus Osteuropa und aus der Dritten Welt auf die deutsche „Wohlstandsfestung“ anrufen. Bei der Mitgliederbasis der Gewerkschaften in den Betrieben kommen solche Anrufungen durchaus an. Die traditionelle Schwäche eines gewerkschaftlichen Internationalismus (vgl. Deppe, 1990b, S. 45 ff.) „von unten“ könnte daher die Durchsetzung dieser Politik erleichtern.

Schließlich und nicht zuletzt wird die Realisierung dieser Option davon abhängen, ob die bislang überwiegend kritische Position von Sprechern der deutschen – international operierenden – Konzerne gegen eine Renationalisierung der Politik und die Wiederbelebung des nationalen Machtstaatsgedankens Bestand haben wird. Die Kritik entspringt vorab der Befürchtung, daß gerade das exportorientierte, deutsche Kapital von einer solchen Renationalisierung der internationalen Politik, die wirtschaftspolitisch stets mit der Tendenz zu nationalem bzw. regionalem Protektionismus verbunden ist, beträchtliche Nachteile zu erwarten hat, die durch die Erschließung neuer Märkte in Ostdeutschland bzw. in Osteuropa keineswegs ausgeglichen werden können. Sollte allerdings die Konsortialführung zwischen den USA, Japan und Deutschland als politischer Rahmen konzipiert werden können, um endlich Regime für die Stabilisierung der weltwirtschaftlichen Ordnungen innerhalb der Triade (Liberalisierung der Waren- und Finanzmärkte, Stabilisierung der monetären Beziehungen, Schuldenregime, Kontrolle der Zahlungsbilanzungleichgewichte und der unterschiedlichen Inflationsraten) zu etablieren, dann können sich solche Befürchtungen schnell auflösen und dem Projekt der „geteilten Führerschaft“ in einer multipolaren Welt zu einer breiten Akzeptanz verhelfen.

Die Alternative zu einer deutschen Politik, die die nationalistische Option mit dem Verweis auf den Anpassungszwang einer – durch Machtkämpfe bestimmten – krisenhaften, internationalen Ordnung begründet, wird von Gilbert Ziebura so zusammengefaßt: „Deutschland als Motor einer auf Ausgleich angelegten west- und gesamteuropäischen Entwicklung mit dem Ziel größerer Selbstbestimmung und Eigenverantwortung“ (Ziebura, 1991, S. 139). Für die herrschende Politik wird dabei als Priorität postuliert, am Projekt der beschleunigten EG-Integration als dem dynamischen Zentrum der gesamteuropäischen Politik festzuhalten. Der Werttransfer, der bei einer engen Bindung an die USA vor allem für die Finanzierung der politisch-militärischen Führungsrolle der USA absorbiert würde, soll dieser Konzeption zufolge in Richtung Osteuropa und Dritte Welt gelenkt werden. Deutsche Politik wäre so einem Programm der Innen- und Außenpolitik verpflichtet, das die Lösung der wirtschaftlichen und politischen Integration Europas (verbunden mit dem Ziel, diese Einheit auch nach Maßstäben der „sozialen Kohäsion“ und des Schutzes bzw. der Regeneration der Natur zu realisieren) auch als einen Beitrag zur Überwindung der sozialen Spaltungen in Europa wie in der Nord-Süd-Dimension begreift.

Jürgen Habermas hatte schon 1985 von dem „Traum“ einer „ganz anderen europäischen Identität“ gesprochen, die sich nicht nur zum „Erbe des okzidentalen Rationalismus“ bekennt, sondern auch die Differenz zum neokonservativen „American Dream“ geltend macht. „Zu einer neuen Identität wird das alte Europa nur dann finden, wenn es diesem Kurzschluß aus Wirtschaftswachstum, Rüstungswettlauf und 'alten Werten' die Vision eines Ausbruchs aus den selbstverhängten systemischen Zwängen entgegensetzt, wenn es der Konfusion ein Ende setzt, als könne der in rationalisierten Lebenswelten gespeicherte normative Gehalt der Moderne einzig in immer komplexer werdenen Systemen entbunden werden“ (Habermas, 1986, S. 424/25).

Peter Glotz, der nicht nur die Renaissance des Nationalismus in Europa, sondern auch ein Einschwenken der deutschen Politik auf einen Weg der nationalen „Normalisierung“ fürchtet, plädiert für eine „antitraditionelle Politik“ der Deutschen: „kein Waffenexport, kein Militäreinsatz out of area, keine Kriegsfinanzierung mehr, keine logistische Hilfe für Kriegsparteien; aber Verteidigung der eigenen Region, ein wirksames Friedenskorps mit hohem technischen Bildungsstand und modernstem Gerät, große Investitionen zum Wiederaufbau und zur ökologischen Stabilisierung dieser gefährdeten Welt, eine besondere Aufgeschlossenheit für internationale Organisationen und eine internationale Rechtsordnung“. Diese Ordnung „...verlangt eine stärker koordinierte Außenpolitik der großen europäischen Staaten und die Bereitschaft, friedenserhaltende Maßnahmen der Vereinten Nationen oder der KSZE zu unterstützen, auch mit Blauhelmen“ (Glotz, 1991). Da Glotz schon in seiner eigenen Partei, der SPD, als realitätsferner Utopist und „linker Spinner“ kritisiert wird (Seebacher-Brandt, 1991), ist zu befürchten, daß die offene Krise des Genscherismus auch in der SPD selbst ein Einschwenken auf die konservative Variante einer nationalen „Normalisierung“ als Fixpunkt für die Neubewertung der außenpolitischen Optionen des neuen Deutschland beschleunigen könnte.

## 4. 5. Zum Schluß: „Historische Blöcke“ und internationale Politik.

Bei den Debatten um die „neue Weltordnung“ handelt es sich keineswegs um bloße strategische Denkspiele, die von den Think Tanks der Außen- und Wirtschaftsbürokratien der Großmächte programmiert werden. Gemeinsamer Bezugspunkt solcher strategischer Erörterungen ist vielmehr 1. die Erkenntnis, daß die „alte Weltordnung“ der Bipolarität keinen Bestand mehr hat und sich weiter auflösen wird, und daß 2. die internationale Politik mehr und mehr von der Auseinandersetzung der Staaten und Regionen um die Gestaltung neuer Ordnungen und dabei auch um neue, hegemoniale Führungsstrukturen bestimmt wird, die ihrerseits als eine Art Damm gegen den „wilden und zerstörerischen Strom“ der wirtschaftlichen und politischen Macht- und Konkurrenzkämpfe notwendig sind.

Die idealistische Vision einer „One World“, in der die Großmächte (die USA und die UdSSR) nicht mehr gegeneinander stehen, sondern gemeinsame Verantwortung für die Lösung der globalen, menschheitsbedrohenden Probleme übernehmen, ist schnell verblaßt – u. a. auch deshalb, weil die innere Krise der Sowjetunion deren Außen- und Weltpolitik weitgehend entmachtet bzw. auf einen subalternen Status (gegenüber den USA bzw. gegenüber der BRD) reduziert hat und weil die USA mit dem Golfkrieg den Anspruch auf ihre Führungsrolle in einer „unilateralen Welt“ erneuert haben.

Zahlreiche Szenarios, die zum Teil einen bedeutenden Einfluß auf die innenpolitischen Auseinandersetzungen ausübten (wie z. B. die „Decline“-Debatte in den USA), sind unter dem Druck der Ereignisse der Jahre 1989 bis 1991 schnell entwertet worden. Auch der Traum des George Bush von der Wiedergeburt einer globalen Führungsrolle der USA wird diesem Schicksal nicht entgehen; denn Rausch und „hang-over“ (Kater) liegen in diesen Zeiten eng beieinander. Absteigende Großmächte sind auch deshalb so gefährlich, weil sie immer weniger auf den Rausch ihrer militärischen Machtexzesse verzichten können, um sich so gegen die Erkenntnis der inneren Ursachen des Abstieges zu immunisieren.

Aber auch gegen die – durch den Golfkrieg noch verstärkte – These vom nun bestimmenden Nord-Süd-Konflikt, der als Krieg der Reichen des Nordens gegen die Armen des Südens (und umgekehrt) zum Zentralthema der internationalen Politik der 90er Jahre wird, lassen sich Einwände formulieren – auch dann, wenn die Objektivität der Spaltungen zwischen Nord und Süd und sogar die Tendenz zur weiteren Marginalisierung der Dritten Welt anerkannt wird. „Wer aber hieraus ableitet, daß die Nord-Süd-Problematik Bedeutung in der Weltpolitik gewinnen werde und die Chancen für einen Neuanfang größer seien als die Gefahren für die Dritte Welt, scheint eine Überdosis des 'Prinzip Hoffnung' eingenommen zu haben. Die Position der Dritten Welt insgesamt wird sich zunächst verschlechtern, einige Schwellenländer (insbesondere in Ostasien) können ihre Position halten oder sogar verbessern. Die herrschenden Klassen in vielen Entwicklungsländern werden sich zeitweilig stabilisieren können; die forcierten Polarisierungstendenzen (infolge freier Marktwirtschaft, Strukturanpassungsprogrammen, Entstaatlichungskonzepten usw.) werden zunehmen und den gesellschaftlichen Desintegrationsprozeß vorantreiben“ (Boris, 1991, S. 8). Es ist also wesentlich die Schwäche der Dritten Welt in der Arena der internationalen Politik, die die Formulierung gemeinschaftlicher Programme oder gar die Entwicklung von Kampf- und Machtblöcken gegen den Imperialismus immer unwahrscheinlicher werden läßt.

Die Ergebnisse unserer Untersuchung sprechen eher dafür, daß die Auflösung der bipolaren Ordnung den Weg zu einer multipolaren Weltordnung freimacht, für die die ökonomischen und politischen Machtkonstellationen innerhalb der Triade mit regionalen Führungsmächten – Nordamerika/USA, Ostasien/Japan, Europa/Deutschland – bestimmend sein werden. Dieses Projekt des Trilateralismus sieht sich freilich zahlreichen Widerständen und Unwägbarkeiten konfrontiert, so daß eine gleichsam organische Konsensbildung zwischen den Staaten über a) die geteilte Führerschaft bzw. Konsortialführung (im politisch-militärischen Sinne, d. h. auch der Sicherheitsstrukuren), sowie über b) die zur Stabilisierung der Weltwirtschaft erforderlichen wirtschafts-, finanz- und geldpolitischen Regime nicht erwartet werden kann.

Die Unsicherheit über die weitere ökonomische und politische Entwicklung der Sowjetunion, die immer noch die Option einer gewaltsamen Restauration zumindest von Elementen der Macht der alten militärischen und bürokratischen Eliten in Rußland und damit eine Restauration von Wirkungselementen des alten Ost-West-Konfliktes auf die internationale Politik offenhält, steht einer solchen Neuordnung ebenso entgegen wie die Ungewißheit über die weitere Entwicklung der ökonomischen und politischen Macht der USA und der Reaktionen ihrer politischen Führung. Denkbar ist einerseits eine neue Form der internationalen Arbeitsteilung, wie sie während und nach dem Golfkrieg sich zu konkretisieren scheint: „die USA (spielen) zwar weiterhin die Rolle der politischen und militärischen Führungsmacht, aber sie können diese nur mittels massiver finanzieller und auch technologischer Alimentierung von Seiten Japans und der Bundesrepublik aufrecht erhalten“ (Menzel, 1991).

Denkbar ist aber auch, daß sich in den gegenwärtigen weltwirtschaftlichen und weltpolitischen Umbrüchen eine neue Konfliktformation herausbildet, die durch einen anhaltenden – und sich durch innere soziale und politische Kämpfe noch verstärkenden – Abstieg der USA, durch einen mühsamen Prozeß der europäischen Einigung mit ständig umstrittener deutscher Hegemonie sowie durch die Herausbildung eines von Japan geführten orientalischen Wirtschafts- und Kulturraumes charakterisiert ist. Dieser fordert nicht nur ökonomisch, technisch und finanziell, sondern auch kulturell das Modell der westlichen, christlichen Zivilisation heraus. Johan Galtung z. B. vertritt diese Vision einer „Dialektik zwischen Orient und Okzident“; denn es gibt zwei Modelle, zwei Gebiete in der Welt, die von unterschiedlichen Wertvorstellungen beherrscht werden: „ein großes jüdisch-christliches Gebiet, basierend auf Individualismus und Wettbwerb zwischen Individuen und dann ein großes buddhistisch-konfuzianisches Gebiet: China, Korea, Japan, die kleinen Tiger, es könnte auch Vietnam sein. Das sind die beiden Gebiete der Welt, wo man sehr hart arbeitet, eines ist individualistisch, eines ist kollektivistisch“ (Galtung, 1991). Daß bei einer Konfrontation zwischen Orient und Okzident die vom Islam beherrschten Zwischenräume auf der Seite des Orients und nicht des Okzidents stehen werden, ergibt sich für Galtung aus deren Feindschaft gegen die historisch von Europa und Amerika ausgegangene Unterwerfung und Zerstörung der Welt.

Immerhin wird diese Wahrnehmung der großen, weltpolitischen Veränderungen und Ordnungssysteme von Shintaro Ishihara unterstützt. Dieser Vertreter des rechten Flügels der in Japan regierenden liberalen Partei veröffentlichte 1989 zusammen mit dem Präsidenten des Sony-Konzerns, Akio Morita, einen Bestseller mit dem Titel „Ein Japan, das auch Nein sagen kann“, das als eine offene Kampfschrift gegen die USA verstanden wurde (Ilké/Nakanashi, 1990, S. 91). In einem Interview mit der spanischen Zeitung EL PAIS (15. 3. 1991, S. 8) hat Ishihara die Gründe benannt, die aus seiner Sicht den Golfkrieg provoziert haben: „Das Ende der westlichen Zivilisation nähert sich zu einer Zeit, in der andere dabei sind, stärker zu werden, wie es Oswald Spengler in seinem 'Untergang des Abendlandes' beschrieben hat. Die Geschichte wandelt sich. Die USA sind der herausragende Repräsentant dieser Zivilisation, die sich in der Krise und im Abstieg befindet. Ihre Macht ist jetzt geschwächt und deshalb geht der westliche Modernismus zugrunde. Es werden andere Zivilisationen aufsteigen und eine neue Ordnung etablieren, aber vorher wird die Welt eine weitere Periode von Konflikten durchschreiten". Es versteht sich von selbst, daß Ishihara Japan im Zentrum der aufsteigenden orientalen Zivilisation sieht.

Sollte diese Konfliktformation für die zukünftige Weltordnung bestimmend werden, so beruht sie nicht auf den kulturellen Werte- und Normsystemen des ostasiatischen Raumes, sondern auf seiner wirtschaftlichen Leistungskraft im Kontext des kapitalistischen Weltmarktes. Diese wiederum resultiert freilich nicht allein aus der Ökonomie, sondern aus der Verbindung von kulturellen Werteorientierungen, staatlichen Regulationsformen und Kapitalakkumulation im engeren Sinne, die einen „Block" (Einheit von Basis und Überbauelementen) der Organisation und Regulation gesellschaftlicher Verhältnisse und Beziehungen und damit auch Unterschiede zur entsprechenden Blockbildung in Amerika und Europa konstituiert. Die Auseinandersetzungen um internationale Machtordnungen werden daher stets durch solche Blockbildungen strukturiert, über die sich letztlich auch der Zusammenhang zwischen Binnenstrukturen und äußerer Expansion, zwischen Innen- und Außenpolitik herstellt. Die Konflikte zwischen den Großmächten bzw. den regionalen Zentren im internationalen System haben jedoch in letzter Instanz ihren Grund in der „Ungleichzeitigkeit des Industrialisierungs- und Modernisierungsprozesses in den heute führenden Industrieländern ..., die auch immer wieder mit der Ungleichzeitigkeit der nationalen Machtentfaltung einherging und immer wieder in katastrophale Weltkriege einmündete" (Menzel, 1991).

Die neuen Ordnungen entstehen also nicht – wie die Neorealisten behaupten – aus der Kollision von Staaten, die im internationalen System um ihre Selbstbehauptung und dabei um die Erweiterung ihrer militärisch-politischen und ökonomischen Macht kämpfen, sondern aus der Dynamik des kapitalistischen Weltsystems, die durch die Kapitalakkumulation auf dem nationalen und dem Weltmarkt angetrieben wird (vgl. Kapitel 2). Sie gibt letztlich den Staaten – und den politischen Akteuren – die Bedingungen ihres Handelns, aber auch die Reichweite ihrer Macht vor. Die Erosion alter und der Konflikt um die Konstruktion neuer Ordnungs- und Machtstrukturen innerhalb des kapitalistischen Weltsystems steht daher in einer komplexen Beziehung zur disproportionalen Entwicklung der Kapitalakkumulation:

- Der jeweilige, historische Akkumulationstyp verbindet sich im Innern der kapitalistischen Nationen stets mit einem bestimmten System der Regulation der Klassenbeziehungen wie der Vergesellschaftungsprozesse insgesamt. Für die Stabilität der hegemonialen Struktur dieses Systems spielt der Nationalstaat eine entscheidende Rolle; denn er stellt nicht nur Regulationsleistungen zur Verfügung und verfügt über die Sanktionsmacht zu ihrer Einhaltung, sondern er sichert dabei auch die politische Herrschaft des „Blocks an der Macht", der sich im Ergebnis von sozialen und politischen Kämpfen durchgesetzt hat. Die Krise eines solchen Akkumulationstyps erscheint daher nicht allein in den ökonomischen Krisenprozessen (Verringerung der Wachstumsraten, Sinken der Profite, Ansteigen der Staatsverschuldung/Finanzkrise, Massenarbeitlosigkeit) und im – über die nationale und internationale Konkurrenz vermittelten – Zwang zur Anpassung an den höchsten Stand der Produktivkraftentwicklung. Sie artikuliert sich auch im politischen und gesellschaftlichen Raum als eine Auseinandersetzung um den Umbau der Gesellschaft und um eine Neubestimmung der staatlichen Regulations- und Ordnungsfunktionen.

- Nach außen erzeugt die Kapitalakkumulation den Weltmarkt. Dieser ist ein Feld ungleich entwickelter Ökonomien und von transnationalen Herrschafts- und Ausbeutungsverhältnissen. Der Akkumulationstyp der jeweils mächtigsten und entwickeltsten kapitalistischen Nation diktiert unter der Voraussetzung einer Liberalisierung der internationalen Märkte den weniger entwickelten Ökonomien die Bedingungen der Akkumulation und insofern auch die Bedingungen für die Regulation der Klassenbeziehungen, deren zeitweilige Institutionalisierung jedoch stets ein Ergebnis von national-spezifischen Klassenauseinandersetzungen ist. Die zunehmende Internationalisierung der Produktion, des Handels und der monetären Sphäre schafft Strukturen der Arbeitsteilung und Interdependenz, die einerseits die Marginalisierung weiter Teile der Weltökonomie verfestigen, andererseits die Konkurrenz der entwickelten Ökonomien um die Angleichung an den höchsten Stand der Produktivität, die Beherrschung der Hochtechnologiesektoren sowie um eine Verbesserung ihrer Weltmarktposition insgesamt einschließt. Dabei fällt dem Nationalstaat die wichtige Aufgabe zu, zwischen den Funktionsbedingungen des nationalen, hegemonialen Blocks und den Anforderungen der Weltmarktkonkurrenz zu vermitteln.
- Hegemoniale Strukturen im internationalen System haben vorerst die Herausbildung einer kapitalistischen Großmacht zur Voraussetzung, die nicht nur über ein überlegenes, ökonomisches Potential verfügt und deshalb auch Maßstäbe für die Verallgemeinerung des jeweils fortgeschrittensten Akkumulationstyps zu setzen, sondern zugleich – vor allem über die Kontrolle der monetären Sphäre – die Regeln des Austausches zu beherrschen vermag. Dazu kommt, daß hegemoniale Ordnungen niemals ausschließlich auf ökonomischer Vorherrschaft begründet sind, sondern Überbaustrukturen erfordern, über die sich international die politische und auch moralisch-ideologische Führung einer Hegemonialmacht realisiert. Solche Funktionen

nehmen vor allem die internationalen Organisationen wahr; auf der Ebene der moralisch-ideologischen Panzerung von Hegemonie hingegen sind es die Grundwerte, die mit der Lebensweise, dem Konsummodell und der politischen Kultur einer Führungsmacht verknüpft sind. In der heutigen Zeit werden diese nicht allein durch die ideologischen Staatsapparate im engeren Sinne, sondern auch durch die medialen Apparate (die ja über die Medienkonzerne in den Prozeß der kapitalistischen Internationalisierung einbezogen sind) transportiert.

- Die Krise von hegemonialen Strukturen im internationalen System beginnt mit der Krise des jeweiligen Akkumulationstyps und des ihm zugehörenden Modells der gesellschaftlichen Regulation. Der Umbau der Gesellschaft, der den Prozeß der Durchsetzung eines neuen Akkumulationstyps begleitet, wird unter den Bedingungen einer entwickelten Stufe der Transnationalisierung der Ökonomie sowie unter dem Druck der Weltmarktkonkurrenz unmittelbar in den Widerspruch zwischen der Binnenautonomie/Staatstätigkeit und den internationalen Normen einbezogen. Perioden der Hegemoniekrise im internationalen System zeichnen sich daher durch Konflikte um den Umbau der Gesellschaft im Innern *und* durch Kämpfe und Kriege um die Neuverteilung der ökonomischen und politischen Macht in den globalen Dimensionen aus. Nunmehr werden die Forderungen der bislang subalternen Aufsteigernationen gegenüber der absteigenden Hegemonialmacht nach einer solchen Neuverteilung für die Beziehungen zwischen den entwickelten kapitalistischen Nationen bestimmend. Dabei kommt dem Nationalstaat eine entscheidende Vermittlungsfunktion zu – auch dann, wenn infolge der transnationalen ökonomischen und monetären Verflechtungsstrukturen klassische Bestandteile seiner wirtschaftspolitischen Steuerungsfunktionen entwertet worden sind.

In einem Artikel über die neue Weltordnung für die britische Zeitschrift „Marxism Today“ hat Susan Strange gerade die Bedeutung der Weltmarktentwicklung für die großen Erschütterungen im internationalen politischen System der Gegenwart hervorgehoben. Für diese Veränderungen ist weniger das Ende des Kalten Krieges und der Hegemonieverlust der USA verantwortlich; vielmehr reflektiert sich in ihnen ein verändertes Verhalten der Staaten als Reaktion auf die Veränderung in der Weltwirtschaft. Die Staaten selbst müssen in dem – heißer gewordenen – Kampf um Weltmarktanteile intervenieren – und deshalb haben sie Angst vor „friedlicher Zusammenarbeit, Verhandlungen und gegenseitigem Verständnis“. So ergibt sich die scheinbar paradoxe Schlußfolgerung, daß sowohl Karl Kautsky's Theorem vom „Ultraimperialismus“, das die Möglichkeit einer über die Weltmarktverflechtung erzeugten Annäherung der Interessen der führenden imperialistischen Staaten unterstellte, als auch W. I Lenins These von der Unvermeidlichkeit der Zuspitzung der zwischenimperialistischen Widersprüche beide – vor dem Hintergrund der gegenwärtigen Umbrüche – richtig und falsch zugleich sind.

Zur Begründung ihrer Position rekurriert Susan Strange auf zwei – für das heutige internationale System – Grundsachverhalte, die sie schon in früheren Arbeiten erläutert hatte. Erstens werden heute Macht und Wohlstand vor allem durch den Wert jener Güter und Dienstleistungen begründet, die auf dem Weltmarkt verkauft werden. Zweitens ist die Kapitalakkumulation heute über den nationalen Rahmen in globale Dimensionen hineingewachsen. Dabei nennt sie drei Bedingungen, die notwendig erfüllt werden müssen, „damit dieses globale Spiel stattfinden kann und auch neue Spieler daran teilnehmen können. Hindernisse für die Kapitalbewegung mußten beseitigt werden, damit die Investitionen nicht durch bloß lokale Ersparnisse begrenzt werden. Die Technologie mußte mobil sein, damit auch der neueste Stand des Know-How – oftmals durch Allianzen mit ausländischen Konzernen – für alle zugänglich wurde. Und schließlich mußten die nationalen Märkte zu einem globalen Markt verbunden werden – durch billigen Transport und durch einen schnelleren und billigeren Austausch sowohl von Informationen als auch von Ideen“ (Strange, 1991, S. 31).

Diese Dialektik von Konflikt und Kooperation kann – so Strange – nur im Ergebnis eines politischen Lernprozesses gebändigt werden, um die Zuspitzung der Konflikte zu einer katastrophalen Konfrontation zu verhindern. Angesichts des im Gefolge des Golfkrieges in den USA erstarkten „primitiven Unilateralismus“ hofft sie darauf, daß die Japaner und die Europäer ihr gegenseitiges Mißtrauen überwinden (z. B. im Hinblick auf den „Festungscharakter“ des europäischen Binnenmarktes) und „ihre Kräfte kombinieren, um die Amerikaner weiter in die Richtung eines multilateralen Managements der Weltwirtschaft und der Aufrechterhaltung der Weltordnung zu drängen“ (ebd., S. 33). Diese Position abstrahiert allerdings in ihrer Fixierung auf die politischen und wirtschaftlichen Eliten von jenen Widerspruchskomplexen, die in der heutigen internationalen Ordnung die Handlungsfelder nicht nur für die Regierungen in der Triade sowie für das Management der internationalen Konzerne, sondern auch von Regierungen außerhalb der Triade sowie von nichtstaatlichen Akteuren in den Metropolen des Kapitals strukturieren. Für Susan Strange existiert allein der Konflikt zwischen verschärfter Weltmarktkonkurrenz und einem höheren Niveau der globalen Verflechtung und Interdependenz. Wenn die Krise der alten Ordnungen aber zugleich die Krise eines historisch bestimmten Typs der hegemonialen Organisation der Herrschaftsverhältnisse in den Metropolen *und* im internationalen System bedeutet, dann ergibt sich daraus notwendig die Aufhebung jener Absonderung der internationalen Politik von der Innenpolitik und vor allem von den politischen und sozialen Kämpfen, die ein altes Defizit der wissenschaftlichen Disziplin von den „internationalen Beziehungen", aber auch der „internationalen politischen Ökonomie" ausmacht.

*Wie* die Dialektik von Konflikt und Kooperation im gegenwärtigen kapitalistischen Weltsystem bearbeitet wird, hängt nicht zuletzt davon ab, welche Handlungskonstellationen sich objektiv aus den für dieses System heute charakteristischen Verbindungen zwischen der widersprüchlichen Dynamik der Kapitalakkumulation und den Zwängen der transnationalen Verflechtungen ergeben und *wie* solche Konstellationen von den politischen Akteuren strategisch reflektiert und praktisch umgesetzt werden. Bei den programmatischen Debatten über die neuen Weltordnungen – ob sie nun einem idealistischen Globalismus, einer neuen Multipolarität bzw. dem Projekt des Trilateralismus oder einem aggressiven Unilateralismus à la Krauthammer verpflichtet sind – werden in der Regel die folgenden Widerspruchskomplexe ignoriert:

- Die zyklische Bewegung der Weltmarktkonjunktur setzt die Rahmenbedingungen nicht allein für die Stabilität des Wachstums (und damit für Beschäftigung, Lebensstandard, Staatsfinanzen, aber auch für einen bestimmten Wachstumstyp), sondern auch für die wirtschaftspolitischen Beziehungen zwischen den Staaten. Ob es z. B. – im Sinne der Hoffnung von Susan Strange – zu einem Konsens über die notwendigen, multilateralen Regime zwischen den USA, Japan und Europa kommt, wird daher in hohem Maße vom weiteren Verlauf der Weltmarktkonjunktur bestimmt sein. Krisen wie in den Jahren 1974/75 und 1980/82 werden notwendig die Tendenz zur zwischenstaatlichen Konkurrenz und Abschottung (Protektionismus) verstärken, aber auch die sozialen Spaltungen in den Metropolen des Kapitals, zwischen Ost- und Westeuropa sowie die Abkoppelung von weiten Teilen der Dritten Welt forcieren. Die Konflikte und Kämpfe, die daraus erwachsen, werden nicht unmittelbar das Akkumulationsmodell des transnationalen Kapitalismus in Frage stellen. Aber sie werden auf die Formierung des je nationalen Blockes an der Macht und seine Bindungen zu den relevanten gesellschaftlichen Akteursgruppen einwirken und dabei auch strategische Grundfragen in Bezug auf die internationale Arbeitsteilung und Machtstruktur berühren.
- Schon in der günstigen Wachstumsperiode des kapitalistischen Weltmarktes zwischen 1982 und 1989 hat sich in den Metropolen des Kapitals – wenn auch mit beträchtlichen Unterschieden innerhalb der Triade – der Widerspruch zwischen der weltmarktorientierten Modernisierung, die durch eine neokonservative Deregulierungspolitik gestützt wird, und der Konzentration von inneren sozialen Problemen (chronische Unterbeschäftigung, neue Armut, Verfall der Infrastruktur, Frauen in ungeschützten Beschäftigungsverhältnissen usw.) verfestigt. Die Bearbeitung und Lösung dieser inneren Probleme wird jedoch unvermeidlich zum zentralen Gegenstand der nationalen

Politik –, weil der neokonservative Block an der Macht zerfällt und innenpolitisch das Programm einer sozial orientierten Re-Regulation an Attraktivität (für die Wahlbevölkerung) gewonnen hat. Außerdem erkennen – vor allem in den USA – die wirtschaftlichen Führungsgruppen selbst immer deutlicher den Zusammenhang zwischen den inneren sozialökonomischen Verfallsprozessen (und der absinkenden Produktivität der nationalen Ökonomie) und der geringeren Wettbewerbsfähigkeit auf dem Weltmarkt. Re-Regulation bedeutet jedoch nicht einfach ein Umschalten der herrschenden Politik von Monetarismus auf Keynesianismus bzw. eine Reformulierung der Prioritäten bei den Staatsausgaben. Der Konflikt zwischen Produktivitätssteigerung (im Sinne der Angebotsorientierung) und einer notwendigen Sanierung der gesellschaftlichen Infrastrukturen wird mehr und mehr zu einem zentralen gesellschaftspolitischen Konflikt, da die gewaltigen Mittel für eine solche Sanierung im Zeichen der gestiegenen öffentlichen wie privaten Verschuldung letztlich nur durch einen Prioritätenwechsel der Politik insgesamt (z. B. über eine drastische Verringerung der Rüstungsausgaben, die natürlich mit einer grundlegenden Veränderung der sicherheitspolitischen Strategien nach außen verbunden sein muß) aufzubringen sein werden.

- Schließlich tendiert die Entwicklung des transnationalen Kapitalismus mehr und mehr zu einer Externalisierung von globalen Risikolagen. Die zunehmende Spaltung der Weltgesellschaft in arme und reiche Regionen sowie die globalen Wirkungsdimensionen der ökologischen Katastrophenpotentiale erzeugen zunächst einmal Handlungsbedarf für neue internationale Regime, die aus der Angst in den Metropolen des Kapitals vor dem Ansturm der Armen auf die „Wohlstandsfestungen" sowie vor irreversiblen Schädigungen der natürlichen Grundlagen menschlichen Daseins entspringen. Sie erzeugen aber auch Kampf- und Konfliktfelder, in denen nicht allein spontane katastrophische und gewaltsame Formen dieser Widerspruchskomplexe aufbrechen (Massenmigration, Öko-Kriege, Katastrophenschutz usw.), sondern letztlich auch grundlegende Fragen der gesellschaftlichen Entwicklung, der Organisation der Produktions- und Lebensweise und der globalen Reichtumsverteilung bzw. -umverteilung in den Vordergrund treten werden. Diese stellen ihrerseits den geschichtlichen Horizont der Organisationsform des kapitalistischen Wirtschaftssystems innerhalb der Triade – als globales Ordnungsmodell – in Frage. „Es ist mittlerweile beinahe schon eine Binsenweisheit, daß die Grundlinien einer Selbstentwicklung der gesellschaftlichen Gesamtarbeit eine rasche Beendigung des Hungers, der Artenvernichtung und der Überrüstung auf der Erde, eine möglichst weitgehende Reduktion der unlinearen Transformation von Energie und von Stoffen in Güter und Abstoffe und eine schrittweise Umstellung der Energieversorgung auf regenerative Energieträger sowie der Stoffverarbeitung auf rezirkulative

Produkte und Abprodukte enthalten müssen. Dabei kommt einer radikal energie- und stoffwirtschaftlichen Konversion wohl eine Schlüsselrolle zu" (Tjaden, 1990, S. 204).

Es kann hier nicht darum gehen, diese Konflikt- und Handlungsfelder im einzelnen zu beschreiben, oder gar die Strategien der Veränderung von Herrschafts- und Ausbeutungsverhältnissen und deren politische und soziale Subjekte in der Perspektive eines großen Wurfes der antikapitalistischen Systemveränderung abzuleiten. Zweck dieser Untersuchung ist es vielmehr (auch angesichts der durch den Zusasmmenbruch des Realsozialismus verstärkten Tatsache, daß ein solches Projekt nicht kurzfristig auf der Tagesordnung der Geschichte anstehen wird), Antworten auf die Frage zu diskutieren, welches – nach dem Ende der Systemkonkurrenz – die Triebkräfte und Tendenzen sein werden, die zunächst einmal die Möglichkeit der Herausbildung neuer Ordnungen bestimmen. Die Dynamik des kapitalistischen Weltsystems strukturiert solche Möglichkeiten nicht allein vermittels der internationalen bzw. globalen Arbeitsteilung und Interdependenz (Kooperationsaspekt), sondern vor allem auch vermittels des antagonistischen Charakters der transnationalen Vergesellschaftungsprozesse (Konfliktaspekt). Dieser stellt zugleich den Zusammenhang zwischen den inneren (im Rahmen der Nationalstaaten wirksamen) und den transnationalen Widerspruchskomplexen und Konfliktfeldern her und setzt dabei die Machtstrukturen im internationalen System – als Machtblöcke *in* den Staaten und als Machtbeziehungen *zwischen* den Staaten – mit den Vergesellschaftungsprozessen selbst in Beziehung. Nur so ist zu begreifen, daß der Kampf um neue Ordnungen keineswegs ausschließlich aus den Machtkonflikten zwischen den mächtigsten Staaten sowie aus den Verwertungsinteressen und Akkumulationsstrategien der internationalen Konzerne (also den zwischenimperialistischen Konkurrenzverhältnissen im engeren Sinne) hervorgeht, sondern daß auf der materiellen Basis der antagonistischen Vergesellschaftungsprozesse (unter Einschluß der Mensch-Natur-Beziehung) zugleich Interessengegensätze über die Gestaltung der sozialökonomischen und ökologischen, der politischen und kulturellen Ordnungen reproduziert werden, die ihrerseits – als geschichtliche Möglichkeit – den Horizont der Eindimensionalität des kapitalistischen Weltsystems überschreiten.

Der Mythos der internationalen Politik als eines gegenüber den gesellschaftlichen Verhältnisse sowie den Binnenstrukturen von staatlicher Macht verselbständigten Machtspiels zwischen den Großmächten erzeugt stets von neuem die Vorstellung von der strukturellen Ohnmacht der sozialen und politischen Akteure auf der Ebene der lokalen, regionalen und nationalen Politik. Die scheinbare Autonomie der internationalen Politik ist so einerseits Bedingung jener Ideologie, die den starken Machtstaat (mit den entsprechenden militärischen Instrumenten ausgerüstet) als unverzichtbares politisches Instrument der nationalen Selbstbehauptung ausgibt. Auf der anderen Seite gibt es zumal in der Tradition der sozialistischen Arbeiterbewegung die lange Tradition eines moralisierenden Internationalismus, der an die internationale Solidarität der Ausgebeuteten und Unterdrückten in der ganzen Welt appelliert. Er wurde jedoch immer wieder – nicht nur im August 1914 – von Wellen eines aufschäumenden Nationalismus überrollt. Darin bewies sich – wie Carl Schmitt 1923 triumphierend von rechts konstatierte –, „daß die Energie des Nationalen größer ist als die des (internationalistischen) Klassenkampfmythus“ (Schmitt, 1985, S. 88). Der „alte Internationalismus“ blieb letztlich doch eingebunden in eine Wahrnehmungsstruktur internationaler Politik, bei der der Bezug zu den internationalen und globalen Formationen des Klassenkampfes durch die je spezifischen nationalen Ausprägungen des Kräfteverhältnisses der Klassen, also durch eine auf den Nationalstaat bezogene Politik bestimmend geblieben war.

Robert W. Cox hat schon 1983 in einem Essay über „Gramsci, Hegemonie und internationale Beziehungen“ den Versuch unternommen, den Beitrag des italienischen Kommunisten für eine Theorie der transnationalen Machtbeziehungen fruchtbar zu machen. Obwohl dieser – in den „Gefängnisheften“ – nur äußerst selten Probleme der internationalen Politik behandelt, so gibt er doch einige Hinweise, die methodisch für den Begriff von Ökonomie und Politik, aber auch der Beziehungen von Innen- und Außenpolitik von Bedeutung sind. Auf die Frage, ob „die internationalen Beziehungen den grundlegenden gesellschaftlichen Verhältnissen vorausgehen oder aus diesen (logisch) abzuleiten sind“, antwortet Gramsci: „Es gibt keinen Zweifel, daß sie aus diesen abgeleitet sind. Jede organische Erneuerung der gesellschaftlichen Strukturen modifiziert organisch – über ihre technisch-militärischen Ausdrucksformen – auch die absoluten und relativen Beziehungen in der internationalen Politik“ (Gramsci, 1975, S. 1562). Gramsci will damit sagen – so Cox, „daß grundlegende Veränderungen in den internationalen Machtbeziehungen oder in der Weltordnung, die als Veränderungen im militärisch-strategischen und geopolitischen Gleichgewicht zu beobachten sind, auf grundlegende Veränderungen in den gesellschaftlichen Verhältnissen zurückgeführt werden können“ (Cox, 1983, S. 169).

Hegemonie bedeutet für Gramsci nicht allein die Vorherrschaft einer gesellschaftlichen Klasse, die über die Produktionsmittel verfügt und den Staat als Instrument ihrer politischen Herrschaft über die Gesellschaft benutzt. Im geschichtlichen Prozeß realisiert sich Hegemonie als gesellschaftliche Herrschaft und politische Führung einer Klasse, die nicht nur Gewalt ausübt, sondern zugleich einen Konsensus zwischen Herrschenden und Beherrschten erzeugt. Die Politik umfaßt daher nicht allein die theoretischen und praktischen Aktivitäten, mit denen die herrschende Klasse ihre Herrschaft rechtfertigt und aufrechterhält, sondern vor allem auch jene Aktivitäten, mit denen sie einen aktiven Konsens von Seiten der Beherrschten erreicht (vgl. Gramsci, 1975, S. 1765).

Der Machtbegriff wird so von den Restriktionen einer ökonomistischen und instrumentalistischen Denkweise befreit; denn Macht kann eine Klasse nur dann erfolgreich ausüben, wenn sie nicht nur den ökonomischen Reproduktionsprozeß, sondern auch das System der ideologischen Apparate, allgemeiner: das weitverzweigte Netz der Institutionen der „Zivilgesellschaft" und der Volks- und Alltagskulturen beherrscht. Dabei kommt den Intellektuellen eine entscheidende Bedeutung zu. Basis und Überbauten schließen sich – im konkreten geschichtlichen Prozeß – jeweils zu einem „historischen Block" zusammen, dessen materielle Basis freilich stets die Gesamtheit der gesellschaftlichen Beziehungen in der Produktion und Reproduktion des gesellschaftlichen Lebens bildet. Politik ist daher nicht der bloße Reflex dieser Basisstrukturen, sondern vollzieht sich vor allem in den „oberen Stockwerken" der bürgerlichen Gesellschaft: als ein Kampf um die „geistige und moralische" Führung in der Zivilgesellschaft, der in einer organischen Beziehung zum Kampf um die Veränderung der politischen Machtverhältnisse im Staat steht. Gramsci hat diese Bestimmung von Hegemonie auch in bezug auf die internationalen Beziehungen erweitert: „Jede hegemoniale Beziehung ist notwendig eine erzieherische Beziehung und diese besteht nicht nur in einer Nation, zwischen den verschiedenen Kräften, aus denen sich die Nation zusammensetzt, sondern auch auf dem internationalen und dem weltweiten Feld, zwischen Komplexen von nationalen und kontinentalen Zivilisationen" (Gramsci, 1971, S. 350).

Aus diesen Vorüberlegungen von Gramsci leitet Cox ein Konzept der Hegemonie ab, das die Produktionsverhältnisse, die Kräftekonstellationen der Klassen und die jeweiligen „historischen Blöcke" mit der Entwicklung der globalen Machtstrukturen verbindet. „Auf der internationalen Ebene bedeutet Hegemonie nicht bloß eine Ordnung zwischen Staaten (dies der wesentliche Kritikpunkt an den Neorealisten, vgl. dazu auch – im Anschluß an Cox, Rupert, 1990, S. 428ff.). Sie bedeutet vielmehr eine Ordnung in der Weltwirtschaft mit einer dominanten Produktionsweise, die alle Länder durchdringt und diese mit untergeordneten Produktionsweisen verknüpft. Sie bedeutet zugleich einen Komplex der internationalen gesellschaftlichen Beziehungen, der die gesellschaftlichen Klassen verschiedener Länder miteinander verbindet. Welt-Hegemonie ist als eine gesellschaftliche Struktur, eine ökonomische Struktur und als eine politische Struktur zu beschreiben; sie kann nicht nur eines dieser Elemente, sie muß alle drei umfassen. Außerdem artikuliert sich Welt-Hegemonie in universellen Normen, Institutionen und Mechanismen, die allgemeine Verhaltensregeln für Staaten und für diejenigen Kräfte der Zivilgesellschaft festlegen, die über die nationalen Grenzen hinaus agieren – Regeln, die die dominante Produktionsweise unterstützen" (Cox, 1983, S. 171/2).

An anderer Stelle hat Cox seinen Hegemoniebegriff konkretisiert – jetzt in einer historischen Betrachtung der Pax Britannica in der Mitte des 19. und der Pax Americana in der Mitte des 20. Jahrhunderts. Dabei greift er auch Gramsci's Hinweis auf den „erzieherischen" Charakter hegemonialer Beziehungen auf. Die Hegemonie einer Weltmacht bedeutet „eine spezifische Herrschaftsform, bei der der dominierende Staat eine Ordnung herstellt, die ideologisch auf einem breiten Konsens begründet ist. Diese funktioniert nach allgemeinen Prinzipien, die tatsächlich den Fortbestand eines oder mehrerer führender Staaten sowie von führenden Klassen sichern, die aber gleichzeitig den weniger Mächtigen die Aussicht auf eine Befriedigung ihrer Ansprüche bieten. In einer solchen Ordnung wird die Produktion eines jeden Landes durch den Mechanismus der Weltwirtschaft zu einem globalen System der Produktion verbunden. Die gesellschaftlichen Klassen des dominierenden Landes finden Verbündete bei den Klassen anderer Länder. Die historischen Blöcke, die die jeweiligen Staaten stützen, werden durch gemeinsame Interessen und die ideologischen Perspektiven der Klassen in den verschiedenen Ländern verbunden, sodaß sich globale Klassenformationen ausbilden" (Cox, 1987, S. 7).

In seinen Gefängnisnotizen zum „Amerikanismus und Fordismus" (Gramsci, 1975, S. 2137ff.) hat Gramsci freilich – über bloß methodologische Reflexionen hinaus – das zentrale Thema der transnationalen, hegemonialen Ordnung nach 1945, also der US-Hegemonie im kapitalistischen Weltsystem, angesprochen. Diese Notizen aus dem Jahre 1934 befassen sich mit der Frage, ob sich im amerikanischen Kapitalismus der 20er Jahre – durch Massenproduktion, Rationalisierung der Arbeit (Taylorismus) und durch einen „Übergang vom alten, wirtschaftlichen Individualismus zur programmierten Wirtschaft" (ebd., S. 2139) – nicht die Konturen einer kapitalistischen Modernisierung erkennen lassen, die sich – anders als in Europa – von den Spuren und vom Einfluß vorkapitalistischer gesellschaftlicher Verhältnisse und kultureller Formen emanzipiert haben (auf diese Spezifik des europäischen Industriekapitalismus hat neuerdings wieder Ulrich Beck, 1986, aufmerksam gemacht). Die USA nehmen daher für Gramsci den gleichen Platz ein, den Großbritannien im 19. Jahrhundert für Marx – bei der Niederschrift des „Kapital" (de te fabula narratur, MEW, 23, S. 12) – hatte: sie repräsentieren das „verallgemeinerbare Modell der kapitalistischen Entwicklung" (Baratta, 1989, S. 29).

Der Fordismus ist demnach – in der Terminologie von Gramsci – das „grundlegende gesellschaftliche Verhältnis“, das der US-amerikanischen Hegemonie nach 1945 im kapitalistischen Weltsystem zugrunde liegt und dessen Krise seit den 70er Jahren – von innen her – die Krise und den Verfall dieser hegemonialen Stabilität in letzter Instanz verursacht hat. Die „Doppelkrise“ des internationalen Systems der Nachkriegszeit, die in den 80er Jahren offenkundig geworden ist, ist so als Krise a) der Bipolarität (die primär durch den Zusammenbruch des „Realsozialismus“ verursacht wurde) und b) als Krise der auf dem fordistischen Modell der Regulation nationaler und internationaler gesellschaftlicher Beziehungen beruhenden US-amerikanischen Hegemonie innerhalb des kapitalistischen Weltsystems zu begreifen.

Der Rekurs auf Gramsci sowie auf dessen Rezeption durch Robert W. Cox am Ende dieser Untersuchung soll zunächst noch einmal das Konzept erhellen, das gleich einem roten Faden die Analyse des Zerfalls der alten Ordnungssysteme und die Auseinandersetzungen um neue Ordnungen im internationalen System leitet: daß nämlich die widersprüchliche Entwicklungsdynamik des kapitalistischen Weltsystems als der wesentliche Bezugspunkt nicht nur für die theoretische Analyse dieser Veränderungen, sondern auch für die Evaluation der möglichen, praktisch-politischen Handlungskonstellationen anerkannt werden muß. Ebenso wie die Auflösung der alten Hegemonialordnungen die Krise der fordistischen Regulation der gesellschaftlichen Verhältnisse zur Voraussetzung hat, so wird auch der Kampf um neue Ordnungen durch eine antagonistische Interessenstruktur bestimmt werden, in der auf der einen Seite das Projekt einer – von den internationalen Konzernen getragenen – Neuordnung der wirtschaftlichen Beziehungen innerhalb der Triade (als Alternative zur imperialistichen Renationalisierung) und die Möglichkeit der Bildung von gegen-hegemonialen Blöcken auf der nationalen wie der internationalen Ebene im Mittelpunkt stehen werden.

Die Ideale des globalistischen Internationalismus (Abrüstung und friedliche Zusammenarbeit der Staaten, Überwindung der nationalen Souveränität, Aufhebung der sozialen Spaltungen in der Weltgesellschaft, Schutz der Menschheit vor ökologischen Katastrophen, ökologischer Umbau der Industriegesellschaften, Gleichberechtigung der Geschlechter) können dabei durchaus als Leitideen akzeptiert werden – ebenso wie Kant’s Idee vom „ewigen Frieden“ als humanistisches Ideal stets erstrebenswert bleibt. Gleichwohl werden solche Ideale nur dann zu realisieren sein, wenn die Frage der Organisation der gesellschaftlichen Verhältnisse – und damit die Kritik der Organisations- und Bewegungsprinzipien der kapitalistischen Gesellschaftsformation selbst – nicht als historisch überholte Fragestellung begriffen wird. Karl Hermann Tjaden hat daher mit Recht darauf hingewiesen, „daß das Demokratie-Postulat ohne eine materiell-praktische Strategie der Entwicklung einer Gesellschaft, für deren Erarbeitung und Durchsetzung Demokratie ihrerseits wesentliche Voraussetzung ist, ins Leere läuft ... Wenn wir unter Demokratie in einem aktuellen und progressiven Sinn die Beherrschung der Beziehungen, die die Menschen untereinander und zur Natur verwirklichen, durch die Menschen selbst verstehen, dann schließt sie vor allem eine vernünftige Gestaltung der gesellschaftlichen Gesamtarbeit ein“ (Tjaden, 1990, S. 207 und S. 209/10).

# Literatur


Detlev *Albers*, Werner *Goldschmidt* und Paul *Oehlke*, Klassenkämpfe in Westeuropa, Reinbek bei Hamburg *1971*.

Elmar *Altvater*, Der Kapitalismus in einer Formkrise, in: D. *Albers* u. a. (Hrsg.), Aktualisierung Marx'. Argument-Sonderband 100, Berlin *1983*, S. 80 ff.

Elmar *Altvater*, Sachzwang Weltmarkt, Hamburg *1987*.

Elmar *Altvater*, Die Enttäuschung der Nachzügler oder: Der Bankrott „fordistischer" Industrialisierung, in: Birgit *Mahnkopf* (Hrsg.), Der gewendete Kapitalismus. Kritische Beiträge zur Regulationstheorie, Münster *1988*, S. 144 ff.

Elmar *Altvater*, Krieg um die Tankstelle. Was der erste postmoderne Krieg mit dem Öl zu tun hat, in: Freitag vom 15. Februar *1991*, S. 5.

Timothy G. *Ash*, Das Jahr, in dem die Freiheit kam, in: DIE ZEIT, 7. Dezember *1990*, S. 12/13.

Heinz-Jürgen *Axt*, Staat, multinationale Konzerne und politische Union in Westeuropa, Köln *1978*.

Wolfgang *Bärtschi* und Hanns-Dieter *Jacobsen*, Kritische Einführung in die Außenhandelstheorie, Reinbek bei Hamburg *1976*.

Ulrich *Beck*, Risikogesellschaft. Auf dem Weg in eine andere Moderne, Frankfurt/Main *1986*.

Daniel *Bell*, Einige Ausblicke ins 21. Jahrhundert, in: Merkur, Jg. 44 (*1990*), Heft 11/12, Oktober/ November 1990, S. 965 ff.

Peter *Bender*, Wenn auf die Freiheit nichts als Armut folgt. Die politischen Mauern in Europa sind gefallen – doch die soziale Kluft zwischen Ost und West wird immer tiefer, in: Die Zeit, Nr. 36, 31. August *1990*, S. 3.

Sarah *Benton*, The British Debate. Playing the War Game, in: Marxism Today, March *1991*, S. 40 ff.

Hartmut *Berg*, Internationale Wirtschaftspolitik, Göttingen *1976*.

C. Fred *Bergsten*, The World Eoconomy After the Cold War, in: Foreign Affairs, Jg. 69 (1990), No. 3, S. 95 ff.

Joachim *Bischoff* und Richard *Detje*, Massengesellschaft und Individualität. Krise des „Fordismus" und die Strategie der Linken, Hamburg *1989*.

Manfred H. *Bobke*, Soziale Grundrechte in der EG, in: Deppe/Weiner, *1991*, S. 51 ff.

Carl *Böhret* u. a., Innenpolitik und politische Theorie. Ein Studienbuch, Opladen *1979*.

Dieter *Boris*, Umbruch – Chance für einen Neuanfang, in: Klaus-Peter *Weiner* (Hrsg.), Weltpolitik im Umbruch, Marburg *1989*, S. 89 ff.

Pierre *Bourdieu*, Satz und Gegensatz. Über die Verantwortung des Intellektuellen, Berlin *1989*.

Nikolai *Bucharin*, Imperialismus und Weltwirtschaft (1915), Frankfurt/Main *1969*.

Walter L. *Bühl*, Das Ende der amerikanisch-sowjetischen Hegemonie? München *1986*.

Reinhard *Büscher* und Jochen *Homann*, Japan und Deutschland. Die späten Sieger? Zürich/ Osnabrück *1990*.

Klaus *Busch*, Die Krise der Europäischen Gemeinschaft, Köln – Frankfurt/Main *1978*.

George *Bush*, Rede zur Lage der Nation, 29. 1. 1991, in: Frankfurter Rundschau vom 5. Februar *1991*, S. 14.

David P. *Calleo*, Die Zukunft der westlichen Allianz. Die NATO nach dem Zeitalter der amerikanischen Hegemonie, Stuttgart *1989*.

Paolo *Cecchini*, Europa '92. Der Vorteil des Binnenmarktes, Baden-Baden *1988*.

Robert W. *Cox*, Production, Power and World order. Social Forces in the Making of History, New York *1987*.

Ernst-Otto *Czempiel*, Konturen einer Gesellschaftswelt. Die neue Architektur der internationalen Politik, in: Merkur, Jg. 44. (*1990a*), Heft 10/11, Oktober/November 1990, S. 835 ff.

Ernst-Otto *Czempiel*, Internationale Beziehungen: Begriff, Gegenstand und Forschungsabsicht, in: Manfred *Knapp* und Gert *Krell* (Hrsg.): Einführung in die internationale Politik. Studienbuch, München *1990b*, S. 2 ff.

Ralf *Dahrendorf*; Die Sache mit der Nation, in: Merkur, 44. Jg. (1990), Heft 10/11, Oktober/ November *1990*, S. 823 ff.

Ralf *Dahrendorf*, Politik. Eine Kolumne. Nachdenkliches zum Krieg am Golf, in: Merkur, Jg. 45 (*1991*), Heft 3, S. 233 ff.

Mike *Davis*, Phönix im Sturzflug. Zur politischen Ökonomie der Vereinigten Staaten in den achtziger Jahren, Berlin *1986*.

Regis *Debray*, Die Weltmächte gegen Europa. Plädoyer für ein neues europäisches Selbstbewußtsein, Reinbek bei Hamburg *1986*.

Frank *Deppe*, Verschwörung, Aufstand und Revolution. Auguste Blanqui und das Problem der sozialen Revolution im 19. Jahrhundert, Frankfurt/Main *1970*.

Frank *Deppe*, Westeuropäische Integration als Krisenprozeß, in: ders. (Hrsg.), Arbeiterbewegung und westeuropäische Integration, Köln *1976*, S. 9 ff.

Frank *Deppe*, Einheit und Spaltung der Arbeiterklasse. Überlegungen zu einer politischen Geschichte der Arbeiterbewegung, Marburg *1981*.

Frank *Deppe*, Arbeiterbewegung in Westeuropa 1945 – 1985: Von der Bewegung zur Stagnation? in: Marxistische Studien, Jahrbuch des IMSF, Frankfurt/Main, I/*1985*, S. 58 ff.

Frank *Deppe*, Niccolò Machiavelli. Zur Kritik der reinen Politik, Köln *1987*.

Frank *Deppe*, Klaus *Dörre*, Witich *Roßmann* (Hrsg.), Gewerkschaften im Umbruch. Perspektiven für die 90er Jahre, Köln *1989a*.

Frank *Deppe*, Jörg Huffschmid, Klaus-Peter Weiner (Hrsg.), 1992 – Projekt Europa. Politik und Ökonomie in der Europäischen Gemeinschaft, Köln *1989b*.

Frank *Deppe*, Die Intellektuellen, das Volk und die Nation, in: Blätter für deutsche und internationale Politik, Jg. 35 (*1990a*), S. 709 ff.

Frank *Deppe*, Zur Diskussion über die Entwicklung der Arbeitgeber-Arbeitnehmerbeziehungen in der EG unter dem Einfluß des „Binnenmarktes '92", Forschungsgruppe Europäische Gemeinschaften (FEG, Marburg), Arbeitspapier Nr. 1, Marburg *1990 b.*

Frank *Deppe* und Klaus *Dörre*, Klassenbildung und Massenkultur im 20. Jahrhundert, in: Klaus *Tenfelde* (Hrsg.), Arbeiter im 20. Jahrhundert, Stuttgart *1991*, S. 728 ff.

Frank *Deppe* / Klaus Peter *Weiner* (Hrsg.), Die Perspektive der Arbeitsbeziehungen in der EG und die soziale Dimension des Binnenmarktes '92, Forschungsgruppe Europäische Gemeinschaften (FEG), Arbeitspapier Nr. 4, Marburg *1991.*

Martin *Ebbing*, Die große Pleite. Der jüngste Haushaltskompromiß löst die amerikanischen Schuldenprobleme nicht, in: Die Zeit, Nr. 42 – 12. Oktober *1990*, S. 25/26.

Friedrich *Engels*, Lage der arbeitenden Klasse in England. Vorwort zur deutschen Ausgabe von 1892, in: MEW, Band 2, Berlin *1959*, S. 637 ff.

Josef *Esser*, Gewerkschaften in der Krise, Frankfurt/Main *1982.*

Barbara A. *Fliess*, Zur Weltwirtschaftsposition der USA, in: Aus Politik und Zeitgeschichte. Beilage zur Wochenzeitung Das Parlament, B 49/90, 30. November *1990*, S. 19 ff.

André Gunder *Frank*, Der Krieg der Scheinheiligen, in: Blätter für deutsche und internationale Politik, Jg. 36 (*1991*), Heft 3, S. 291 ff.

Folker *Fröbel*, Jürgen *Heinrichs* und Otto *Kreye* (Hrsg.), Krisen in der kapitalistischen Weltökonomie, Reinbek bei Hamburg *1981.*

Folker *Fröbel*, Jürgen *Heinrichs*, Otto *Kreye*, Umbruch in der Weltwirtschaft, Reinbek bei Hamburg *1986.*

Francis *Fukuyama*, Das Ende der Geschichte?, in: Europäische Rundschau, Winter *1990*, S. 3 ff.

Johan *Galtung*, Kapitalistische Großmacht Europa oder die Gemeinschaft der Konzerne, Reinbek bei Hamburg *1973.*

Robert *Gilpin*, The Political Economy of International Relations, Princeton, New Jersey *1987.*

Peter *Glotz*, Gesamteuropa – Skizze für einen schwierigen Weg, in: Europa-Archiv, Folge 2/*1990*, S. 41 ff.

Heike *Göbel* u. a., Wachstum im asiatisch-pazifischen Raum. Implikationen für die internationale Arbeitsteilung. Kieler Studien Band 222, Tübingen *1988.*

Jörg *Goldberg*, Armut und Entwicklung, in: Blätter für deutsche und internationale Politik, Jg. 36 (*1990 a)*, Heft 10, S. 1254 ff.

Jörg *Goldberg*, Konjunkturelle Risiken und internationale Verflechtungen, in: Z. Zeitschrift Marxistische Erneuerung, Jg. 1 (*1990b*), Heft 3, S. 6 ff.

Michail *Gorbatschow*, Perestroika. Die zweite russische Revolution, München *1987.*

John *Grahl*/ Paul *Teague*, The Big Market. The Future of the European Community, London *1990.*

Bernd *Greiner*, Amerikanische Außenpolitik von Truman bis heute, Köln *1980.*

Bernd *Greiner*, Der amerikanische Bonaparte, in: Blätter für deutsche und internationale Politik, Jg. 36 (*1991*), Heft 4, S. 391 ff.

Josef *Grün* und Detlev *Wiener*, Global denken, vor Ort handeln. Weltmodelle von Global 2000 bis Hermann Kahn, Freiburg *1984*.

Jürgen *Habermas*, Theorie des kommunikativen Handelns, 2 Bände, Frankfurt/Main *1981*.

Jürgen *Habermas*, Die neue Unübersichtlichkeit, Frankfurt/Main *1985*.

Jürgen *Habermas*, Die nachholende Revolution, Frankfurt/Main *1990*.

Erwin *Häckel*, Theoretische Aspekte regionaler Verflechtung, in: Regionale Verflechtung der Bundesrepublik Deutschland. Schriften des Forschungsinstituts der Deutschen Gesellschaft für Auswärtige Politik, Band 33, München/Wien *1973*, S. 15 ff.

Stuart *Hall*, Der Thatcherismus und die Theoretiker, in: ders. Ausgewählte Schriften, Berlin *1989*.

Fred *Halliday*, The Ends of Cold War, in: New Left Review, 190, March/April *1990*, S. 5 ff.

Wolfgang Fritz *Haug*, Gorbatschow. Versuch über den Zusammenhang seiner Gedanken, Berlin *1989*.

David *Held*, The Decline of the Nation State, in: Stuart *Hall*/ Martin *Jaques* (Eds.), New Times. The Changing Face of Politics in the 1990s, London *1989*, S. 191 ff.

Günther *Hellmann*, Der Krieg um Kuweit: Katalysator einer „neuen Weltordnung“ oder Vorbote neuer Konflikte? in: Aus Politik und Zeitgeschichte. Beilage zur Wochenzeitung Das Parlament, B 7-8/91, 8. Februar *1991*, S. 12 ff.

Dietmar *Herz*, The American School of Decline. Anmerkungen zur Literatur über den Verfall amerikanischer Macht, in: Neue Politische Literatur, Jg. 34 (*1989*), S. 41 ff.

Peter *Hess*, Zur Aktualität der Imperialismustheorie, in: Zeitschrift für Marxistische Erneuerung (Z.), Jg. 1 (1990), Nr. 4 (Dezember *1990*), S. 71 ff.

Rudolf *Hickel*, Ein neuer Typ der Akkumulation? Hamburg *1987*.

Rudolf *Hickel*, Wirtschaft, in: Michael *Kittner* (Hrsg.), Gewerkschaftsjahrbuch *1990*, S. 126 ff.

Rudolf *Hilferding*, Das Finanzkapital (1909), Frankfurt/Main *1973*.

Joachim *Hirsch* und Roland *Roth*, Das neue Gesicht des Kapitalismus. Vom Fordismus zum Postfordismus, Hamburg *1986*.

Joachim *Hirsch*, Kapitalismus ohne Alternative? Hamburg *1989*.

Eric *Hobsbawm*, The Age of Revolution. Europe 1879 – 1848, London *1962*.

Eric *Hobsbawm*, The Labour Aristocracy in Nineteenth-Century Britain, in: ders., Labouring Men, Lodon *1964*, S. 272 ff.

Eric *Hobsbawm*, Goodbye To All That, in: Marxism Today, October *1990a*, S. 18 ff.

Eric *Hobsbawm*, Der neue Nationalismus, in: Sozialismus, Jg. 16 (*1990b*), Heft 11, S. 58 ff.

Eric *Hobsbawm*, Der Tag nach dem Ende des Zeitalters, in: Sozialismus, Jg. 17 (*1991*), Heft 2, S. 22 ff.

Stanley *Hoffmann*, A New World and its Troubles, in: Foreign Affairs, Jg. 69 (*1990a*), No. 4, S. 115 ff.

Stanley *Hoffmann*, Abschied von der Vergangenheit. Politik und Sicherheit im Europa der neunziger Jahre, in: Europa-Archiv, Jg. 45 (*1990b*), Heft 20, S. 595 ff.

Arnold *Hottinger*, Rebellen oder Amerikas Musterknaben. Die neue Polarisierung der arabischen Welt nach dem Rückzug der Sowjetunion, in: Bahman Nirumand (Hrsg.), Sturm im Golf, Reinbek bei Hamburg *1991*, S. 27 ff.

Jörg *Huffschmid*, Vor dem Übergang zur reformistischen Entwicklungsvariante des staatsmonopolistischen Kapitalismus der Bundesrepublik?, in: Marxistische Studien, Jahrbuch des IMSF, 11, II/*1986* (Frankfurt/Main), S. 42 ff.

Stephen *Hymer* and Robert *Rowthorn*, Multinational Corporations and International Oligopoly: The Non-American Challenge, in: Charles P. *Kindleberger* (Ed.), The International Corporation, Cambridge, Mass. and London *1970*, S. 57 ff.

*IMSF* 1979 = *Institut für marxistische Studien und Forschungen* (Hrsg.), Bürgerliche Revolutionen, Frankfurt/ Main *1979*.

*IMSF* 1989 = *Institut für marxistische Studien und Forschungen* (Hrsg.), Die Französische Revolution 1789 – 1989. Revolutionstheorie heute. Marxistische Studien 14/*1989*, Frankfurt/Main.

Heinz *Jung*, Zum Konzept der Entwicklungsvarianten des SMK heute, in: Marxistische Studien, Jahrbuch des IMSF, 11, II/*1986* (Frankfurt/Main), S. 65 ff.

Rolf *Jungnickel*, Unternehmensstrategien im Binnenmarkt, in: Otto G. *Mayer* u. a. (Hrsg.), Der Europäische Binnenmarkt, Hamburg *1989*, S. 77 ff.

Gerd *Junne*, Der strukturpolitische Wettlauf zwischen den kapitalistischen Industrieländern, in: Politische Vierteljahresschrift, Jg. 25 (*1984*), Heft 2, S. 134 ff.

Hartmut *Kaelble*, Auf dem Weg zu einer europäischen Gesellschaft. Eine Sozialgeschichte Westeuropas 1880 – 1980, München *1987*.

Miles *Kahler*, The International Political Economy, in: Foreign Affairs, Jg. 69 (*1990*), No. 4, S. 139 ff.

Karl *Kaiser*, Alemania y su apertura al Este, in: Politica Exterior, Jg. 5 (*1991*), Nr. 19, S. 145 ff.

Mary *Kaldor*, War of the Imagination. Is the New Order a World of Pax Americana? in: Marxism Today, March *1991*, S. 18 ff.

Karl *Kautsky*, Der Weg zur Macht (1909), Frankfurt/Main *1972*.

Paul *Kennedy*, Aufstieg und Fall der grossen Mächte, Frankfurt/Main *1989*.

Jeane J. *Kirkpatrick*, Beyond the Cold War, in: Foreign Affairs, Jg. 69 (*1990*), No. 1, S. 1 ff.

Michael T. *Klare*, Krieg den Aufsteigern. Die neue US-Doktrin der „Konflikte mittlerer Intensität" (MIC), in: Blätter für deutsche und internationale Politik, Jg. 36 (*1991*), Heft 3, S. 320 ff.

Dieter *Klein*, Chancen für einen friedensfähigen Kapitalismus, Berlin *1988*.

Henning *Klodt* u. a., Weltwirtschaftlicher Strukturwandel und Standortwettbewerb. Die deutsche Wirtschaft auf dem Prüfstand, Kieler Studien Band 228, Tübingen *1989*.

Beate *Kohler-Koch*, Zur Empirie und Theorie internationaler Regime, in: dies. (Hrsg.), Regime in den internationalen Beziehungen, Baden-Baden *1989*, S. 17 ff.

Max *Kohnstamm* / Wolfgang *Hager* (Hrsg.), Zivilmacht Europa – Supermacht oder Partner? Frankfurt/Main *1973*.

Peter *Koslowski*, Die postmoderne Kultur, München *1988*.

Juri *Krassin*, Das neue Denken: der internationale und der interne Aspekt, in: Marxistische Studien, Jahrbuch des IMSF (Frankfurt/Main), Nr. 15/ *1989*, S. 55 ff.

Charles *Krauthammer*, The Unipolar Moment, in: Foreign Affairs, Jg. 70 (*1991*), No. 1, S. 23 ff.

Wolfgang *Kreuter* und Joachim *Oltmann*, Coca Cola statt Apfelmost. Kalter Krieg und Amerikanisierung westdeutscher Lebensweise, in: Englisch-Amerikanische Studien, 1/*1984*, S. 22 ff.

Otto *Kreye*, Internationale Wirtschaftsentwicklung und nationale Beschäftigungspolitik, in: Gewerkschaftliche Monatshefte, Jg. 39 (1988), Heft 7, S. 419 ff.

Paul *Krugman*, The Age of Diminished Expectations – U. S. Economic Policies in the 1990s, MIT Press, Cambridge *1990*.

Kuno *Kruse* / Birgit *Schwarz*, Neue Freiheit, neue Grenzen, in: Die Zeit, 15. Februar *1991*, S. 13 – 15.

Robert *Kuttner*, Managed Trade and Economic Sovereignty, in: Frank J. *Macchiarola* (Ed.), International Trade. The Changing Role of the United States. Proceedings of the Academy of Political Science, Vol. 37, No. 4, New York *1990*, S. 37 ff.

W. I. *Lenin*, Über die Losung der Vereinigten Staaten von Europa, in: ders., Ausgewählte Werke in 3 Bänden, hier: Band 2, Berlin *1964*, S. 758 ff.

W. I. *Lenin*, Der Imperialismus als höchstes Stadium des Kapitalismus (1916), in: ders., Ausgewählte Werke in 3 Bänden, Berlin *1964*, hier: Band 2, S. 763 ff.

Kurt *Lenk*, Revolution, in: W. *Mickel* (Hrsg.), Handlexikon zur Politikwissenschaft, München *1986*, S. 443 ff.

Kurt *Lenk*, Deutscher Konservatismus, Frankurt/ New York *1989*.

Wolf *Lepenies*, Fall und Aufstieg der Intellektuellen in Europa, in: Neue Rundschau, Jg. 102 (1991), Heft 1, S. 9 ff.

Charles *Levinson*, Inflation, Hamburg *1972*.

Alain *Liepitz*, Europa als letztes Aufgebot für einen weltweiten Wirtschaftsaufschwung, in: Das Argument, Jg. 31 (*1990*), Nr. 173, S. 49 ff.

Ernst *Lüdemann*, Das ökonomische Potential des 'neuen Deutschland', in: Z. Zeitschrift Marxistische Erneuerung, Jg. 1 (*1990*), Heft 4, S. 36 ff.

Burkart *Lutz*, Der kurze Traum immerwährender Prosperität. Eine Neuinterpretation der industriell-kapitalistischen Entwicklung im Europa des 20. Jahrhunderts, Frankfurt/ New York *1984*.

Rosa *Luxemburg*, Die Krise der Sozialdemokratie (Junius-Broschüre, 1916), in: dies., Politische Schriften, Band 2, hrsgg. v. O. K. *Flechtheim*, Frankfurt/Main und Wien *1966*, S. 19 ff.

Rosa *Luxemburg*, Die Akkumulation des Kapitals, Berlin *1913*.

Arthur *Mac Ewan* and William K. *Tabb* (Eds.), Instability and Change in the World Economy, New York *1989*.

Klaus *Mähler*/ Fred *Schmid*, Krieg um Öl und Dollar-Ordnung, ISW-Report, Nr. 5, München *1991*.

John J. *Maersheimer*, Back to the Future. Instability in Europe After the Cold War, in: International Security, Summer *1990*, Vol. 15, No. 1, S. 5 ff.

Harry *Magdoff*, A New Stage of Capitalism Ahead? in: Mac Ewan/ Tabb (Eds.), a. a. o., S. 349 ff.

Corrado *Malandrino*, Socialismo e Libertà. Autonomie, Federalismo, Europa da Rosselli a Silone, Milano *1990*.

Michael *Mandelbaum*, The Bush Foreign Policy, in: Foreign Affairs, Jg. 70 (*1991*), Nr. 1, S. 5 ff.

Karl *Marx*, Grundrisse der Kritik der politischen Ökonomie, Berlin *1953*.

Karl *Marx*, Das Kapital. Dritter Band, *MEW 25*, Berlin *1964*.

Mohssen *Massarath*, Morgenland und Abendland: Wiederbelebung eines alten Konflikts, in: ami, Jg. 20 (*1990*), Heft 12, S. 38 ff.

Hanns W. *Maull*, Germany and Japan: The New Civilian Powers, in: Foreign Affairs, Jg. 69 (*1990*), Heft 5, S. 91 ff.

Hanns W. *Maull* / Achim von *Heynitz*, Osteuropa: Durchbruch in die Postmoderne, in: Europa-Archiv, Jg. 45 (*1990)*, Heft 15, S. 441 ff.

*Memorandum '91* (Kurzfassung), Arbeitsgruppe Alternative Wirtschaftspolitik, Bremen *1991*.

Ulrich *Menzel*, „Klar ist nur, daß die alte Weltordnung keinen Bestand mehr hat". Jenseits des Ost-West-Konfliktes und nach dem Ende des Kalten Krieges, in: Frankfurter Rundschau vom 8. April *1991*, S. 8.

Reinhard *Meyers*, Wie viele Schwalben machen einen Sommer? (Re-) Naissance der Internationalen Politischen Ökonomie, in: Neue Politische Literatur, Jg. 34 (*1989*), Heft 1, S. 5 ff.

Renato *Monteleone*, Le ragione teoriche del rifiuto della parola d'ordine degli stati uniti d'Europa nel movimento communista internazionale, in: Sergio Pistone (Ed.), L'idea dell'unificazione Europa dalla prima alla secunda guerra mondiale, Torino *1975*, S. 77 ff.

Edgar *Morin*, Europa denken, Frankfurt/ New York *1988*.

John *Nagle*, Totaler Sieg für die Bush-Regierung, in: Forum Wissenschaft, Jg. 8 (*1991*), Heft 1, S. 23 ff.

Uwe *Nerlich*, Europa zwischen alten Ängsten und neuen Hoffnungen, in: Europa-Archiv, Jg. 45 (*1990*), Heft 16, S. 481 ff.

Thomas *Nielebock*, Die amerikanische Krisen- und Kriegspolitik im Licht innenpolitischer Motive, in: Frankfurter Rundschau vom 26. Februar *1991*, S. 10.

Lutz *Niethammer*, Posthistoire. Ist die Geschichte zu Ende? Reinbek bei Hamburg, *1989*.

Paul H. *Nitze*, America: An Honest Broker, in: Forein Affairs, Jg. 69 (*1990*), No. 4, S. 1 ff.

Joseph S. *Nye*, Die Debatte über den Niedergang der Vereinigten Staaten, in: Europa-Archiv, Folge 13-14, *1990*, S. 421 ff.

Wolf *Olschies*, Unerklärte Öko-Kriege in Osteuropa, in: Beiträge zur Konfliktforschung, Jg. 20 (*1990*), Heft 3, S. 117 ff.

Reinhard *Opitz* (Hrsg.), Europastrategien des deutschen Kapitals 1900-1945, Köln *1977*.

Víctor *Pérez Díaz*, El liderazgo alemán, in: El Pais (Madrid), 26. 7. *1990*, Suppl. S. 3/4.

James F. *Petras* and Morris H. *Morley*; The Imperial State and the Rise and Fall of US-Imperialism, in: Mc Ewan/ Tabb (eds.), a. a. O., S. 44 ff.

William *Pfaff*, Redefining World Power, in: Foreign Affairs, Jg. 70 (*1991*), No. 1, S. 34 ff.

Dennis C. *Pirages*, Technology, Ecology and Transformations in the Global Political Ecology, in: ders. / Ch. *Sylvester* (Eds.), Transfomations in the Global Political Economy, London *1990*, S. 1 ff.

Dieter *Plehwe*, Future's Past: „Deregulierung" in den USA – Vorbild für Europa? in: Frank *Deppe*, Klaus *Dörre* und Witich *Roßmann* (Hrsg.), Gewerkschaften im Umbruch, Köln *1989*, S. 346 ff.

Jan *Priewe*, Krisenzyklen und Stagnationstendenzen in der Bundesrepublik Deutschland, Köln *1988*.

Michael *Renner*, Globale Sicherheit: die Forderungen werden immer höher, in: Worldwatch Institute Report, Zur Lage der Welt – 89/90. Daten zum Überleben unseres Planeten, Frankfurt/Main *1990*, S. 213 ff.

Edzard *Reuter*, Eine neues Netz für den Frieden. Plädoyer für mehr Partnerschaft, in: Die Zeit, 16. März *1990*.

Régine *Robin*, Der Charakter des Staates am Ende des Ancien Régime: Gesellschaftsformation, Staat und Übergang, in: E. Schmitt (Hrsg.), Die Französische Revolution, Köln *1976*, S. 202 ff.

Joan *Robinson*, Über Keynes hinaus, Wien *1962*.

Ulrich *Rödel*, Günther *Frankenberg* und Helmut *Dubiel*, Die demokratische Frage. Ein Essay, Frankfurt/Main *1990*.

Peter *Römer*, Tod und Verklärung des Carl Schmitt, in: Archiv für Rechts- und Sozialphilosophie, Jg. 86 (*1990*), Heft 3, S. 373 ff.

Richard *Rosecrance*, Der neue Handelsstaat. Herausforderungen für Politik und Wirtschaft, Frankfurt/Main *1987*.

Arthur *Rosenberg*, Demokratie und Sozialismus, Frankfurt/Main *1962*.

Rossana *Rossanda*, Das kurze Leben der Utopien von '89, in: Blätter für deutsche und internationale Politik, Jg. 36 (*1991*), Heft 3, S. 371 ff.

Werner *Ruf*, Kein Krieg für Öl? Kuwait und die Neue Weltordnung, in: Forum Wissenschaft, Jg. 8 (*1991*), Heft 1, S. 19 ff.

Mark Edward *Rupert*, Producing Hegemony: State/ Society Relations and the Politics of Productivity in the United States, in: International Studies Quaterly, Jg. 34 (*1990*), No. 4, December, S. 427 ff.

Edouard *Sablier*, La posguerra del Golfo, in: Politica Exterior (Madrid), Jg. 5 (*1991*). Heft 1, S. 94 ff.

Erhard *Sanio* und Wilhelm *Breuer*, Die EWG und die Krise des kapitalistischen Währungssystems, in: Frank *Deppe* (Hrsg), Europäische Wirtschaftsgemeinschaft (EWG). Zur politischen Ökonomie der westeuropäischen Integration, Reinbek bei Hamburg *1975*, S. 285 ff.

Fritz W. *Scharpf*, Weltweite, europäische oder nationale Optionen der Vollbeschäftigungspolitik, in: Gewerkschaftliche Monatshefte, Jg. 39 *(1988*), Heft 1,, S. 14 ff.

Christoph *Scherrer*, Handelskrieg oder Kooperation. Perspektiven transatlantischer Wirtschaftsbeziehungen, in: Das Argument, 182 /*1990*, S. 575 ff.

Fred *Schmid*, Die Schlacht um den Weltmarkt. Thesen zur Globalstrategie bundesdeutscher Konzerne, München, Juni *1990*.

Helmut *Schmidt*, La guerra de Irak y sus consequencias para la CE, in: Politica Exterior (Madrid), Jg. 5 (*1991*), Heft 1, S. 22 ff.

Carl *Schmitt*, Politische Theologie. Vier Kapitel zur Lehre von der Souveränität, München und Leipzig *1922*.

Volker *Schneider* und Raymund *Werle*, Vom Regime zum korporativen Akteur. Zur institutionellen Dynamik der Europäischen Gemeinschaft, in: B. *Kohler-Koch* (Hrsg.), Regime in den internationalen Beziehungen, Baden-Baden *1989*, S. 409 ff.

Alexander *Schubert*, Die internationale Verschuldung, Frankfurt/Main *1985*.

Hans-Peter *Schwarz*, Die gezähmten Deutschen. Von der Machtbesessenheit zur Machtvergessenheit, Stuttgart *1985*.

Hans-Peter *Schwarz*, Auf dem Weg zum post-kommunistischen Europa, in: Europa-Archiv, Jg. 44 (*1989*), Heft 11, S. 319 ff.

Konrad *Seitz*, Der Aufmarsch der kommerziellen Riesen. In der Konkurrenz mit Amerika und Japan kämpft die deutsche Hochtechnologie-Industrie ums Überleben, in: Die Zeit, Nr. 41, 5. Oktober *1990*, S. 46 – 48.

Jean-Jacques *Servan-Schreiber*, Die amerikanische Herausforderung, Hamburg *1968*.

Theda *Skocpol*, States and Social Revolutions. A Comparative Analysis of France, Russia and China, Cambridge *1979*.

Somnath *Sen*, Verschuldung, Finanzströme und internationale Sicherheit (aus dem SIPRI-Jahrbuch 1990), in: Beiträge zur Konfliktforschung, Jg. 20 (*1990*), Heft 3, S. 149 ff.

Dieter *Senghaas*, Konfliktformationen in der gegenwärtigen internationalen Gesellschaft, in: W. *von Bredow* (Hrsg.), Zum Charakter internationaler Konflikte, Köln *1973*, S. 10 ff.

Dieter *Senghaas*, Die Zukunft Europas, Frankfurt/Main *1986*.

Dieter *Senghaas*, Europa 2000. Ein Friedensplan, Frankfurt/Main *1990*.

Theo *Sommer*, Die Deutschen an die Front? Anmerkungen zur weltpolitischen Rolle des geeinten Deutschland am Ende des 20. Jahrhunderts, in: DIE ZEIT, Nr. 13/ *1991*, 22. 3. 1991, S. 3.

Michael *Sontheimer*, Die Erde ist voll, in: Die Zeit, Nr. 52, 21. Dezember *1990*, S. 15 ff.

Lothar *Späth*, 1992. Der Traum von Europa, Suttgart *1989*.

Fritz *Sternberg*, Der Imperialismus (1926), Frankfurt/Main *1971*.

Susan *Strange*, Politics, Trade and Money, in: L. *Tsoukalis* (Ed.), Europe, America and the World Economy, Collège d'Europe (Bruges, Belgique) *1986*, S. 243 ff.

Susan *Strange*, States and Markets, London *1988*.

Bassam *Tibi*, Die irakische Kuweit-Invasion und die Golfkrise, in: Beiträge zur Konfliktforschung, Jg. 29 (*1990*), Heft 5, S. 5 ff.

Bassam *Tibi*, Der Irak und der Golfkrieg, in: Aus Politik und Zeitgeschichte. Beilage zur Wochenzeitung Das Parlament, B 7-8/91, 8. Februar *1991*, S. 3 ff.

Robert W. *Tucker*, 1989 and All That, in: Foreign Affairs, Jg. 69 (*1990*), No. 4, S. 93 ff.

Detlef *Umbach*, Keine Zeit, stolz zu sein, in: Sozialismus, Jg. 17 (*1991*), Heft 3, S. 11 ff.

*UNCTC*, 1988 = *United Nations Centre on Transnational Corporations*, Transnational Corporations in World Development, United Nations, New York *1988*.

Wolfgang *Wagner*, Die Dynamik der deutschen Wiedervereinigung. Suche nach einer Verträglichkeit für Europa, in: Europa-Archiv, Jg. 45 (*1990*), Heft 3, S. 79 ff.

Marianne *Weber*, Max Weber. Ein Lebensbild (1926), München/ Zürich *1989*.

Werner *Weidenfeld* und Josef *Janning*, Der Umbruch Europas: die Zukunft des Kontinents, Gütersloh *1990*.

Charles *Weston*, Die USA und der politische Wandel in Europa, In: Aus Politik und Zeitgeschichte. Beilage zur Wochenzeitschrift Das Parlament, B49/90, 30. November *1990*, S. 28 ff.

Winfried *Wolf*, Siebzehn Thesen zum Projekt westeuropäischer Binnenmarkt, in: Jutta *Klaß* (Hrsg.), Die EGmbH der Bosse & Banker. Binnenmarkt '92, Frankfurt/Main *1989*, S. 7 ff.

Wichard *Woyke*, Sicherheitspolitik, in: W. Mickel (Hrsg.), Handlexikon zur Politikwissenschaft, München *1986*, S. 447 ff.

Gilbert *Ziebura*, Weltwirtschaft und Weltpolitik 1922/24 – 1931, Frankfurt/Main *1984*.

Giltbert *Ziebura*, Golfkrieg, „neue Weltordnung" und die Folgen für Deutschland, in: Gewerkschaftliche Monatshefte, Jg. 42 (*1991*), Heft 3, S. 129 ff.

David S. *Yost*, France in the New Europe, in: Forein Affairs, Jg. 69 (*1990*), No. 5, S. 107 ff.

Karl Georg *Zinn*, Lohnzurückhaltung, Investitionen und Produktivitätswachstum – eine kritische Einschätzung der Zusammenhänge, in: Gewerkschaftliche Monatshefte, 41. Jg. (*1990*), Nr. 12, Dezember 1990, S. 745 ff.